U0057840

族群與多元文化學會論文集之十一

多元文化、文化產業與觀光

Multi-culture, Cultural Industries and Tourism

洪泉湖、劉煥雲 ◎ 主編

主編序

台灣是一個多元文化的場域。在族群方面，有中華文化、閩南文化、客家文化、眷村文化、原住民族文化和新移民文化等；在宗教方面，有佛教文化、道教文化、基督教文化、天主教文化、一貫道文化、回教文化和民間信仰文化等；甚至在不同的性別、年齡層、地區等方面，也都展現著不同的文化內涵，共同構成台灣多彩多姿的多元文化風貌。這些不同的文化，彼此間容或有所差別，但並無優劣可分，因此吾人應該秉持認識、接觸、肯認、尊重、包容、欣賞與學習的態度，來相互對待，才能使台灣的各項文化，獲得更順利的發展。

「族群與多元文化學會」（以下簡稱本學會）係國內一學術性團體，也以「尊重族群差異，肯認族群文化」為宗旨，鼓勵學會會員致力於國內外少數及弱勢族群之研究，包括關於民族問題、民族政策、族群關係及族群文化之研究等，並出版相關之論文集。

本書即為本學會會員近一、二年來所發表之研究論文的論文集，其中有研究族群關係的，例如周維萱的「美國族群關係模式之分析」，即在探討美國政府如何以國家中心價值「合眾為一」來處理族群問題。有研究客家文化產業發展者，如劉煥雲等〈文化創意與客家意象之結合〉一文，即分析苗栗市聯園藝文工作室所創發之客家文化產業；另劉煥雲的〈客家陶瓷工藝文化之創意化發展〉，則探討苗栗公館鄉「甕之鄉」的文化產業；鍾文博〈桃園縣龍潭鄉的文化創意產業〉一文，則針對龍潭客家文化產業的發展，指出三項發展方向，分析其得失。

也有研究地方性文化產業與文化觀光者，如文祖湘的〈鶯歌陶瓷文化觀光行銷之研究〉，即分析台北縣鶯歌鎮的陶瓷文化發展，以及它與文化觀光之互動；劉煥雲等〈社區營造與文化產業再造之研究〉，即介紹南投水里上安社區之文化產業再造；洪泉湖〈社區總體營造、文化產業與觀光發展——以苗栗南庄為例〉一文，則分析客家與原住民族文化產業之展現，及與文化觀光之間的互動方式；周德榮〈關懷烏坵〉一文則思考金門烏坵所擁有的自然與人文特色，作為觀光資源的可行性。

又有研究台灣原住民族文化產業者。如楊仁煌的〈原住民族與文化產業：兼論原住民族文化自治與觀光產業〉一文，旨在探討原住民族文化產業發展之永續性，提出原住民族文化自治之主張，做為其文化永續發展之前提；李富美〈旅遊改變了什麼？〉一文，則探究觀光客與台東蘭嶼原住民族的互動關係。

本書還收錄了兩篇重要的論文。一是陳鸞鳳的〈日治時期都市地區日人神社與漢人主廟之空間特性比較〉，該文發現漢人主廟大都位於都市聚落的中心地帶，成為都市聚落向外發展的中心；另一是謝政道的〈日治時期的大南社：馴服與同化〉一文，發現日本人利用集體移位、資源控管、鼓勵農耕、發展教育、改善醫療等方式，最終達成馴服與同化原住民之目的。

本書之出版，係採「匿名雙外審」機制，所有論文在經過兩位委員審查並由撰稿人修改後，方予付梓，審查委員包括台大、台師大、東吳、中央、交大、元智與金門科大等校相關系所教授。審查之主要目的是希望能維持並提升論文集的品質。但因而延誤出版時程，特向所有論文撰寫人致上歉意！

洪泉湖

元智大學社會暨政策科學學系教授

族群與多元文化學會前理事長

劉煥雲

國立聯合大學副研究員

族群與多元文化學會理事長

二〇一〇年三月

目　錄

第一章

多元文化、文化產業與觀光

■周維萱　台灣師範大學政治學研究所博士教師

摘　要

「文化」是個人的歸屬及認同，也是成員生活的信仰價值。由於團體透過在一個地區長久生活的文化、歷史、血緣、語言等分享因素，逐漸形成一套管理事務的組織，「民族國家」的概念因而興起。民族國家以血統、領土為依歸，並以「民族式的民族主義」為認同，讓強烈的區別標誌從文化層面的團體概念，提升到國家狀態的意識。這種國家型態，在十八世紀開始有了轉變，民主浪潮下，許多新興國家以「民主」建國，公民意識成為國家建構的原則，精神性的指標從以往的「血統」轉變為「民主信念」，並透過這種信念，將不同團體連結在一起，成為一個「整體」，因此，國家走入了複雜多元的族群關係中。

從美國國家建構歷史過程中可以看出美國族群的多樣性，也可從相關的歷史事件中看出美國國家建構各階段裡如何處理境內的族群多樣性，從本文結論可發現，美國族群政策及族群關係的模式是緊貼著美國國家中心價值運行，就是「合眾為一」，使用公民資格及民主價值模糊族群界線：

1. 美國的中心價值：國家意識多於多樣性。
2. 美國處理族群問題方式：一致性下的差異尊重。

【關鍵詞】美國族群關係、族群政策、美國國家的核心價值

壹、前 言

「文化」是人類透過象徵性符號的運用將思想直接實現並賦予意義，以此為基礎所建構出來的生活秩序。文化研究認為人類行為並非性格遺傳，而是透過與團體親密互動而來，因為每一個文化都是一群人共同創造及分享歷史而來，並透過相互學習及繼承，建立個人基礎行為的模式（Parekh, B, 2000: 152-153）。「族群團體」意指一個團體的成員長久生活在一起，有共同的血統、宗教、語言及分享的記憶與休戚與共的情感及歸屬，當成員透過學習及互動，產生一種習慣的思維、觀念及行為方式，就會產生「文化習性」，讓文化成為團體生活的全部（Schermerhom,R. A,1970）。

由於團體透過在一個地區長久生活的文化、歷史、血緣、語言等分享因素，逐漸形成一套管理事務的組織，民族與國家的概念結合，民族國家以血統、領土為依歸，並以「民族式的民族主義」為認同，讓強烈的區別標誌從文化層面的團體提升到國家狀態的意識。

18世紀民主革命結束，作革命合法基礎的政治哲學論述「自由、平等、博愛」呈現在憲法中，透過國家具體化為法律內容，國家的公民資格（citizenship）規定了哪些人可以成為或不能成為共同社會的成員，並授與具體的成員權利，公民意識成為國家建構的原則，精神性的指標從以往的「血統」轉變為「民主信念」，並透過這種信念，將不同團體連結在一起，成為一個「整體」。

美國是一個人種多樣的國家，從盎格魯薩克遜單一文化、熔爐到目前的沙拉族群關係模式可以看出美國多元文化實踐的歷史脈絡：將不同團體合併為一個文化統一的整體，並透過憲法具體內容，賦予法律上一律平等的地位，進而達到尊重異己差異的結果。這讓本文思考，「合眾為一（out of many, one）」是美國處理族群問題的基礎，支持這個基礎的核心價值到底是什麼，其對於美國處理族群關係上有何種影響？而他在族群多樣性與公民資格一致性的拉扯與對立中扮演的角色為何？

透過問題意識，本文假設在國家建構過程中所產生的國家核心價值及思想體系對族群關係模式的產生有關，而美國透過國家建構所發展出的特質，對美國族群關係模式的產生一定的影響，因此本文先從美國國家建構的歷史進入，從歷史事件顯現美國國家建構過程中的族群多樣性，探討美國歷史各階段如何處理美國境內的多元族群關係，之後探討現行美國族群政策的原則，最後試圖建構美國處理族群問題之模式並進行分析。

貳、美國的國家建構與族群關係

本部分透過美國國家建構歷史過程分析其國家建構的中心基礎及其中展現的族群多樣性，分為一、美國獨立戰爭；二、建國初期；三、擴張時期；四、工業時期；五、資訊時期；六、國家建構與族群關係之分析說明：

一、美國獨立戰爭

1776年，美國獨立戰爭建立了一個新的民主國家，並透過獨立宣言宣示國家的存在。Richard Hofstadter說「這是天命讓我們成為一個國家，透過獨立宣言[1]表達的信念，成為新的獨立個體（ Kazin,M ,1989:242）。

美國的誕生及國家根源是一種「政治信條」：自由、平等、民主及反君主精神的具體實現，沒有舊時歐洲歷史的傳統包袱，也沒有君主統治的束縛，「新社會」以「憲法」為基礎開始了新國家的新氣象。這說明了美

1 獨立宣言中表達「人生而平等，造物主賦予不可被剝奪的權利：生命、自由及追求幸福」。這成為美國核心價值；自由、平等、人權及反對君主統治。

國的根基：對民主價值及國家基礎宣言的信念。這個信念透過革命過程更加具體化呈現並成為國家建構的中心基礎。

事實上，美國早期進入美國的不同族群團體，並非期望「合眾為一」，他們各自群居，有獨立而平行的社會運作制度（如中國城、愛爾蘭城等），彼此接觸並不密切[2]。獨立戰爭將十三州多樣人口合而為一，如何解決內部差異，成為新國家首要的議題。當時美國有一句十分有名的座右銘：「任何一個國家的單一都是由差異物質所組成（Hollinger, D. A, 2000:86）」，也就是處理國家族群多樣性時，承認境內差異存在的事實，並企圖從「差異」中建立一個「單一國家」成為當時首要的基礎原則（Hollinger, D. A, 2000:88）」。

美國獨立革命成功，統一的政治信條將差異人種合併為一個政治共同體，並逐漸發展出美國價值，置所有族群於相同的平等、自由、民主下，進行「合眾為一」的國家建構（Parrillo, V. N, 1996:56）。其次，美國透過民主、平等、自由的宣示，建國後迅速吸引了其他成千上萬的族群團體進入，添加更繁盛的多樣性，也成為美國穩固最大的挑戰。

二、建國初期

對新國家來說，維持國家的穩固及統一是首要之務。美國為使國家穩固發展，開始解決多樣團體語言、文化所帶來的差異（范建年等譯，1994:25）。獨立戰爭後的50年間，美國快速發展政治傳統及社會文化，並建立許多公民社會的普遍規則（Parrillo, V N, 1996:58）。這說明美國國家早期，並未以「文化差異保存」為目標，而是以建立政治共同體信仰為基礎，發展統一的語言及國家認同：

2 如1700年代的費城，有英國人及威爾斯人，也有丹麥、荷蘭、法國、德、愛爾蘭的移居者，每個團體都有十分大的差異。如阿姆斯特丹（今紐約），1646年的調查發現，當地使用的的語言就多達18種之多（Parrillo, V N,1996:40）。

(一)以獨立宣言為「認同」的基礎

獨立宣言的精神成為美國國家認同基礎。Deutsh,K認為：「在新成立國家中播送的民族意識，可能有別於傳統民族主義：產生一種被人民接受的認同及價值。這種新價值被普遍接受而不會毀損他們的獨特性。1975年代後，一個更高的價值給予女性、奴隸、有色人種民族…………。因此民族意識若產生在一個主張自由、平等的時代，一旦人們成為「國家一員」，這種新意識將他們帶入文化及價值變化中，給他們屬於他們的新自尊及自信。這種新民族意識會成為個人、社會、政治行為中心，透過「它」建立國家忠貞及行動（Deutsh,K, 1953:153-155）」。

Deutsh,K的觀念正好說明了美國建國初期的情況。美國透過「獨立革命」的共同歷史凸顯國家誕生的精神，強調「民主價值」的實現，產生新的民族意識。這種民族意識不是以血統為依據，而是以美國價值為依據，只要認同美國價值的人就是「美國人」，都有同等尊嚴。這種概念的形成，成為美國日後處理族群關係的原則，也是國家維持穩定的重要基礎。

(二)美國整體價值的建立

美國建國初期，實力主義成為美國整體價值，「實力主義」（Meritocracy）結合了平等、反階級的概念。孟德斯鳩定義美國的「平等」時說：「平等就是『平等尊重』及『平等機會』，首先強調平等的社會關係，其次讓平等機會延伸至新社會所有的層面（Lipset, S.M., 1991:24）。」他的概念放在美國教育上思考，十九世紀早期美國開始普遍學校的策略：所有小孩，不分出生、地位皆可就讀相同的學校，無「階級差異」，這影響美國19世紀初的經濟建設，亦可看出美國新國家的特質及對多元文化社會的態度。

這種實力、普遍、平等概念深深吸引「移民」加入，因為移民相信只要勤奮就能成功並獲得國家保護。這些美國價值在國家建構中，產生很大的作用，成為吸引移民進入的主因，因此增加了社會的易變性。也因為美國族群人口的複雜及不斷湧入新加入者，使美國族群政策必須隨著族群人口改變而調整，這也是多元文化主義興起的原因。

三、擴張時期

1773至1820年美國開始擴張領土，1840年間取得加州、新墨西哥、俄勒岡、德克薩斯，並開始大力散佈美國價值，「同化」概念因此而生：

(一)「主流美國」（Mainstream Americans）的概念

■ 早期概念

領土擴張的結果，更添加了美國族群的多樣性（Glazer ,N, 1994:15）。過於複雜的族群狀況，讓美國普遍認為至少在某種程度上其「民族性」必須清晰一致，因為這代表社會共同生活的價值與態度。

早期美國以盎格魯清教徒文化傳遞者自居，並認為這種文化會讓美國民族性清晰顯現，代表一種「合眾為一」的驕傲。熔爐（Melting Pot）就是這種概念下的產物，美國期望將不同團體合併為一個文化統一的整體（Lipset, S.M., 1991:172），美國人普遍相信區別的文化、宗教及語言在現代社會普遍形塑下會逐漸消失，透過普遍教育、信念、溝通亦會降低差異的程度（Glazer, N. and Moyniel ,P. D., 1965:6-7）。

透過同化建構統一的國家狀態，是許多國家在國家建構中使用的方式。當時的「主流美國」由白人強勢主導，白人十分自傲於西方文化所帶來的文明，造成種族主義的不平等，衝突時有所為。由於美國使用同化方式處理族群問題，並以強制手段為策略，美國的多樣性開始威脅到國家的穩固，導致美國使用更強烈的手段：排斥主義、種族主義[3]，造成對族群

---

3 排斥主義與種族主義發展最勝時期為1820-1830之間。一方面因為移民衝

關係更嚴重的傷害。

(二) 概念的轉變

1970年代，第三世界的移民數量超過歐洲移民，白人不再是多數，膚色移民教育、文化適應等問題開始浮現（Parrillo, V N., 1996:153）。這種移民人種的改變使「主流美國」的範圍擴張，認為美國文化包括歐洲文化，也包含其他團體的文化，尤其是非裔、土著的文化。

Parrillo, V N.（1996:154）認為轉變後的「主流美國」概念，就像一道牆，區隔中世紀美國的文化霸權，美國社會對其他文化認同的排斥性將漸失去作用，產生更豐富的美國特質。因為國家人口種類、數量不斷的變動，會改變國家文化的認同，使其範圍不斷擴大。

(三) 南北戰爭

南北戰爭凸顯美國歷史上「自由」及「奴隸制度存在」兩者的掙扎。南方白人當時的起義顯示一種決心：改變美國模式，將她變成單一，而那些其他種族或群體、被貼標籤的低下人，應該被永久征服（Glazer ,N, 1994:15）。這讓美國建國以來最不情願碰觸的矛盾凸顯；一個強調民主的國家，卻存在著歧視與奴隸制度。這種社會現象與美國政治信條所創造的信念不符，也使國家統一遭到威脅。

為避免國家內部的衝突動搖基礎，美國不惜發動戰爭將「不一致」的政治因素進行整合，宣示「差異：種族、宗教」是美國自然存在的事實，並再一次宣示美國價值的精神（Glazer ,N, 1994:15）。

南北戰後，美國宣示國家的包容性，如Higham, J.（1995:20-21）戰後的文章說：

美國社會開始發展出一種流動的雜色文化。這種經驗將持續留在美國

突，一方面因為南北戰後黑人問題而產生。

社會中，美國也有相當的空間容納這些文化。「不同人種生活在一起」這個事實將成為外來者對美國生活必要的認同意識。

由於美國移民種類如世界的縮小，因此差異事實將成為美國人普遍的認知。南北戰爭讓美國民主概念的國家民族性開始形塑，政治信條的價值透過內戰洗禮，更加確定，讓美國更貼近走向公民國家的建構。

四、工業時期

十九世紀末期30-40年之間，美國開始現代化；二十世紀初，鐵路幾乎橫貫東西部，城市興起，移民大量湧入，看似繁盛的美國，實際上卻面臨十分嚴重的族群問題。大量移民造成了工作衝突，反移民開始醞釀。政府積極處理黑人問題，引起極端白人反對，種族問題嚴重。此時期美國核心基礎為「美國至上」的概念，透過排斥主義及種族主義，顯現白人優越的態度，直至二次世界大戰後：

(一) 排斥主義

內戰後，美國開放大量移民，非英語系移民相繼進入。大量移民帶來了宗教、文化差異，這種差異及大量人口讓白人感到恐慌，除了對「美國文化」（白人文化）會造成威脅外，甚至有分裂的可能性。1914年，一次世界大戰爆發，美國懷疑來自軸心國的移民（如德國）對美國的忠誠，因而使用許多政策限制他們，並宣稱此為動員美國全體一致反對軸心國必要的手段。反舊教（Anti-Catholicism）、反移民浪潮湧現，美國開始擴大實踐盎格魯文化，種族主義興起。

(二) 種族主義

內戰後，為消除黑人的不平等，戰後重建工作加強同化概念，希望透過不再強調膚色的特殊性，使兩個種族能在同質文化概念中存在，淡化人類天生的差異特徵所造成的不平（Glazer ,N, 1994:16）。

政府強調黑人問題，引起極端白人的不滿，種族主義悄悄甦醒，如三K黨[4]（Ku Klux Klan）的興起。一戰結束後[5]，極端民族主義色彩團體不斷宣揚有色人種的威脅，造成許多攻擊事件。三K黨的暴力、攻擊事件也對美國社會秩序及民主造成威脅。二戰前，極端法西斯及納粹的行為使美國厭惡暴力態度，於二戰中再次投入保衛美國傳統，為民主、自由而戰。

(三) 二次世界大戰

二戰中，美國仍害怕境內眾多的移民會影響國家社會的穩定，對某些美國認為無法與過去原生團體切斷的成員（如日裔），使用限制的方式將其拘留及強制驅散。

二戰結束後，美國開始瞭解「排斥」無法連結美國多樣的群體，只會製造衝突及社會秩序的威脅。美國境內開始認為「美國國籍」應該以「公民」的精神給予「一致」的權利，不應該在國家境內出現不同的公民階級（Hollinger, D. A., 2000:94-95）。這種權利觀點給予1960年代開始的民權運動刺激，國家的公民應該是一律平等，這個平等具有民主正當性，也是強調民主精神的美國所應該遵守的原則，因此反對種族主義、社會、政治不平等，強調跨膚色的多元表現成為美國主流意識。

4 三K黨為極端白人種族主義的組織，最初出現在南北戰爭後的南方。第一個組織於1866年於田納西州成立。他們用種種私刑殘害黑人，企圖威嚇獲解放的黑人，不讓他們獲得合法權益。二十世紀的三K黨除黑人外，更攻擊猶太人、天主教徒、及非白人移民，掀起白人狂熱（莊錫昌，1996:6-7）。

5 由於一次世界大戰美國未獲得肯定，歐洲人對美國生活強烈否定，使美國掉入極端民族主義中。「美國至上」成為當時著名口號，人們甚至以仇視眼光看待與美國方式不一致的事務-如當時紐約、芝加哥政府對當時學校教課書進行檢查，一切沒頌揚美國的全列為禁書（莊錫昌，1996:48）。

五、資訊時期

二戰結束，1948年開始，美國進入電子革命時代。透過權利概念的討論，1960年代由黑人民權運動為開端，讓「民權」結合「反種族主義」要求正視美國境內族群團體的政治權利、社會、經濟歧視問題。大量探討多元文化及尊重差異的整合概念，認為「國家團結」與「差異文化」是可以分離並存，每個團體都有自己的力量及特質，但只要願與其他團體結合在一起，遵守共同約定，國家沒有限制的道理[6]。因而建構沙拉式族群[7]模式：美國如一個大沙拉碗，裡面各式文化代表不同的蔬菜水果，每一種都是獨立個體，但混和在一起成為沙拉，在碗中保留各文化的特色，蘋果還是蘋果不會改變，但各種水果成為沙拉時不是那麼清楚單獨存在。

六、國家建構與族群關係之分析

透過本部分說明可知：

(一) 美國的國家認同：政治信條及分享認同

美國透過流血革命建構公民國家，革命過程追求自由、平等，讓美國對政治宣言忠貞不移，同時國家建構初期，美國開始統一語言，並透過

6 此為包含主義的原則，包含主義主張分享社會同化，渴望國家統一及普遍認同，但也提升多元，承認美國社會差異及少數對美國社會貢獻（Parrillo, V N., 1996:159）。1990年，Diane Ravitch強調：「普遍文化，讓全體成員可以相信美國的過去、現在及未來。對其他特別種族忠貞的排除，強調普遍人性分享的國家認同，及個人成就。」。

7 美國早期盎格魯薩克遜單一文化觀念到美國大熔爐，雖然前者是以「盎格魯薩克遜文化」唯一文化，到後者以「美國文化」自居，皆是認為一個國家中不可能存在多文化，因為經過涵化、同化過程，將會使多民族成為單一民族及單一文化。但民族復興運動興起，美國改變其觀點，認為美國不再是熔爐，而是沙拉盤式：裡面有各式文化混和在一起，而各文化分界並不明顯。

「獨立革命」的分享歷史成為全體共同的榮耀。

美國歷史事件中，處處可見「政治信條」、「合眾為一」的宣示。建國初期，為達「合眾為一」，透過同化基礎的「主流美國」，建構對美國的認同與團結。南北戰爭也因為「自由」及「奴隸」的矛盾，讓國家統一受到威脅，不惜一戰。一戰、二戰中對移民忠貞的懷疑，也是恐懼國家團結受到威脅。美國不斷想保有「國家統一及一致」，但由於「平等、自由」的象徵吸引更多移民進入美國，提高了族群的複雜度，讓美國必須不斷調整腳步保護國家團結。

(二) 美國的多樣文化觀

美國歷史對「多樣文化」的態度轉變過程為：

忽略—同化—排斥—接受—尊重—給予權利（不包括分離）

美國對多樣文化態度可看出歧視對待，從差異、偏見、否定文化，最後透過「權利形式」給予文化實踐的權利，主因並非因為美國真正想尊重多元文化，而是多樣人口產生許多社會問題、衝突，族群人口持續的變動讓美國不得不轉變對多元的態度，隨著膚色移民數量的增加，近年來白人已非絕對多數，不同團體帶來不同的文化價值，讓美國文化認同的排斥性逐漸轉淡，改變美國對多元的態度。

(三) 透過「同化」、「整合」減低建構阻礙

美國政府早期使用「同化」減低國家建構中多元歧見可能產生的衝突，這種策略透過歷史分析從排斥、種族主義就可看出，其實美國許多族群/種族問題，都是「白人優越感」的結果。美國以「西方文明者」自居，並透過這種態度處理族群問題。處理的方式有激烈的鎮壓（排斥、鎮壓）、法律限制（限制移民、公民權取得），可是歧視所產生的衝突並未解決，這種衝突造成的社會分歧及問題越來越嚴重，最後美國接受及維持差異，以民主精神對待差異，讓「族群文化」與「國家團結」分離並同時

存在。

基於本部分所述，將美國國家建構建構的過程及族群多樣性以**表1.1**簡要說明：

表1.1 美國國家建構過程表

	獨立戰爭	國家早期	擴張時期	資訊時期	工業時期
時間	1776	1776-1820	1820-1860	1860-1948	1948-至今
國家中心架構	1. 合眾為一 2. 政治信條建立：民主價值及自由平等	1. 國家認同 2. 語言獨立 3. 整體價值：實力主義-反階級、平等	透過宣示「政治教條」達擴充版圖目的。	「美國至上」	平等美國、和平
多樣性	暫時放置，為一致目標：獨立	一致性不如殖民時期，普遍文化浮現	同化：「主流美國」	排斥、種族主義	尊重，趨利逐弊。
影響	1. 國家誕生 2. 單一政體形成 3. 國家「統一」意識提升 4. 族群少數文化互滲及適應（多元文化革命軍The ulticultural evolutionary Army組成）	1. 以革命為「認同」的基礎 2. 語言獨立 3. 移民降低、自然出生率高：公民權、社會普遍信條發展。	1. 熔爐概念：白人擴大實踐西方文明的角色。 2. 南北戰爭：「自由」與「奴隸」制度的衝突。 3. 戰後：世界觀點、民主概念的國家民族觀	1.排斥主義：反舊教、反移民出現 2.種族主義：美國掉入極端民族主義。	1. 主流美國範圍改變。 2. 「同化」及「多元」的拉扯。

資料來源：作者自繪。

叁、美國現行族群政策

本部分分「政治權利」、「經濟權利」、「文化權利」三部分說明，本部分先就三種權利現況說明，分析於後說明：

一、政治權利

這部分分成「普遍公民政治權利」、「差異公民（團體）政治權利-自治權」、「分離獨立政治權利」三部分說明：

(一) 普遍公民的政治權利

美國早期歷史中公民權只授與白人，直到1960年代才逐漸開放，其法源依據[8]為民權法案[9]1957、1964、1968、1991，**表1.2**為美國公民政治權利授與的法源依據。

民權法案將權利開放給所有公民，不因膚色、身體差異而有所不同，確定以「民主原則」處理境內的多元分歧，並不將文化放入國家授予權利的考量，這是美國民權運動十分重要的里程碑。

(二) 差異公民（團體）政治權利-自治權

此種自治權，是美國給予「原生團體」的一種權利，並非全部的族群皆可享有，而美國的印地安政策承認部落自治權利，將部落事務交由部落自行管理，並給予決定該地區事務的權利，法源依據為印地安民權法案（Indian Civil Right Act 1968：Public Law 90-284），**表1.3**為其重要原則。

由表1.3可知，美國承認印地安民族的自治權利，給予印地安民族聯邦層級的政治權力，印地安部落可以自己管理部落事務、教育、土地、甚至司法，這種自治權讓印地安民族實踐其文化、保留傳統。

---

8 本部分參考Bankson（2000）、美國政府網http://usinfo.gov/xarchives/display 2005.6.30。

9 美國「民權法案」1957、1964、1968、1991都是新的宣示，或許有對之前法案修正，但非針對之前法案的修正案。每一個新法案都會有一些新規則，有時會輔以其他法案實行（如平等居住法案及印地安民權）。

表1.2 美國1957-1991年公民權授與法案內容表

法案名稱	意義	內容
民權法案1957（Civil Rights Act 1957）	民權法案1964起草的準備，開始注意民權違反的問題。	成立民權委員會，預防民權被違反。但關於黑人部分並未開放，直到投票權法案1965（Voting Rights Act of 1965）才確保黑人投票權實現。
民權法案1964（Civil Rights Act 1964）	1959年民權委員（CRC）做出第一份報告書，說明否定黑人的投票權是嚴重違反民權：許多黑人因為地方法律的限制得不到投票權。1964年法案廢止公眾地方分離制度（廢種族隔離政策）。禁止聯邦政府資助任何具有種族歧視的團體，並要求學校工作場所改善種族歧視及制定一致的政策。	1. 投票：普及投票權，不以膚色、種族為考量，以此普及政治參與權。 2. 禁止以種族為歧視的基礎。 3. 「政府」操作的公眾場所，如公園、醫院，禁止種族隔離。 4. 「公眾教育」：授權美國教育部組織訓練學生公民意識。 5. 美國民權委員會（1957年法案創立）負起民主價值傳遞責任，促進民權。 6. 聯邦主體消除種族、膚色而產生的歧視。 7. 建立聯邦平等聘僱的權利。（所有公司團體不能因膚色、族群特徵不平對待）
民權法案1968（Civil Rights Act 1968）	延伸權利給原住民，肯定其公民權。	規定禁止居住、育樂的種族歧視，並延伸許多權利法案保護本地原住民。如「平等居住法案」（Fair Housing Act）及「印地安民權」（Indian Bill of Rights）。
民權法案1991（Civil Rights Act 1991）	1989年聯邦法院大量決定使用「合理的差別待遇」，對少數聘僱、工作機會的保護。然當初授權各州自由訂定「自願性法案」，成效不彰。民權法案1991是為改變這種情況而產生的法案。	1991年法案對1964年第7部分修正： 1. 禁止雇主對特別員工歧視，並以「商業需要」為由排除他們。 2. 禁止契約中的歧視，以「契約自由」覆蓋對不平等的傷害。 3. 准許歧視犧牲者進行訴訟，要求賠償。

資料來源：作者根據Bankson（2000）、http://usinfo.gov/xarchives/display整理彙編。

表1.3 美國印地安民權法案（Indian Civil Right Act 1968）內容表

法案條款	條款主題	內容
SEC. 201	定義	1. 「印地安部落」指任何美國司法制度中的部落，有自治權力。 2. 「自治權力」指所有統治的權力，包括部落行政、立法、司法的所有官方主體皆由印地安人安排，包括設立印地安法庭。
SEC. 202	印地安權利	印地安自治權在不違反下列原則，美國政府給予完全承認： 1. 不違背法律基本人權的保障。 2. 在不合理情況下以保障部落人民、居住為由侵害他人權利。 3. 強迫任何人犯罪。 4. 未進行協商將私有財產強迫納入公眾部落使用。 5. 違背言論權。 6. 禁止私刑、非法程序剝奪自由及財產。
SEC. 301	管理印地安犯罪法庭模式	確保法庭中每人都有相同的權利，在美國憲法保護下，保證所有公民獲得相同的防衛，並認知其憲法上權利。
SEC. 401 402 404 406	犯罪及公民運動的司法審查	聯邦層級的自治權限，因此州沒有印地安地區犯罪處理的司法審查權，該權利由印地安部落擁有。 任何部落政策，只要不違反民法都被接受。同時印地安成年人有關於「印地安特別提案」的投票權。這種特別選舉，需透過部落諮詢會或其他管理組織，或超過20% 印地安成年提出。
SEC.701	印地安憲法權	憲法給印地安人完全保護，同意尊重聯邦印地安法。

資料來源：作者根據Bankson（2000:521-537）整理彙編。

(三) 分離獨立的權利

美國給予文化尊重、承認，甚至給予原生團體自治權利，但不允許分離運動的發生，由於美國核心價值就是「合眾為一」，在這個概念下，所有族群皆受到尊重，但「分離」是違背美國核心基礎，是絕對不允許的行為。

二、經濟權利

優惠性差別待遇[10]為美國消除社會及經濟歧視的主要策略。在工作、

10 優惠性差別待遇非一個具體法案，而是透過許多其他法案及計畫建立及補充其運作規則，其中以聯邦法院的判決及政府各式工作、教育、工會團體

教育、提供少數（女性、少數成員）更多接近社會資源（工作、教育代表）的機會。本部分參考Bankson（2000: 14-17）及美國政府網頁[11]所得：

(一) 目標

增加平等的機會，排除對某些人口系統性的歧視。透過聯邦法排除長時間教育、工作歧視模式，實際考慮改善策略。

(二) 基礎

經濟權利的基礎為分配正義與賠償正義；分配正義關心利益、權利分配及社會成員的分享；補償正義必須關心過去因為征服而受傷害的個人及團體犧牲者給予公平補償，並回復其地位，保護不再受到不正義對待。

(三) 途徑

(1)從工作場所分析「被保護團體」成員數量的比例，是否與其他非保護團體聘僱比例相似。透過此途徑來改變：政策目標、聘僱條件、照顧計畫發展、聘僱機會重新設計等。同時試圖改善少數團體高階訓練的機會。

(2)法律強制規定，使政府明確「反歧視」。以此加強預防種族不平等發生。

(四) 測量標準

(1)以白人男性的社經地位為準，探討少數被保護團體成員缺乏哪一個

的法案為主。

11 http://www.naacp.org/about/about_mission.html、http:www.inmotionmagazine.com/aahist.html

部分，盡力使其相當。

(2)讓少數及女性獲得與白人男性相當的社經地位。承認少數、女性可以比白人男性有更高的社經地位。

透過上述可知，「優惠性差別待遇」是達到平等原則目標的方法，許多成員因為整體受到不公待遇與歧視，為了消除歧視及提高其在社會上與其他成員的相同競爭力與成就，給予優惠性差別待遇是合理，也符合平等原則，也就是希望透過再分配與補償方法消除不平等，使社會盡量達到平等的狀態。

三、文化權利

透過上述沙拉碗式族群模式可知，美國社會及文化權利給予是開放給所有族群團體，因為所有的族群團體都是「美國」的一部分，因此在「合眾為一」的原則下，對文化權是採「放任自由」的方式，文化實踐只要不違反民主精神，美國不加以干預，也就是將「文化認同」與「公領域」分開，透過公領域的合作，增加互動的瞭解，並注入自身文化藉以修正美國「主流文化」的範圍，直到目前都未完成，因此美國使用「核心價值：民主」凝聚，給予文化民主精神，解決以往的文化歧視。

由上述族群政策可瞭解，民主原則的價值：平等、自由解決歧視對待，是美國處理族群問題主要的方式。

肆、美國處理族群問題模式之分析

透過上述說明，本部分將分析及探討美國處理族群問題模式：

一、美國處理族群問題之模式

(一) 目標與基礎

由於美國屬於多族群國家，除了原生團體，大量的移民讓美國如一個未完成社會，為使國家穩固及維持統一，美國以「合眾為一」為目標，「政治信條」為基礎架構多元社會。

由政策可知美國族群政策定義前，先就「美國國家」下定義，並將族群政策放置於下：族群或許不能達到真正平等，但卻可以將自願交付自己給美國社會的人，視為「美國公民」，給予平等的公民權。

(二) 原則

1.加強分享認同，減少血統共同體區別

美國早期歷史十分強調「血統」、「文化」區別因而造成歧視對待，因此希望透過「自願性公民認同」減低因身體特徵造成的「血統」認同。這團結體中所有人都是「美國人」，也都是「美國整體」的一部分，有別於「民族國家」以血統認同為對象，企圖淡化血統認同，加強公民意識。

2.將「血統」認同與「國家團結」分開

給予人民選擇的機會，「自身文化認同」可與國家團結分開與並存。也就是將美國視為一個「團結體」，國家認同是單一的民主價值、政治信念，也是分享認同。進入美國，就必須認知加入「新社會」，必須以「美國信念」對這個社會下定義，而非以身體特徵。成為完全公民與自我文化實踐不衝突，同時透過權利平等尊重別人文化實踐。

這種雙重身分對少數來說，除保存其文化驕傲外，亦讓他們瞭解身為國家一份子，有責任進入大社會。對主流團體來說，「好公民」是學習在

日常生活中尊重別人及其生活方式。

(三) 具體策略

透過上述政策原則可知，美國以「普遍公民資格」及「差異公民資格」兩者為主，消除不平等對待，具體策略如下；

1.承認「集體權」：差異的公民資格觀

從優惠性法案、印地安自治權來看，美國承認「集體權」並以此為保障基礎：

(1)優惠性差別待遇：給予美國歷史上受到系統性不利益的團體。

(2)自治權的給予：印地安自治權。

(3)文化權的給予：所有團體。

2.普遍公民觀：普遍公民資格

美國十分強調「民權」及「個體自由」，這是延續自由主義的概念。因此，美國族群政策以公民資格一致授予為主，這可透過美國民權法案及優惠性差別待遇看出。這種方式將美國族群多樣置於一體。

3.美國採「民主多元文化主義」

由上述可知，美國透過普遍公民資格及差異公民資格解決族群衝突：

(1)雙重身分的給予

透過族群政策強調差異團體之間的平等，拒絕同化及提升差異政治、社會環境為首要，加強國家不同團體緊密度及團結。這也是為何「優惠性差別待遇」在美國遭受極大爭議，政府仍以修正卻不廢止回應。因此美國族群政策達成一個共識：沒有人會因為身體特徵而被排除在美國政治、經濟活動外。團體差異持續存在的結果，讓美國產生雙倍系統權利回應

（Arthur, J and A. Shapiro, 1995:211）：一般系統權利：給所有人；特別系統：給特別團體。

(2)族群政策解決不公平對待

近年美國族群政策不斷強調「平等」，並將平等原則連結工作場所、教育及接近政治資源機會。普遍公式化的政策無法改變優勢團體的控制，因此美國通過「優惠性差別待遇」、「印地安部落自治、教育」法案，補償壓制團體的不利益。

美國認知社會差異的事實，也瞭解差異不可能完全「平等」，但可透過國家政策改善，維護國家穩定。基於上述，美國處理族群問題的模式如**圖1.1**。

二、模式分析

透過上述模式分析如下：

(一) 美國的中心價值：國家意識多於多樣性

美國能在多樣差異中維持國家穩定，主因在其國家認同已經建構完畢。強烈的國家認同使各族群將自己視為「美國人」，雖有不同血統、文化及語言，卻願意效忠同一個國家。也就是美國對「文化歸因」及「國家團結」分離並存的實踐有一定程度。

(二) 對待多樣性的轉變

美國極力維持國家團結。早期透過「同化」：企圖減弱甚至消滅其他文化實踐達成所謂的「一致」。然而這種一致是一種「形式平等」，不顧及其他文化多樣性的事實，導致美國內部衝突。

因為團體差異會顯現團體比較，差異浮現的不僅是對團體的描述，也是團體之間的關係及利益的相互影響（Arthur, Shapiro, 1995：209）。承認差異對美國制訂族群政策時有很大幫助，如優惠性差別待遇透過白人男性工作、教育程度為基準，幫助不利益黑人、女性或少數達到白人男性的標準。

(三) 美國處理族群問題方式：一致性下的差異尊重

美國多樣性從殖民時期一直存在，從忽略、同化、排斥、接受、尊重

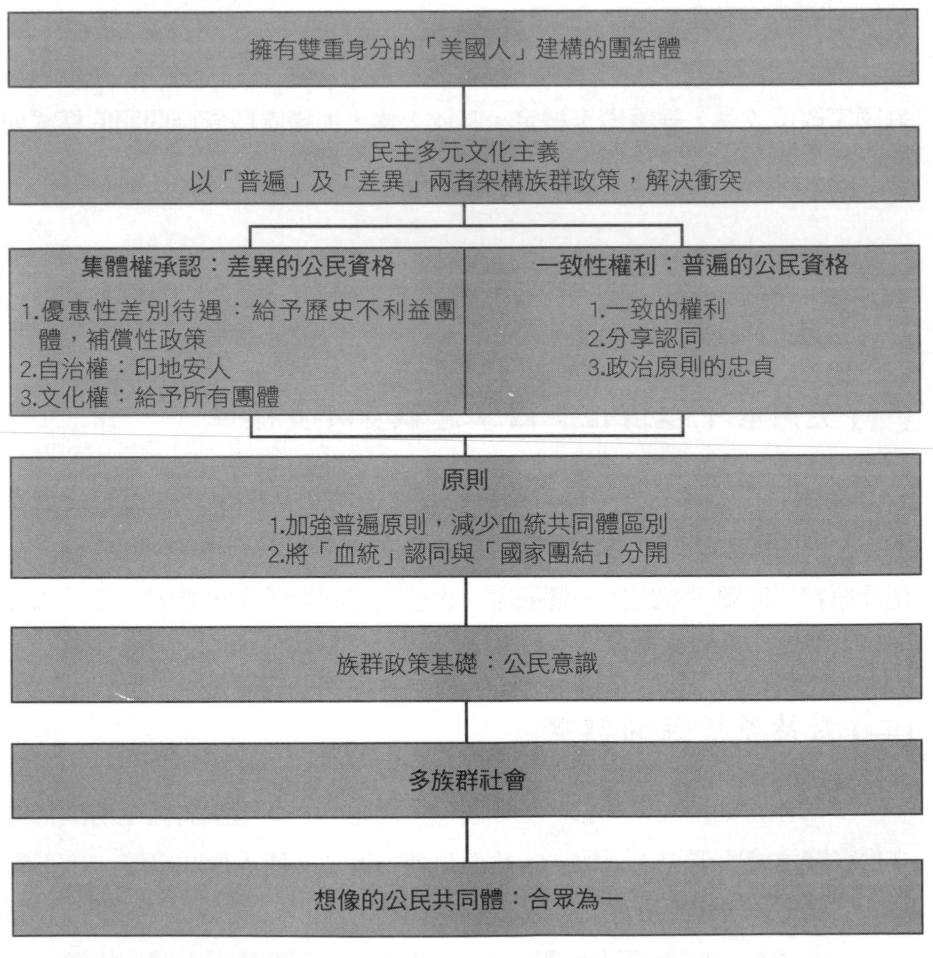

圖1.1 美國處理族群問題之模式圖（作者自繪）

到給予權利，長達兩百年之久，直到目前仍存在許多問題。美國處理族群方式，是先抽離「族群團體」定義「國家」，再將族群團體放置其中，透過普遍民主原則，將公民資格視為給予「差異」的權利，因此所有權利都從憲法民主精神、公民權而來，從政治信條中發展文化權、語言權、自治權，但其最終的目的還是以「統一國家」中的全體成員達到平等、自由及民主價值為理想。

上述處理方式是透過美國歷史發展而成，如英語單一、國家認同的建構，演變過程也可看出白人文明的優越對美國合眾為一的影響。因此，美國國家成立前的多樣性展現實際上比國家建立後更為自由。

這是現代多元國家建構的難題。國家建構勢必有一些一致原則，也勢必會與多樣文化衝突。一致性原則過強導致族群不公，甚至社會仇視；多樣性過強，可能會導致認同危機。美國在這部分，由於其國家認同已建構完成，多樣性的強度不會大過單一性導致分離，但多樣性強度仍因為歷史系統性歧視、膚色印象未能有效完全消除，強度並未達到預期。因此本文認為美國單一性強度大過多樣性許多，這種情況下，美國政府必須透過其強制力量控制及管理加強多樣性的強度，讓真正的文化尊重與國家團結分離並存。

伍、結　論

美國國家架構以流血革命創造國家的新開始，政治信條概念化「理想」，使美國成為一個想像的政治共同體，積極、民主表現在建構過程中，成為國家的特質，也深深影響了美國處理族群關係的方式，美國合眾為一的核心價值就是國家在各方面都應該是一個完整的整體，不容許分離及分裂。政治上，透過獨立宣言完成國家認同的建構，國家給予人民應有的政治權利，但不表示擁有分離的力量。文化上，朝著多元文化尊重前進。但美國是一個未完成的社會，每年大量移民不斷改變美國人口結構，也改變了美國整體文化結構，當文化差異被「公民原則」模糊，但族群界線雖然沒有明顯浮上台面卻仍然存在，美國族群關係相關議題仍然存在，也將會爭議不斷。

【參考書目】

一、中文部分

范建年、張虎、陳少英譯 （1994），李普塞（Lipset,S.M）著，《第一個新興國家》（The First new nation:the United States in historical and comparative perspective.），台北：桂冠。

莊錫昌（1996），《二十世紀的美國文化》，台北：淑馨。

二、外文部分

Arthur, J and A. Shapiro (1995), *Campus Wars: a Muliculturalism and the Politics of Difference*. Colorado: Westview Press.

Bankston, C. L. (2000), *Racial and Ethnic Relations in America. Volume II III*. NY: Salem .

Deutsh,K (1953), *Nationalism and Social Communication*. New York: John Wiley.

Hollinger, D. A. (2000) ,*Postethnic America：Beyond Multiculturalism*. New York: Basic Books Group.

Glazer, N (1994), "The Emergence of an American Ethnic Pattern" in *From Different Shores-Perspectives on Race and Ethnicity in America*. New York: Oxford University.11-23.

Glazer, N and D.P.Moyniel (1965), *Beyond the Melting Pot*. New York: Harvard University .

Higham, J. (1995), *Angers in the Lard: Patterns of American Nativism 1860-1925*. New Jersey: Rutgers University .

Kazin, M (1989), "The Rights Unsung Prophet" . *The Nation*. New York：

Oxford University.

Lipset, S.M. (1991), *Continental Divide：The Values and Institutions of the United States And Canada*. New York：Routledge,Chapman and Hall.

Parekh,B (2000), *Rethinking Multiculturalism*. Landon: Macmillan .

Schermerhom, R. A (1970), *Comparative Ethnic Relation*. New York：Random House.

Parrillo, V N. (1996), Diversity in America. USA: Pine Forge .

三、網頁部分

http://usinfo.gov/xarchives/display

http://www.naacp.org/about/about_mission.html、http:www.inmotionmagazine.com/aahist.html

第二章

原住民族與文化產業：兼論原住民族文化自治與觀光產業

■楊仁煌　開南大學公共事務管理系暨研究所
副教授兼主任

摘　要

回顧數百年來台灣原住民族之休閒、育樂、精神生活，在外來族群未入侵之前，原住民族各個部落都過著有如「失去的地平線－香格里拉」（桃花源記）之悠遊自在、自主、自治的生活方式，部落自治的政治體制，部落老人（決策諮詢中心），頭目（實際領導中心），宗教領導（司祭集團），部落青年（青年幹部組織），聚會所（知識、藝能、美術、技能、活動策劃、人才培育及人力供應中心），協作團體（農作物操作、公共建設、部落建設有關事宜）、部落共治……等皆是原住民族社會文化之特質與核心價值，可供來自不同文化體系者稱奇、欣賞及分享，具有他族文化觀光之價值。

此外，部落經濟係屬自給自足之生計經濟，是故廣大之自然界就是其生活最大的資源依賴，他們與生態環境是共存共榮之食物鏈共同體，不論食、衣、住、行、育、樂、每年的節令歲時祭儀，都跟自然生態密不可分，加之原住民各族群原為天人合一之核心價值，更增強其對生態維護、自然保育之神聖使命感及責任心，四周圍的一草一木，動、植物、山、川、河、溪、風、水、海……等自然界，它都賦予神名並加以崇拜，因自然界是其賴以生存之命脈，是他們經濟生活的來源。所以原住民族對維護生態、自然保育有其獨特之祭儀與知識概念，也為部落文化觀光資產留下雄厚之資本。

原住民族的文化產業，如知識、藝能、創作、歲時祭儀、神話、傳說故事、口語文化等，以及自然生態觀光休閒資源，都有無窮發展的空間與展望。原住民族文化觀光產業之發展與實踐，必須建立在原住民族文化自主治理之前提下，原住民族文化之永續經營及文化觀光產業之不斷發展，兩者才會相輔相成且相得益彰。

【關鍵詞】休閒之流動性（leisured mobility）、全球在地化（Glocaliztion）、文化產業（cultural industries）、最低限定率 (Law of minimum)。

Abstract

In retrospect of Taiwan' s indigenous peoples' leisure, recreation, and spiritual life, before the intrusiveness of outsiders, for centuries the indigenous peoples had lived in the "lost horizon-shangri -la," with a lighthearted, autonomous, and self-ruled lifestyle. The political system of indigenous tribes were organized by the elders as the center of decision and consulting, the chief as the center of leadership, the religious leaders as a worship group, the tribal youth as the cadre members, the Taluan as the center of knowledge, skill, art, activity planning, human resource training and providing, the collaborate team in charge of cultivation, public work, and tribe construction, and so fourth. These unique features form the core values of the indigenous peoples' social cultures. They are not only amazed, appreciated, shared by different cultural systems but also have valuable assets for tourist industry.

Moreover, the economy of tribes is self-provide and self-sufficient and it relies mainly on the natural resources. The indigenous people and the eco-environment together construct a natural food chain, so people' s basic needs and annual ritual ceremonies are close related to natural environment. The fact that the indigenous people respect the harmony of man with nature also strengthens their will and enhances their responsibility to protect the natural environment. As a result, they often worship animals, plants, mountains, rivers, wind, water, and sea by naming them different gods, for the indigenous people believe that the nature is a sacred source of their lives. The protection and conservation of natural environment and the unique perception of worshiping nature turn out to leave the indigenous people very rich cultural and tourist assets.

The cultural industry of indigenous people, such as knowledge, skills, creativities, rituals, mythologies, legends, oral cultures, together with the eco-environment and the tourist and leisure resources, have great potential for further development. However, the indigenous peoples' cultural tourist industry has to be developed on the basis of cultural autonomy and self-rule. By doing so can the indigenous peoples' culture be managed sustainablely and their tourist industry be developed continually, and both will reinforce and benefit mutually.

Key words: leisured mobility,Glocaliztion,cultural industries,Law of minimum.

壹、前 言

人類與生俱來就有自由遨翔、不願受限之自主本能，及長成家立業，不論是何種民族、性別、階級、職業等等，都希望有一屬於自己的領域，讓其人格自然發展並發揮長才，那怕是販夫走卒，三教九流，都有追求自己幸福、美滿、安定、安全、尊嚴、榮耀、平等、平安之夢想，但因殖民統治者為擴大版圖或以侵略或是同化為手段，意圖消滅原住民族文化型模、意識型態、自由行動之自主權，由統治者集權統管，無視原住民族賴以存活之空間，常為經濟利益而濫砍千萬年檜木、破壞自然資源、生物多樣性自然生態運行法則慘遭凌虐，又將政策錯誤之責任，任意嫁禍給原住民族，有違原住民族與自然界是共存共榮之生命共同體的伙伴關係。

一、研究動機

澳洲原住民流傳一段話：「假若你是要來幫助我，那麼你已可回去；但若你將我的打拚看成你生存的一部分，那麼我們或許可以一起努力」[1]，也就是說我們跟社會裡不同的族群相處，不是在單向的幫助他，而是把他看成是我們大家一起努力打拚的夥伴。比如說我們來到一個部落，我們不是來幫助這個部落，我們是把部落當作我們整體的一部分，我們想辦法針對部落大家一起來努力，讓這個部落更好，因為我們整體來講，是個有機體，大家一起來生活，例如台灣的原住民，大家是一起來生活的，那裡有問題，大家就一起來研究、解決，彼此互相尊重，使各個民族與文化永續發展，原住民族到現在仍存續此一文化基因。

據資料顯示，像菲律賓、夏威夷、巴里島之例子，易受政府與外國的控制與支配，不只是菲律賓觀光事業是違背人權之暴力行為，不但沒有造

1 鄭文佑教授於2007年於原住民族委員會會議室，舉行原住民族基本法經濟委員會研討會時所講的一段內容。

福原住民與菲律賓人，反而破壞了文化、人民的自尊與認同，包括台灣也不例外，我們的刻板印象都認為夏威夷、巴里島是觀光天堂，殊不知福利大都在政府與財團手裡，不管是菲律賓、連夏威夷、巴里島都有一個共通性，觀光帶來通貨膨脹、人民貧窮、道德受到侵蝕、文化被商品化與粗劣化、社會之不協調、自然生態與居住環境及傳統文化破壞的負面影響，使台灣原住民族引以為鑒，不得不爭取文化資產自主治理之權利。

於此，筆者企盼藉民族文化自主治理之前提，發展其獨特之優質文化基因，以充實文化觀光資源及原住民族文化資產。略述動機如下：

(1)原住民族文化具文化觀光、休閒、育樂等產業元素，因缺乏文化自主、自治能力，是故生態環境、自然資源任由經營管理者糟蹋破壞。

(2)因無法實踐民族文化自治，故易遭受財團與官商勾結之剝削、詐欺。

(3)若能實行民族文化自治，民族文化才會受到尊重，經營者不會違法亂紀，並有助於保障其觀光文化產業，提昇旅客之良好習性。

(4)對相異文化之體驗、尊重及欣賞，有利多元文化及多元社會之發展，促進族群融合，保障優質的觀光文化行為。

為了避免民眾無視原住民族文化的核心價值與內涵之差異性，導致族群關係之緊張，甚或傷害原住民族原有之優質文化，影響文化傳承及文化觀光資產之平衡發展，因而激起筆者強調以民族文化自主治理為前提，有利發展原住民族觀光文化產業。

二、研究目的

(1)國家體制應尊重原住民族文化之自主與自治，輔助文化觀光創意開發之經費，積極培養民族文化產業創意設計人才。

(2)國家應依原住民族之意願，設立專責機構負責原住民族傳統文化觀光創意產業之設計，使其具傳統性、策略性與前瞻性。

(3)維護自然生態資源與加強美學教育，應於各級教育體系中落實紮根，改造目前國人之觀光文化不良行為與錯誤認知。

(4)活化原住民族文化，並創造就業生機，使原住民回流原鄉，共同創塑原鄉美麗之風光，透過共同經營文化觀光產業活絡部落文化經濟產業。

(5)傳輸生態學的「最低限定率」 (Law of minimum)之概念，即是生命的成長受其環境因子中最低限者(供給最差)所限制。生態環境品質的維持，亦受到此社會最差的因素所限制時，因此政府應體諒最低限定率之事實，授與原住民最大之福祉－原住民族以自治為前提之文化產業管理，發展以原住民族為主之觀光產業，以突破目前推動民族文化與觀光無法相輔相成均衡發展之瓶頸。

三、研究途徑

筆者多年生活在原住民族部落社會，以親身之體驗和運用田野工作搜集、訪談與觀察者參與角色的途徑，將第一手資料加以整理，保存完整寫實之文化內涵；另參考中外之相關文獻資料，為積極保存維護發展原住民族文化盡一點心力，更試圖從研究中整理歸納文化觀光產業的優質內涵，來改變一般社會之消費性的觀光文化行為，活化原鄉文化並創造就業生機，以挽回即將消失的部落文化。

貳、原住民文化產業現況與發展

當國家長久以來面臨由農業生活轉變為工商社會時，因國民所得提升使休閒時間增加，且休閒時間之利用不再集中在祭典與廟會等活動而轉向多元選擇，其中以觀光活動變為強項，觀光對個人生活的週期，提供了工作與放鬆之不同時空，根據休閒之流動性（leisured mobility），觀光可分為五種類型：（黃宣衛，1991:204）

(1)族群觀光（ethnic tourrism）：以土著的「奇異的」文化特質或奇特的人民來吸引大眾之觀光活動，例如愛斯基摩人、巴拿馬的San Blas、印地安人和印尼的Toraja等。包括：參觀土著的房屋、觀賞舞蹈的儀式、購買原始的服裝或古董等。

(2)文化觀光（cultural tourism）：通常包括一種消逝中的生活形式，如老式的房屋、馬車或牛車、手工做的而非機器製的手工藝品。觀光活動包括：在小旅社用餐、參加民俗表演及慶典等，觀光之焦點都是一種鄉民文化（peasant culture），如巴里島和西班牙等都是著名的例子。

(3)歷史觀光（historical tourism）：參觀一些悠久歷史與光榮過去之博物館、大教堂、紀念碑等古蹟，如羅馬、埃及、印加帝國的遺跡皆是屬於此種類別。歷史觀光通常吸引許多教育取向之觀光客，容易變成制度化的觀光事業或「觀光文化」。

(4)環境觀光（environmental tourism）：一種利用地理或自然景觀來吸引觀光客之活動，觀光客喜愛的活動是觀察人與土地的關係，及物質文化如何適應環境等。例如波里尼西亞文化中心（Polynesian Center）受歡迎之基礎是觀光客能夠「拜訪太平洋」（visit the Pacific）。

(5)娛樂觀光（recreational tourism）：其性質是放鬆與消費，觀光客在追求離家的自由與新的道德，觀光活動包括：日光浴、運動、賭博、以及各種宴會娛樂等，例如北卡羅來納海岸城市、蒙地卡羅等。

談及菲律賓、夏威夷、巴里島、西班牙、北卡羅來納海岸城市、蒙地卡羅等不同地方之不同類型的休閒觀光，其發展過程及政府觀光政策各有不同，但有一共同點是其觀光效益及福利似乎大都是公部門或財團獲利，如台灣太魯閣國家公園、台東縱谷、東海岸觀光風景管理處、馬告、雪山、玉山國家公園等亦是。

原住民族的文化本身與商品經濟之間存有極深的矛盾，然因現實所逼，使得兩者持續地相摩相盪，造成文化與經濟兩敗俱傷的後果，也影響與自然資源共處之法則，加上觀光行為之素質低落，反而帶入觀光客低俗、浮華、浪費、不尊重自然生態之神聖，破壞當地既有之自然生態法則和祭儀規範及文化文法。

一般認同「文化產業」（cultural industries）適用於「那些以無形文化為本質的內容，經過創造、生產與商品化結合的產業」。可以採用產品或者服務形式來表現。端視這個脈絡，文化產業或可被視為『創意產業』（creative industries），對某些國家來說，這個概念也包括觀光、建築、視覺與表演藝術、運動、音樂器具的製造、廣告。

原住民地區的觀光產業又涵蓋了原住民傳統文化、原住民保留地之土地使用、原住民觀光資源藝術之應用，並兼顧到原住民現有生活環境、經濟收入之改善與原住民產業升級，最重要的是原住民觀光產業，必須是要由原住民自主經營管理的觀光產業，頗具時代特殊意義，但其詮釋之內涵涉及原住民權益很深，有別於其他觀光事業之發展。即使在一片經濟不景氣氛圍當中，文化創意產業的市場擴張率反而在急速擴張中。雖政治、經濟利益較為人所熟知，但是文化認同的利益同樣重要。所謂的文化認同往往就是指不願意自身文化的特質被異文化侵蝕、甚至摧毀，因此民族文化產業自主治理是基本人權之擴大實踐。

文化在全球化的時代中，必然是一個包含各種意涵的名詞，既是政治的、又是經濟的，也可能只是單純文化的。面對這個問題讓筆者想起去逝的台東馬蘭阿美大歌手郭英男，李泰康先生曾經帶他們出國文化交流，在文化交流場合中當場清唱的Palafan『歡樂飲酒歌』被竊錄。隨著在美國亞特蘭大以奧運會主題歌曲被傳播到全世界，雖然當年李泰康先生召開記者會，替郭英男先生爭取智慧文化財應有的尊重及補償，但原住民族文化產業化在國內外，一直都沒有人深入研究並付以其在智慧財之地位，所以郭英男Palafan被竊錄事件在國際上還是首例，到後來因台灣原住民族在國際上並無一定之知名度與影響力，導致事件以不了了之收場。[2]

台灣於1995年文建會網站中提出「文化產業化、產業文化化」後，文化產業成為社區總體營造的核心。文化創意產業也被納入（2002~2007）國家六年發展重點計劃的發展目標之一。近年漢文化產業活動如客家桐花季、宜蘭童玩節、屏東鮪魚季風鈴節等文化產業活動辦的有聲有色，反觀一般人對原住民文化只有豐年祭印象較深刻。實不知，原住民族異文化之民族觀光之特色，才是可開拓台灣觀光文化產業之強項，舉凡歲時祭儀及衣、食、住、行、生活點滴之多彩多姿，實在值得深入創造以轉化為文化產業，成為文化觀光產業之標的。觀光客不只在7月到9月之豐年祭儀活動才會來花蓮遊玩，除了豐年祭可比美巴西嘉年華之熱鬧場面、世界級太魯閣國家公園等之自然資源的讚嘆外，中外遊客亦可深入部落體驗異族文化之特質，政府及專家學者並人類學家輔導協助深入研究原住民族的歲時祭儀，進一步系統化整理成為一年四季隨時可供作文化體驗的文化觀光創意產業。（楊仁煌，2004：308）

凸顯並刻意描繪原住民族的社會文化特色，係試圖從現今高度文化商品經濟化的社會，發掘創意文化之素材與知識及技術，使得從原住民族社會文化中，找到無人競爭或少有競爭對手的文化資產，如山明水秀之生活空間；溫泉、瀑布、青山綠水、觀光休閒……等。如特殊人文特質：豐年祭、打耳祭、五年祭、猴祭、飛魚祭、宗教祭儀、民族工藝……等。又如

2 筆者擔任國民大會代表時，協助李泰康先生於1997-2000年間，四處為郭英男夫婦爭取智慧文化財應有的尊重及補償，但原住民族文化產業化在國內外，一直都沒有人深入研究並授以在智慧財應有的尊重與地位，因此郭英男Palafan被竊錄事件在國際上還是首例，當時因台灣原住民族在國際上並無一定之知名度與影響力，導致智慧財被竊之事件以不了了之收場。

特殊又寶貴之礦產就在我家後院或門前：藍寶石、玫瑰石、黑寶石、台灣玉……等，充分體驗並認知所謂之文化資源及產業之本身就是你，你本身就是全新而無人競爭之活的文化資源及市場。（楊仁煌，2004：384-386）

原住民族現今之經濟發展所倚重的，不能是初級產業，亦不是科技產業，而是藍海策略，這是“Blue Ocean Strategy”，目標是開發無人競爭的全新市場。我們從以前到現在所接受的訓練是要接受競爭，現在熱門的賺頭是什麼，我們就想辦法投入那個熱門。可是我們知道，只要是熱門的，就會有很多人去投入，勢必導致激烈的競爭。競爭之下如何生存呢？大家互相削價，明爭暗鬥，想辦法去打倒對方，知己知彼始能百戰百勝，我們知道在這方面我們勝的可能性很低。[3]

原住民文化產業之藍海策略，其內涵就是大家所謂的熱門我不要了，就留給別人，我們離開中原，赴海而去，去找尋新的大陸，新的島嶼，新的市場。我走我的路，尋求一個新的發展的空間，開創一個無人競爭的全新市場。因為前所未有，所以無人競爭—這就像原住民族無人濫墾破壞之四周圍賴以生存之自然生態環境，及守護千萬年原住民族所塑造的寶貴文化資產，這就是其所謂無人競爭的文化產業，我們要知道過去強調的是資金技術，現在講求生態的，有價值的，藝術的，美學的，如飛利浦公司賺錢的原因不是在他們的技術，而是在美學文化藝術這個部分，讓飛利浦公司每年能夠賺上百億。是文化創意設計讓他們賺錢的，據此原住民族可用心在自己所擁有無人競爭之傳統人文、美好自然資源等的投入。

由上實例得知，開創無人競爭之全新市場，是原住民族必須努力之新趨勢，其中之社會文化特殊性、觀光休閒空間、民族藝能與工藝……等等，在在散發出其無人競爭之發展潛力，由國內產業與國民的發展趨勢之外，最近一項調查也顯示，受訪的原住民對於發展文化與觀光產業有極強

3 鄭文佑教授於2006年在台東原住民永續發展協會舉辦之文化產業體驗營之研討會，報告強調有關原住民族優美文化觀光產業是無人競爭之新興產業，即藍海策略之另一詮釋。

之意願，40.5%認為觀光業是最適合原住民族發展之事業，僅次於農業之55.4%，高於商業之38.8%（可複選）。又可從張慧端教授等，「台灣原住民社會發展方案」執行成果評估報告書（1996）得知：受訪的原住民族存高度意願配合發展原住民手工藝品特產物，願意與很願意合計83.6%。由各縣市原住民觀光遊憩資源特性表，進一步得知，受評之平地與山地原住民族之11個行政區域中之48個部落及單位，資源類別屬人文者有40個部落單位，屬自然者有8個部落單位，足見原住民族對自己的特殊的人文社會頗具信心，堪為大多數原住民族之心聲，（原住民族委員會，1998：51）且這些人文與自然資源都可開發成為無競爭之全新市場，對原住民族社會文化與文化經濟產業發展有很大的助益，唯恐觀光文化之質感因政策之錯置，而破壞原住民族原來觀光領域之質感與自然資源，是故有必要將原住民社會文化特質與文化產業之互動敘述於下：[4]

一、令人豔羨的台灣原住民族文化模式

原住民族部落傳統的文化與生活方式實在是令人艷羨，我們接觸到的原住民大部是性情開朗、率直樂觀、十分令人愉快的民族。原住民經濟缺乏商品經濟的效率，其不會斤斤計較、個性爽朗率直，是多數原住民部落所共有的特色，人人饗往之香格里拉、失去之地平線的人間天堂，可以在此地享受到，頗具發展觀光產業之雄厚資源。

二、在殖民時代，原住民社會與主流社會保持某種程度隔閡

日本退據台灣之後，國民政府因實施同化政策，去除原有之客觀差

4 馬凱教授於2006年於原住民族委員會會議室，審查原住民族基本法條文時，在經濟小組會議報告中強調有關原住民族之社會文化特質在文化產業之經濟效益，是有無法取代之魅力。

異，強迫原住民族文化與主流社會接壤，致主流社會文化無孔不入，這樣的政策考驗是苛刻、嚴厲、無情、不公平的。但商品經濟在數年來持續發展的結果，原初以物易物的生計經濟被迫與市場經濟體系對抗，無異是以卵擊石，變成商品經濟社會宰割及占盡便宜的對象，終究無法抗拒融入商品經濟的大染缸，使其傳統文化所保有的質樸、自然、與世無爭、樂天知命的人文特質及民族文化觀光資源，面臨強大的挑戰。

三、被市場或商品經濟式觀光文化衝擊

市場經濟或商品經濟乃是屬百年來發展漸趨完善的財產權體制，這又與一套以私有財產之法律體系社群完全結合，但對於強調共享、協作、無私的原住民族社會，其律法規範與財產體制與此大相逕庭，幾乎全不能相容，所以外來族群陸續規劃在原住民地區蓋大飯店、高爾夫球場、遊樂場所，而無視原住民族自然與生態和平共處之文化模式，造成文化觀光資源，被市場經濟式之觀光文化糟蹋。

四、原住民社會仍保有許多優於主流社會的文化資產

在這種種不利因素的制約下，原住民社會仍堅守許多優於主流社會的地方與文化，有待大家維護與尊重，使其成為我們大家可以休閒觀光之文化體驗營，譬如：（馬凱等，1998：1-3）

(1)在這爾虞我詐、弱肉強食、酒肉爭逐的現實社會，我們所嚮往的世外桃源般的生活與社會結構，正具體表現在與我們共存的原住民族之中。

(2)許多原住民生活空間饒富山林之勝、水湄之美，獨占造物精華，成為觀光攬勝的重要據點，在國民開始追求生活品質、講究休閒娛樂的今日，過去的邊陲，已成為今天的觀光勝地。

(3)與既有文化緊密結合、流露出無可抵擋之獨特風味，有其突出的無

人競爭文化觀之市場價值。

五、在文化、社會、經濟方面無法與主流社會對抗的原住民族

所謂「匹夫無罪，懷璧其罪」，在文化、社會、經濟方面無法與主流社會對抗的原住民族，卻擁有豐富而寶貴的多元資源，反而成為主流社會中，精擅市場經濟法則的成員競相加以掠奪的對象，也是造成原漢衝突重要原因之一。

綜上所述，開創無人競爭無污染的全新文化觀光市場，係合乎人類與生態經濟原則的生活及經營方式，依此雙贏策略，始能永續發展部落之生命。有無價值是要別人認定有價值才算有價值，如原住民族文化之特性、特殊優美之生活空間、突出市場價值之民族工藝產品等等文化資產，將是原住民族文化觀光產業之強項。

發展原住民族文化產業，重視的是不願意讓這個愛好自然、喜歡快樂、不會計較、崇尚和平之特異民族，不因經濟生活的相對弱勢，失去原有高尚的人生價值及民族文化內涵，如部落賴以生存之信念、規範、制度，若讓她變成失落的一群或無文化根基的民族，將是世界文化資產之損失，是故以原住民文化自治為主軸，推動發展文化創意產業之觀光政策，否則雖因文化觀光產業而使部落經濟高度發展，但產出另一種與原有民族、社會、文化大相逕庭之社群，違背我們發展文化觀光產業是為了永續台灣原住民族文化的目標，使其成為自主、自決、自治、自尊、自信、有競爭力、有適應力、有特色的優質民族，不再是主流社會包袱。

六、民族文化自主治理與文化產業

美國印地安、紐、澳，非常重視當地部落社區之經濟、生態、文化與民族永續傳發及人權均衡發展，如上前提經營其觀光文化產業，為了減少

與強勢民族及財團接觸致被稀釋或同化或資源被巧取豪奪之危機，整個民族必須堅持文化產業自主治理之主導地位，否則會被強勢之有關機構、集團或財團剝削、榨取本屬於原住民應有之權益及利潤，以下敘述國際實例作為台灣原住民族文化自主治理之借鏡：

(一)夏威夷之實例

觀光並未造福貧窮的及被壓迫之夏威夷原住民：觀光是夏威夷之最主要的工作，推動者宣稱它將帶來經濟利益，原住民地位一定改進，創造工作機會，但由夏威夷的普世聯盟（Ecumenical Coalition on Tourism）於1989年8月25日至28日會議中宣布：觀光並未造福貧窮的及被壓迫之夏威夷原住民，觀光之發展與促進是受到那些已控制國內與國際財富及權利的人所掌控，而不是原住民族主導，這些人的基本目的是利用夏威夷之觀光事業來謀福利，觀光成為新的剝削工具，夏威夷觀光擴張了一種使原住民族永遠貧窮之經濟形式，他們被困在職場中之低薪職位，尤有甚者隨著更多金錢之流入，通貨膨脹之快速遠超過原住民賺錢之速度，因此他們被相對剝削，貧窮之後果往往是挫折、憤怒、酗酒、性暴力、家暴，以及社會之不整合。

(二)菲律賓的實例

(1)許多原住民被要求從其居住之地區遷村，把土地讓給政府已發展觀光。Baguio城的原住民－Ibuloi族因此流離失所。

(2)文化之商品化與粗劣化：很多神聖儀式及習俗，文化脈絡被剝離而成為文化「展示櫥窗」的陳列室。甚至，Cebu城之古老豐年祭儀中竟然充斥著政府官員、城市的鼓隊、喇叭隊與舞隊。反之，沒有任何當地之農人參加，政府寧可發大筆之金錢舉辦此類之活動，卻不願關注原住民族文化與農人之基本民生。

(3)對人民的剝削：在馬可仕時代，Bontoc村的50戶村民竟被要求進駐土著小木屋取悅觀光客，他們因此被剝奪使用水電之權利。小孩與老人被鼓勵在觀光客前當起模特兒，激起他們向觀光客行乞之念頭。

(4)涵化負向效應：原住民族不但無法以其風俗與良好傳統與觀光客共享，反而觀光客之不良行為影響了當地居民。

(5)生產與正常之經濟活動被干擾和破壞：很多地區之居民完全依賴觀光事業維生，他們被鼓勵或被逼放棄原有之文化經濟活動，人們應是適應觀光客之入侵，觀光部計畫遷出他們聚落，以便把土地讓給大旅館和大型遊樂區。

(三)巴里島的實例

在第二次世界大戰前巴里島就開始發展觀光，目前巴里島的經濟愈來愈依賴觀光事業之趨勢，由於觀光的景氣起伏不定，巴里人慢慢了解完全靠觀光之收入是有風險的，現今當然觀光之危險性仍然存在，金錢逐漸成為價值之標準，而環境與祭儀之腐蝕愈顯嚴重。要防堵巴里島即將面臨之更大的破壞，政府結構必須採取某些改革，政府不能一味以利益為取向來發展觀光，必須考慮更多社會宗教與環境等因素。同時，應為依靠觀光謀生的人民提供必要之生活保障。（黃宣衛，1991：210-211）

叁、台灣民族文化自主治理之構思

由上窺知，若無法自主自治理民族文化產業，就會像如上菲律賓、夏威夷、巴里島之例了，易受政府與外國的控制與支配，猶如菲律賓違背人權之觀光事業，不但沒有造福菲律賓原住民，反而破壞了其文化、人民的自尊。另外，一般的刻板印象都認為夏威夷、巴里島是觀光天堂，殊不知觀光福利大都在政府與財團，所以不管是菲律賓、連夏威夷、巴里島有一個共通性是觀光帶來通貨膨脹、人民貧窮、道德受到侵蝕、文化之商品化與粗劣化、社會之不協調、自然生態與居住環境及傳統文化破壞之負面影響。

因此，台灣原住民族觀光文化產業之發展，必須建立在民族文化自主治理之前提上，否則下場不下於菲律賓、夏威夷、巴里島等例子，茲將台灣民族文化自主治理之構思敘述於下：

一、原住民自然主權（固有權）之承認

建構部落準國與國核心概念之思考，否則再好的政策與策略只能說枉然，部落過去沒有所謂族群之分類，日本民族學家伊能嘉矩、鳥居龍藏等人開始畫分台灣原住民族為若干族，如阿美族分為南勢阿美族、秀姑巒、海岸、馬蘭、恆春阿美族等，傳統社會只知我是來自什麼部落，不強調我是那一族？其他原住民族族群亦是只記得你是哪一部落？不會問您哪一族。落實原住民族文化自主治理，始能帶動政治、土地、經濟、社會、文化、教育、行政及觀光與休閒等等的發展。

原住民族自治，憲法早有法源，如憲法增修條文第十條第十一、十二項）、2005年2月15日公佈之「台灣原住民族基本法」、2007年9月13日聯合國通過「國際原住民族權利宣言」，都明文規定原住民族可以自主、自決、自治，因此原住民族文化自主治理是可行的，執政者應尊重多元文化，及制定合乎原住民族人文特質、生態空間與傳統生物多樣性自主之法則、政策、條例，有此概念才有部落文化產業自主治理之可能。統治者應予原住民族文化之高度自主性，信任原住民族對自我文化產業治理之能力，這樣才算是真正肯定，認定原住民族差異文化特質是具競爭力的，可減少財團與國家機制壟斷文化產業之負向效應。

二、國家即早制定民族文化自治辦法，永續台灣原住民族文化

2005年2月15日公佈之「台灣原住民族基本法」。2007年9月13日聯合國通過「國際原住民族權利宣言」，都明文規定原住民族可以自主自決自治，而原住民族初民部落組織，本身的內部世界及各原住民族之間的關係，觀察發現有以下幾個特徵：各族係獨立存在的部落團體，不受任何其他人或團體的統治，有其各自的組織體系及宗教信仰，亦有維繫其部落倫常秩序的「規範」。各族有其領域，其領域範圍係靠武力或實際上的使用來決定之。各族在其所屬之土地、領域內，發展生存的技術，建立其獨特的文化及文明，並發展一套包羅萬象的宇宙觀[5]，所以其本就有自治之特性。試從下述傳統規範得知其原初自治自主之概念，以發展其觀光文化產業：

(一)香格里拉化之部落

原住民族雖無現代之國家概念，但有一種「我族」意識，對外區別你群、他群、我群，對內建構認同等同與現代國家概念。其內部形成親疏的政治及社會關係網絡，常態性與非常態性的意見及行動的統合系統，及異於現今法律的犯罪與刑罰體制之社會規範。自從現今「國家」概念伴隨著整套的法律制度進入部落，導致原住民族原本完整的族群部落組織（部落自主治理體制）迅速崩解，瓦解族人心中『失去的地平線－香格里拉』的祥和社會。

(二)尊重生活領域差異化的習俗

每一民族以其部落為中心向外擴散，對於其週遭地有完整的配置概

5 見浦忠勝，凱達格蘭講演《從原住民政策到原住民族政策》 2003年11月1日於凱達格蘭學校。

念，配置的理由可能是世俗性的，比如輪耕、燒墾、狩獵、捕魚等，也可能是宗教（神聖）性的，比如聖地、祖靈地等，藉由這種配置，原住民對其領域形成迥異於現代，但層次井然的掌控。在與非原住民族接觸之後，由於墾殖移民者對於土地權利的概念是以「開發擁為己有」為主，開發強度等同於權利強度，原住民族對於空間的配置體系逐漸被啃蝕。當國家以私有制的概念及技術來分割台灣的土地時，原住民族甚至連部落所在地都無法獲得所有權。

三、重視差異文化堅守文化自主治理之觀光文化產業

文化創意產業受重視，原住民族文化產業卻式微：西元2000年以來，文化創意產業成為成為重要的政策，雖然台灣原住民族文化受到社會的關注，但是由於主流社會長年以來，將台灣原住民族之文化客體邊緣化，使其流失之速度超快，據中國時報（2006）的統計顯示，台灣2005年所舉辦的60種各式各樣的文化創意節慶，只有四個與原住民文化創意有關。分別是阿里山櫻花季、台東南島文化節、台東南島原鄉航海文化藝術節、泰雅巨木嘉年華四個文化藝術節。且都無法凸顯原住民族文化在育樂休閒觀光產業之經典，所以只有原住民族文化自治，原住民才能由觀光休閒資產得到利益。

排灣族雕刻家撒古流話：「原住民文化像芒果一樣，成熟了會掉在地上，變成泥土滋養果樹，再生出芒果，文化像自然生命法則川流不息。但是漢人在談原住民文化時，講究『包裝』和『如何防腐，保持久一點』，如何放在博物館？如何觀光？」[6]這一段話，或許能讓我們在思考原住民文化與觀光發展的同時，有更深刻的反省。以優勢族群的眼光來替弱勢族群解決現況問題，規劃生存發展的道路，總覺得搔不到癢處，無法碰觸到

6 筆者1997年擔任高雄市政府原住民族事務委員會主任委員時，在當時瑪家山的山地文化園區舉辦原住民族社會文化研討會時，排灣族雕刻家撒古流在專題演講時所敘述之重點，由筆者摘要得知。

問題核心，其實只有原住民本身才知道自己真正需要的是什麼？有權利決定自己的未來，所以自主、自決、自治才是發展文化觀光，而不受剝削、詐欺、掠奪、侵蝕之保障，文化觀光沒有建立在民族文化自治之基礎上，到時文化資產全部會輸光光，就如夏威夷、菲律賓、巴里島之一些實例。

綜上所述，原住民之觀光產業本應由原住民自主治理，外界所能提供的僅止於輔導與協助提供資訊與資金，而非貿然的決定原住民觀光產業的去留，與其替原住民發展規劃一系列的觀光產業，不如教育原住民自主參與原住民觀光的產業之規劃、開發、經營、管理、保護及保育，讓原住民能夠主動的參與其觀光產業的發展方向，以準確的提供有內涵、有尊嚴以及能夠與遊客產生互動的觀光產業，以達到原住民族文化觀光產業永續經營與傳承的理想目標。

由於原住民普遍缺乏發展觀光事業之資金及相關技術，故現階段台灣地區原住民觀光事業方面之規劃、實質發展及建設多由政府機構、私人財團等非原住民人士所經營管理。原住民成為土地、自然遊憩資源及原住民文化資產等觀光遊憩資源之供應者。致使台灣地區雖已發展多年之原住民觀光，其實質經濟利益多為非原住民所得，現有之經營型態亦無法使觀光事業及經營管理技術生根於原住民社會，以改善原住民社會之產業結構與個人所得。所以唯有原住民族文化觀光自主治理，而公私部門僅提供技術輔導與資金協助，而非貿然決定原住民文化觀光產業的去留與發展。

原住民族自主治理並非原住民意欲獨善其身置身事外，而是要重新掌握本身的特質與資源，善盡其應有的責任。原住民族的文化或所謂生活方式，比較親近、體貼自然與土地，大地是母親，花草樹木是親族，微風是逝去祖先的叮嚀之類的神話思維，依舊流布於其生活的作為與思想；而漢族朋友累積的文字文獻與數千年的商業思考基因，確實是建設工商文明的最大利基。翻開過去台灣的歷史，漢民族稍不遲緩的開墾、開發，相對於原住民族的依賴土地山林，介於其中的土牛線、隘勇線的延伸，樟腦與伐木事業的發展，原、漢之間歷經的殺伐，以及後來逐漸嚴峻的自然反

撲，就是這兩種力量持續的具體例證。（巴蘇亞.博伊哲努（浦忠成），2000:38）

在這樣的強弱勢力的對抗下，原住民族逐漸失去依靠的土地，也喪失其對待土的經驗、智慧與倫理，而代以一種自殘的回應，成為盜林、濫墾、濫伐者的幫兇，即使漁撈、狩獵與採集，都因追隨商業利潤與生計需求，失去原有的儀式與禁忌。其實這種現象不能深責陷入台灣社會結構底層的原住民，而應深思這種惡果究竟熟令致之？過去「山地現代化」、「山地平地化」的政策已經為多元文化主義的思潮取代，針對族群自主治理、自然與土地權利的回復、民族語言與文化復興、歷史記憶脈絡的釐清、部落或民族文化產業的發展、部落習慣與現行法律的磨合等重要前瞻議題的規劃，以及逐步法制化的過程，都是建立足以使原住民族回歸其歷史文化本質與自主需求的步驟，這絕非獨行而遠離的抉擇，而是期待用真實的面貌和心靈面對自己，也面向週遭的群體。是故文化觀光產業之發展必須要以民族文化自治為配套措施，台灣原住民族與文化方可與文化產業永續發展。

肆、結語：創發與建議

台灣地區的農漁牧產業特質，受到市場性的競爭以及全球村空間的緊縮的衝擊，觀光產業成為最熱門的文化產業之一，原住民地區具有豐富觀光資源的鄉鎮或都市，都已開始努力地發展文化觀光產業，許多原住民地區的縣及鄉鎮也都喊出「觀光立縣」、「一區一特色」、「原住民觀光小鎮」或「觀光原鄉」的口號。站在供給區的考量，觀光產業的成功與否除了市場需求之外，原住民本身的自治經營事業體才是重點所在。

為了能夠由原住民自身學習創造部落文化創意產業，專業自主治理文化觀光來發展原住民族文化觀光，本文從各面向探討原住民族區域發展觀光可能遭遇的問題及解決策略。早期之原住民地區的建設多偏向公共設施及基礎環境的改善，就觀光產業的建設也多以遊客為考量的重點，本文特強調並期許透過原住民族文化自主自決自治之過程，喚起對於部落的關懷，凝聚共識為自己家鄉創造更美好的未來。透過文化觀光產業的發展，造就並發展部落自然景觀、生態環境之共處法則，以及傳統生活型態的保存傳續，逐步逐年的去執行，原住民族文化才有永續之可能。

在近幾年因時代潮流喚起尋根及審思的浪潮，加上國內外通過有關原住民族基本法及權利宣言，才使原住民的角色逐步被重視，而原住民愛好藝術、音樂、舞蹈、花草自然樂觀的天性，也一一的展現在部落建築、群居環境上，事實上原住民地區的觀光發展必須凸顯原住民族文化之自治之前提，整理及強調其優質特色以饗觀光客，滿足其文化知性之旅與原住民族係屬知性文化服務，因此不需要像都市化般的創構棋盤式的街道，限制原住民族原有之美學藝術及自然生活的空間感，尤其是原住民猶似人間天堂之領地多在山海之間，道路原本就彎曲婉蜒阿娜，登山步道自然純樸，無須以都市化的水泥護林來潤色，在原住民部落的觀光發展，基本理念應是落實在尊重自然與人文藝術之結合上。試將本研究之創發與心得贅述如下：

一、創　發

筆者於1988年擔任國民大會代表職務，在內政委員會擔任總幹事時，提出具政策性之「山地同胞（早期之稱謂）政策研究」的論文，接著1995年於政大舉辦的民族社會文化研討會發表「原住民族有效利用土地政策之研究」，最近2004年之博士論文更進一步提出有關「原住民族民族文化自治區域之規劃」，以落實原住民族地區之觀光、休閒、行政、土地、經濟之有效利用並發揮其功能。

（一）30個山地原住民族自治鄉自主治理其文化觀光產業，以發揮其特色，溫泉類：如烏來鄉、來義鄉、紅葉鄉、泰安鄉等等。自然資源：

如秀林鄉、和平鄉、仁愛鄉、阿里山鄉等等。歷史文物類：如仁愛鄉霧社事件、秀林鄉太魯閣事件等等。神木林相類：如阿里山鄉、南澳鄉、大同鄉、阿里山鄉等等。海洋類：如蘭嶼鄉等。

（二）25個平地原住民族區域，平地原住民最多之花東地區，可將花東海岸及縱谷，按不同族群與文化特色劃分為如下之民族文化自治區塊：1.花蓮市原住民族劃為「撒奇萊雅（Sakizaya）民族文化自治區」。2.吉安鄉原住民族之薄薄（Pokpok）、荳蘭（Natawran）、里漏（Lidaw）劃為「Talaluma民族文化自治區」。3.豐濱鄉噶瑪蘭原住民族的豐濱新社、東興等區劃為「噶瑪蘭（Kabalan）民族文化自治區」。4.豐濱鄉阿美族區域劃為「拉瓦山（Cilangsan）民族文化自治區」。5.長濱鄉原住民族區域劃為「Kacaw民族文化自治區」。6.成功鎮原住民族劃為「成功（Madawdaw）民族文化自治區」。7.東河鄉原住民族區域劃為「Etulan民族文化自治區」。8.台東市原住民族「馬蘭（Balangaw）民族文化自治區」。9.鹿野、關山、池上原住民族等區域劃為「里壠或Banaw民族文化自治區」。10.瑞穗鄉原住民族區域劃為「奇美（Kiwit）民族文化自治區」。11.光復鄉原住民族區域分別劃為「馬太鞍（Bataan）民族文化自治區」。12.太巴塱（Tabalon）民族文化自治區。13.鳳林鎮原住民族區域劃為「森榮（Molisaka）文化自治區」。14.壽豐鄉原住民族區域劃為「七腳川（Cikasuan）民族文化自治區」。15.恆春阿美族區域劃分為「太麻里（Palidawan）文化自治區」、「旭海（Msaamisay）文化自治區」。餘如卑南族等族群亦可按其區域、環境資源及文化特色，劃分適合其特質與需求之民族文化自治區。

（三）發展原住民本身的文化觀光產業與事業，產業與觀光事業緊密結合，參考國內外成功的案例，並強調各民族差異文化並自主治理其觀光產業，是現代國家基本人權的新趨勢。

（四）國家應依原住民族之意願，設立專責機構負責原住民族文化觀光產業之設計，使其具策略性與前瞻性，不但可以發展文化休閒觀光經濟產業，且能永續原住民族之民族與文化。

（五）台灣原住民族地區皆具有優美的風光，可媲美國外風景名勝，台灣原住民地區的自然美景有如瑞士一般的優美；如在花蓮瑞穗、玉里間以及自強外獄附近的風光更是有過之而無不及；如何運用現有的環境資源開創台灣地區的瑞士風景帶，是值得國家重視的國際級文化觀光產業。

二、建 議

（一）原住民觀光事業的發展建議採取漸進式的發展方式，先擇選幾處示範部落或社區作為重點式的突破，把力量及理念集中貫徹，從執行中發掘問題並逐步修正，再將此一經驗逐步推廣，藉此可逐步將原住民地區部落的生活朝向文化觀光事業自治的發展方向推行，以確保民族文化之活化與永續。

（二）環境的整理是觀光發展的必要條件之一，觀光客前來旅遊是為了回饋給自己一個充分休閒的心情，以及再出發的能量，所要帶回的體驗與感覺通常是要求美好的，因此觀光旅遊地區環境清潔與整理是必要的。

（三）完善的觀光設施規劃及具有原住民文化意象的各項設施建設，可以提昇原住民地區的旅遊層次；而活動的配合更可以適時展出一系列具有吸引力的遊程計畫；如加拿大及夏威夷地區的原住民地區配合歌舞活動及藝術展示創造出文化的特色。

（四）原住民本身對於觀光發展的意願，主導著未來觀光事業發展的成敗，在文化的保存及發展上，原住民本身的參與，可以將部落及社區團結起來，共同就深根性的語言、工藝、文化傳承等逐一保存，並呈現給國際了解。由於文化的保存除了政府的協助之外，原住民本身子女需願意學習及傳承才有可能落實。由印地安民族極力爭取本身文化傳統的保存以及澳洲、紐西蘭的毛利人為了保存自身文化的努力可以了解，唯有透過民族的重構創塑文化之自我覺醒與自主自治，才能使民族與文化永續傳承和發展。

（五）活化原住民族文化，並創造就業生機，使原住民回流原鄉，共同創塑原鄉美麗之風光，以原住民族文化自治之前提，不排除透過共同經營文化觀光產業之同時，促成活絡部落文化經濟產業與永續民族命脈，使原住民族觀光產業不致畫地自限，閉關自守，自外於全球與在地接軌之全球村發展趨勢。

【參考書目】

一、中文部分

巴蘇亞.博伊哲努（浦忠成）（2000），《民族自治的精義講演》，台北：政院原住民族委員會。頁38。

行政院原住民族委員會（1992），《知識、價值與互動：論光復後台灣土著物質文化保存》，自然科學博物館學校，台北：國立自然科學博物館。

行政院原住民族委員會（1998），《促進原住民地區觀光事業發展之研究》，台北：行政院原住民族委員會。

行政院原住民委員會（1998），《原住民教育與文化政策規則之研究》，台北市：行政院原住民族委員會。

李亦園（1982），〈南勢阿美的部落組織〉，《台灣土著民族的社會與文化》，台北；聯經出版社。

李亦園等（1983），《山地行政政策之研究與評估報告書》，南港：中研院民族所。

李亦園（1999），《田野圖像—我的人類學生涯》，台北：立緒文化事業有限公司。

阮昌銳（1969），《大港口的阿美族上、下》，中央研究院民族學研究所專刊之十九，南港；中研院民族所。

李來旺、吳明義、黃東秋等（1992），《牽源》，台東：交通部觀光局東部海岸風景特定區管理處。

馬凱等（1998），《原住民族經濟發展規劃》，台北：原住民族委員會。

陳其南（1986），《文化的軌跡上冊文化結構與神話》，台北：允晨文化出版。

楊仁煌（2004），《台灣阿美族Tluan文化內涵與發展之研究》，台北：國立台師大政治研究所博士論文。

楊仁煌（2007），〈文化建構與復振之研究〉，《台灣原住民族研究倫叢》，台北：冠順。

楊仁煌（2007），〈人權與文化差異理論－以原住民族人權實踐為例〉，發表於中國人權協會主辦之《2007年原住民族人權保障理論與實務研討會》，台北：國立台灣大學國際會議廳。

黃宣衛（1991），《阿美族社會文化之調查研究》，台東：交通部觀光局東部海岸風景特定區管理處。

二、西文部分

Anaya, S. James. (1996). Indigenous peoples in international Law. New york: Oxford University press.

Banks JamesA. (1989). Multicultural Education：Theory and pracce. Boston MA: Allyn and Bacon.

Baradat, See Leon P. (1984). Political Ideologies: Their Origins and Impact. (ed). Engle wood cliffs Newjersery: Prentice Hall, Inc.

Beattie, John. (1980). Representations of the self in traditional Africa. Africa. 50 (3): 313-320

Bennett, Christine I. (1990). Comprehensive Multicultural Education: Theory and practice. Boston: Allyn and Bacon.

Diamond. J. M. (2000). Taiwan's gift to the world. Nature, vol. 403: 709-710.

Lea. John. (1988). Tourism and Development in the third world. London: Routledge Mckean.

Oxford: Blackwell. (1908). Primitive secret societies. New York.

三、日文部分

小泉鐵（1933），《台灣土俗誌》，昭和八年，東京。

伊能嘉矩（1906），〈Dyakの Head Houseと台灣の公廨〉，《東京人類學雜誌》，21卷，第246號，明治三十九年，東京。

伊能嘉矩（1911），〈台灣アミ蕃族に行る分級制〉，《東京人類學雜誌》，27卷，第四期，明治四十四年，東京。

宮本延人（1985），《台灣の原住民族；回想私の民族學調查》。東京：六興奧出版社。

鳥居龍藏（1897），《東部台灣阿美の土器製造に就て》。東京：東京人類學會雜誌135號。

第三章

旅遊改變了什麼？

——以台灣蘭嶼地區達悟族文化旅遊為例

■李富美　國立台灣師範大學
公民教育與活動領導學系博士

■顏妙桂　美國賓州州立大學休閒研究博士

摘 要

旅遊是改變的催化劑，不管對旅遊者是一種神聖之旅的心理改變，抑或對東道主是一種社會文化的影響，但無論那一種的研究取向，均不能脫離情境脈絡中文化系統的內在關係。雖然造成改變的因素很多，不能完全歸諸於旅遊的因素，但是當一個民族開始出售自己---作為一種民族吸引力，這個民族就不會自然的發展了。換句話說，當旅遊的因素產生之後，對一個民族或地區的發展無疑也是一種改變。

蘭嶼島上的達悟族是台灣少數民族中唯一的海洋民族，近年來致力文化旅遊，但是也帶來了諸多的辯證與兩難問題。

本文乃以東道主（host）與旅遊者(guest)互動之後彼此的改變列為分析的重點。以民族誌為研究方法，參與觀察及資料分析為研究策略，歷時約三年的調查時間，歸納出相關的事例，包括世代間的文化變奏、交易行為與傳統分享行為的混用、自發與外控的矛盾、社會結構的改變、由競爭到聯盟的共生關係、藝術文化的復振等議題提出討論。

【關鍵字】蘭嶼、達悟族、文化旅遊

ABSTRACT

Traveling is a kind of the accelerator to bring something changed, not only for the psychological changes of the travelers' pilgrimages, but for the social and cultural influences of the hosts. However, the changes cannot be possible to leave the inner relations of the social contexts. Although the factors which provoke the changes are various, they cannot result in all factors of travel. Whenever a nation begins to sell itself—for the attraction of the nation, it should not go through the natural development. In other words, when the factor of traveling begins to be produced, it immediately makes a change for the development of a nation or of a region. The Tao Tribe in the Orchid Island is the only oceanic tribe of the aboriginal people in Taiwan. In recent years, the efforts for animating the cultural traveling is out of doubt; nevertheless, it brings a lot of dialectic problems and dilemma.

This study proposed the importance of the influential changes for analysis after the mutual interaction for the hosts and the guests. Adopting the ethnomethodology, the researcher participated in field observation to collect data and analyses, for almost three years. There were some issues concluding which included cultural variations of the generations, the mixture of the exchange behaviors and traditional sharing behaviors, the contradiction of self spontaneousness and outer control, the changes of social structures, commensal relations of competition to alliance, the resurrections of artistic culture, etc.

Keyword: Orchid Island, Aboriginal people, Tao, culturaltoarism

壹、緒 論

一、研究背景與動機

旅遊是改變的催化劑，不管對旅遊者是一種神聖之旅的心理改變（Graburn, 1983），抑或對東道主是一種社會文化的影響（Nash, 1977），但無論那一種的研究取向，均不能脫離情境脈絡中文化系統的內在關係。雖然造成改變的因素很多，不能完全歸諸於旅遊的因素，但是MacCannell（1984:388）指出：「當一個民族開始出售自己……作為一種民族吸引力，這個民族就不會自然的發展了」。換句話說，當旅遊的因素產生之後，對一個民族或地區的發展無疑也是一種改變。

蘭嶼島上約有三千人的達悟族，是台灣13個原住民族中唯一的海洋民族。自從1967年政府解除蘭嶼山地管制，開放觀光，才有外來民間資本以「觀光業」形式進入了蘭嶼。在40多年的發展歷程，也經歷了Jafari(2001)所說的支持（advocacy）、警告（cautionary）、適應（adaptation）、以知識為基礎(knowledge-based) 的階段，也符應了世界旅遊的發展歷程。

旅遊最大的樂趣乃在於與人、事、物、景的不期而遇，到陌生的異地讓自己沈浸在不同的文化情境中，開始改變自己的節奏與思維；也在旅程的變數中，開始迎接美麗的意外。但是在「人生到處知何似，恰似飛鴻踏雪泥；泥上偶而留鴻爪，鴻飛那復計東西」的邂逅中，飛鴻踏雪、鴻飛爪留之際，給東道主留下了什麼？也改變了什麼？

根據Smith(1989:288-290)的觀點：

> 作為旅遊者而言，他們不易從東道主那裡借鑒其文化，而東道主卻很容易受到外來文化的影響。這就促使了東道主地區一系列變化的產生。為了發展旅遊業，為了滿足遊客的需求、態度和價值觀，東道主就更需更多的接受遊客帶來的文化。

Broeck（2001：161-174）對土耳其民宿之旅的個案研究中也發現：「旅遊帶來生活的改善，但也造成家庭生活形態改變、婦女的地位提升、社區凝聚力減弱、競爭減少獲利、傳統價值及習俗受到挑戰等現象」，在本研究中也發現類似情形。故在本研究中將針對旅遊對東道主所造成的變化現象，提出討論與建議。

二、研究目的

基於以上的背景與動機，本研究的目的如下：

(1)探討旅遊對蘭嶼的社會文化造成什麼改變？

(2)瞭解這些改變對蘭嶼的影響為何？

(3)根據研究結果期盼在發展過程中維持傳統與創新的平衡。

貳、文獻探討

過去有關原住民地區文化旅遊的研究，大都從衝突的觀點切入，包括文化、環境、社會、經濟、權力、土地、政治、語言等面向（王大明，2005；瓦利斯．尤幹等人，1992；伊芳霓，1987；宋莉瑛，2002；利格拉樂．阿鄔，1990；林美瑢編，1991；孫大川，1991.1992；高有智，1999；張玲玲，2004；陳溪園，2003；裘亞非，1992；劉可強、王應棠，1998；劉桂蘭，1990；賴如怜，2003），雖然這些因素不全然是因為觀光所帶來的結果，但卻是存在的相互辯證問題。近年來配合整個旅遊的發展趨勢，以知識為基礎的文化旅遊型態，強調文化體驗及東道主與旅遊者互動、環境保護、積極發展行銷的研究正方興未艾（安妮塔，2003；余瑾，2004；吳麗華、黃正聰，2004；林中正，2003；林秀玉，2003；洪廣冀，2000；紀駿傑，1995，1998；陳世昌，2005；葉冠瑩，2001）。從以上的研究結果，顯示旅遊所帶來的影響存在諸多的辯證關係。

一、旅遊帶來文化改變的辯證

根據Hebdige（1990，引自羅世宏等譯，2004：138）的觀點：

> 近年來，由於資訊化所帶來全球化的加速，增加了文化的並列、相遇與混合。這個觀點主張我們應該跳脫原本侷限在地的「生活的全部方式」的那種文化模式。

由於資訊化所帶來全球文化的流動，在虛擬與實際流動空間的結合下，Clifford（1992）則主張以「『旅行』去取代場域（location），作為隱喻的文化概念」，因為旅遊者本身就是文化的載體，隨著人與人、人與地、人與己的內外在流動，產生了混雜性與複雜性的文化流動，也造成了不可預測的文化影響與改變。

有關原住民地區的旅遊所造成的文化改變，根據謝世忠（1994：14）的研究結果，原住民本身對傳統的文化意識，藉由觀光的互看過程中得到自我肯定，他指出：

異族觀光的過程中，被觀光者一方往往為了滿足觀光客的需要而重新塑造出另一新的族群性來（re-shaping a new/ethnicity）……，而這種族群意識得以再強化或再造的基礎，就在於大家均著急於對傳統的追尋與神入。

吳勁毅（1996：1）以花蓮縣光復鄉太巴塱社區經驗探討原住民地區觀光問題，其中最可值得參考的是：

片面的權力下放並不意味契合地方性的觀光發展，只有在地方性的文化脈絡下重新啟動地方性的生活活力，才能掌握地方性社會時空的主體，獲得觀光發展下的自主性。同時以體驗地方生活的文化學習為合宜的發展取向。

在其研究中特別強調各方的互動關係及資源整合，尤其是社區自主性的參與，才能真正達到原住民地區觀光的整體效能。

王敏（2002）研究太魯閣國家公園與當地原住民之間互動型態的轉

變，乃從國家的行政機構在執行政策時與原住民協商互動的關係，其研究發現：「雙方互動的內容與態度均異於以往，大致上態度是屬於積極、自約與互相尊重的。而互動的內容亦朝向邀請原住民共同參與的方向進行」。從該研究顯示，國家對原住民的旅遊政策，已從過去由上而下轉為共同參與規劃的立場，所以加強原住民規劃及參與公共事務能力，才能真正達到行政賦權的功能。

張玲玲（2004）也從部落發展旅遊中所面臨的問題，如：觀光產業均為部落菁英或家族獨資經營，部落基層沒有空間學習與成長，遭致族人不諒解與疑慮。為了爭取官方及土地資源，產生嫌隙與對立，商業利益的競逐早已蒙蔽了族群集體的利益。但在失傳的百年祭典文化展演活動中，又重新凝聚了部落意識，並逐步展開尋根與文化傳承活動。

綜合以上的研究結果，參酌Robinson（1999：7）的觀光與文化衝突範疇圖解（如**圖3.1**），這兩者之間是可以相互連結，並說明旅遊產業結構間的功能與衝突。

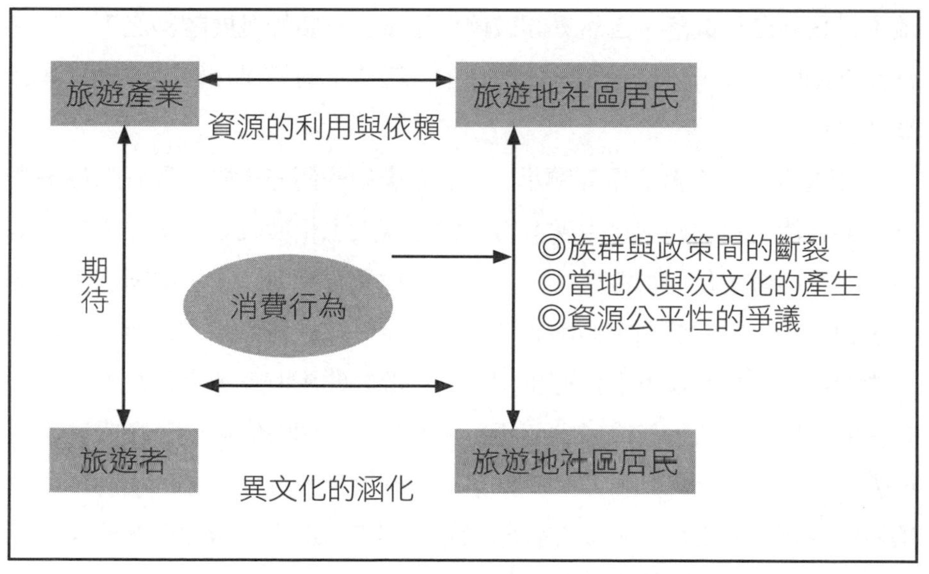

圖3.1 旅遊與文化衝突的範籌（Robinson, M. & Boniface, P. 1999: 7）

從上圖中，可以瞭解旅遊者、旅遊產業、旅遊地社區居民之間的互動所造成的影響。旅遊者造成旅遊地異文化的涵化，社區居民之間也因為旅遊因素衍生內在的變化，包括：族群與政策間的斷裂、當地人與次文化的產生、資源公平性的爭議。從社會學功能理論而言，旅遊活動帶來的正面效益，不但可以為當地居民帶來經濟的收入，同時也形成了自我文化再生的機會，並提高原住民的文化自尊。然而，從衝突理論而言，旅遊活動常常帶來負面的影響，對當地居民而言，是另一種新的剝削形式，也可視為帝國主義殖民的再現。從符號互動理論而言，旅遊者與東道主的互動將增強旅遊休閒覺知與體驗，產生不同的旅遊效益。

二、蘭嶼旅遊型態的改變

蘭嶼的開發歷程，從過去的自給自足生活方式，沒有頭目的分工社會，遺世獨居的島嶼民族，自成一格的獨特海洋文化，到清朝光緒年間納入國家版圖之後，在一連串的國家機制干預、外資壟斷之下，已使得文化流失、民族自尊低落、自然景觀破壞。雖然在整體的發展趨勢之下，已無法完全回顧傳統，但是在傳統與現代中，維持平衡的保存與發展是有其必要性。

根據過去的文獻及研究顯示：政府對蘭嶼的觀光規劃，蘭嶼的旅遊產業已從經濟面向趨向文化生態並重，當地族人也相繼成立「蘭恩文教基金會」、「山海文化保育協會」、「生態文化保育協會」、「蘭嶼部落文化基金會」、「蘭嶼藝術家策略聯盟」，結合傳統保育生態的知識，傳統文化的產業，並將其規劃在遊程當中。過去蘭嶼的旅遊資源多數掌握在漢人投資的手中，由於近年來當地年輕族人的投資，蘭嶼完全中學開設餐旅科的人才培育、網路系統的建置、民宿業者的增加、各種人才的培訓、政策的轉向及經費的挹注、民族意識的覺知等因素，族人對旅遊產業的操作方式也漸趨在地化與成熟化（李富美，2006：84）。

叁、研究方法與對象

本研究乃以民族誌為研究方法，以參與觀察及資料分析為策略。於2004年5月開始，先進行前置性研究，2005年1月開始至2006年1月，在蘭嶼6個部落中以提供旅遊活動的東道主（包括當地居民、民宿業者、展演者、交通業者、販售者、解說員……等）共68人為對象。

這段期間為配合當地的需求，辦理終生學習工作坊、新進教師文化研習、暑期電腦志工服務、國小原住民族教育資源中心輔導訪視等活動。並參與重要祭典或事件如小米豐收祭、大船下水典禮、跨年晚會等，與當地族人建立良好互動關係，除了互訪之外，我們常一起聊天、用餐，同時確認田野調查中的疑義，以更接近當事人的詮釋觀點。

在資料的記錄方式分成田野筆記、訪談、上課資料、文件、個人省思五類。記錄的格式依序為時間、訪談對象代碼，後面註明訪談對象的順序、日期、記錄方式類型排列，例如：G1.2005.5.30.田野筆記 ；H2.2005.5.30.訪談；2005.5.30.省思、H34.2005.5.30.上課資料等。訪談稿在謄寫時的補充與註記，則以（）表示。對共同參與研究的對象，則以匿名方式，或以當地族人親從子名的方式稱呼，如已經當阿公的則以Siapen稱之，後面加上名字的簡稱，例如：Siapen B.；如果已經當爸爸或媽媽的，則以Syamam或Sinan，後面將孩子名字的簡稱，如 Syamam D.等。

肆、結果與討論

綜合以上的文獻分析，瞭解原住民地區旅遊現象及蘭嶼旅遊發展的背景，經過多年的觀察、參與、訪談之後，產生的結論如下。

一、世代間的文化變奏

旅遊是人類社會中特殊的文化現象，在既期待又怕被傷害的矛盾中，各世代間對文化的傳統與創新的認知，在旅遊因素的影響下產生文化的變奏。

(一)傳統的衿持與遷就

從蘭嶼的發展過程中，可以發現在不同政策之下，所造成的經驗不同，致使蘭嶼社會中存在著不同世代間的價值觀差異，大致上可以分成幾個類型：

(1)傳統型的老年人：約65歲以上，歷經日本殖民統治的不干涉政策及國民政府時代的政治施為，由於無法認同外來的文化價值，多數堅持傳統的生活方式、價值觀與生活規範。熟諳族語與日語，但多數不會說國語，造成溝通的困難。但不可否認，這些老人卻成為在地文化知識的承載者與文化傳遞者角色，隨著其凋零將使文化面臨流失的危機。

(2)中堅份子的中年人：約45-65歲之間，受過幾年的國民教育，年輕時到過台灣多數從事勞力工作，累積個人資本後，回到蘭嶼自建房屋，成為現在多數經營民宿的主人。在觀念上融合了傳統與現代的價值觀，也逐漸成為蘭嶼社會的意見領袖及公共事務的主要階層。但是在有關傳統生活及活動的領域上，還是以老年人的意見為依歸。兩性分工的生活模式仍存在於日常生活基調。雖然熟諳母語，但已對日語生疏，又對國語、台語的表達不很順暢，造成在與日本的旅遊者溝通上的障礙，也對台灣的旅遊者在表達上的限制。

(3)現代型的青年人：約35-45歲之間，多數受過國、高中教育，曾到台灣讀書或就業，由於受到較多的正式教育並擁有工作技能，他們能獲得較高的工資與理解西方對物質的渴望。所以回到蘭嶼之後，對資本主義的經營操作方式比較熟悉，多數以開商店、餐廳、民宿或擔任公職為主。雖然會說母語，但以生活化的語彙為主，已經無法瞭解族語的深層文化內涵。這也說明，為何老人對會說母語及瞭解母語意義的晚輩特別依重與信任的原因。

基於上述的世代間文化差異，造成蘭嶼必須適應傳統與現代的文化。而且也產生傳統文化與現代市場經濟的連結與矛盾。在年長者失去對土地的勞動力，而年輕人又不以土地從事傳統生產方式時，為了讓孩子回到身邊，為了支持孩子的觀光事業，在新舊觀念的差異中，找到了協商的出口，也為土地的利用創造了另一附加的價值。雖然為了文化展演以賺取金錢，老人家穿著傳統服到田裡，要克服傳統的禁忌（因行事與眾不同，易於危及個人及家庭成員的健康及生命）、忍受或許是被凝視的尷尬、展現或許是文化的尊榮感，這些複雜的內在因素，也都在家族的親情紐帶中有了改變，在創新與互惠的過程中得到了妥協。

(二)交易行為與傳統分享行為的混用

地區的特性和飲食文化是有連結性的，例如到澎湖島就是以海產著稱，同理類推，到蘭嶼也可以大啖海產，加上對達悟族是海上獵人的認知，所以更應該可以大快朵頤了。但是，這種想法在蘭嶼是錯誤的。在椰油部落就有一個魚貨市場的空間，已經閒置多年，除了放二艘十人座的大船外，大型冷凍櫃都已經變成破銅爛鐵，空間被佔用。根據一位中年的居民所述：

當初政府想透過市場的買賣解決魚貨供需問題，但事實上仍存有一些問題。例如買的人不穩定，今天我打到幾條魚拿去賣，有一個人買了，明天那個人可能就不會再買了。而且我們當地的人會認為沒有能力的人、沒有人緣的人、沒有子女可以打魚給父母親的人，才會去買魚。所以要去買魚，剛開始還要看一看是否會被人家看到？如果很多人一起買就比較不會不好意思---。所以他們會有固定賣的對象，例如餐廳、飯店等。但是因為價格比較貴，因為他們認為餐廳是拿去做生意的，所以價格上討價還價的空間很小，除非很熟的人。如果再賣不出去，他們寧可拿回去曬魚乾。（H25.2006.1.7.談話）

這讓我回想前幾年在「無餓不坐」（一家餐廳）吃飯時，和老闆娘談到「可以用傳統的食器裝傳統的食物，或許更有文化特色」，但這些問題老闆娘都思考過，只能無奈的說：

貨源供應不穩定，有時候明明說好要拿地瓜、芋頭、野菜來，或許會因為家裡有事而沒辦法拿來。有時候因為天候不好，沒辦法下海打魚，就沒有了。我也想過用傳統魚盤，女人魚的男人魚的魚盤，但是只要聽說要做生意用的，當地人就高價出售，一個盤子要3000塊。還有只要是要做生意用的任何東西，他們都認為是在剝削他們，就不做了，不但是年老的，年輕的也都有這種心態。（H25.2004.9.12.談話）

是以，「魚」、「地瓜芋頭」並不只是代表一種貨品，而是一種符號，代表能力與人際關係的連結，所以當地人把它當作分享而不是交易的商品。

由於受到旅遊影響的事實，過去分享的行為也在交易的目的性之下產生文化的變化。就以黃昏市場為例，早期蘭嶼的黃昏市場有東清部落和朗島部落，東清部落的黃昏市場已經銷聲斂跡了，目前只剩下朗島部落每週六下午還會舉辦。此種的市集方式攪動了平淡的生活，讓大家有逛街購物聚會聊天的機會。根據楊政賢（1998：12）對東清黃昏市場的研究，認為：「蘭嶼的市集展現了資本主義在初民社會的特色，不僅僅是一個經濟交換的市場，也同時是一個具有文化特色與內涵的一場商品儀式」，透過不同的親疏關係，實踐其交易與交換的行為。

族人分享行為是建立在公平的互惠與能力的誇耀基礎上，但是交易則是一種利益的獲得，由於存在著過去被剝削的記憶中，所以諸多的供應者與需求者之間，仍存在「價格」認知的極大落差。只是族人在資本主義的市場機制中，交換與交易並未存有明確的分野，仍視親疏關係而存在接續性。或許也可以從經濟的雙重性加以解釋，由於蘭嶼的經濟活動仍以傳統式的下海捕魚、上山採地瓜的方式維持其基本自給自足生活方式，對貨幣的交易行為雖然有需求而且也日益依賴，但不是很強求。所以在旅遊所帶來的交易行為中，交易與分享仍存在著相互混用的現象。

二、文化保存的矛盾與契機

旅遊提供了文化交流的機會，文化則是旅遊的核心價值，所以文化的保存就成了當務之急。過去以中央計畫式的文化政策，隨著社區文化意識的覺知，在文化保存政策的推動下，重新尋找平衡的契機。

(一)自發與外控的矛盾——從補助到輔助的過渡

Sinan R.年輕時在台北從事美髮工作多年，二年前全家搬回蘭嶼。先生從事民宿及海釣潛水工作，她則從事美髮美容。個性很健談，所以我們很快的交淺言深無所不談，我也喜歡分享她的生命故事，她說：

> 在台北很多人問我台北和蘭嶼有何不同？我就回答他們：「各有利弊啊！但是台北有的，蘭嶼或許會有；而蘭嶼有的，台北絕對沒有」。（H59.2006.1.7.談話）

這話道盡了蘭嶼無可取代的特色，也是漂泊在外的族人存在記憶中對家鄉的原形。當我們談到離開多年回來之後蘭嶼有何改變？她直截了當不加思索的說：「高樓大廈變多了」。她反問我說：「你認為最大的傷害是什麼」？我不知如何回答？她以肯定的口吻說：

> 補助！因為過去蓋房子非常辛苦，也要非常的勤奮，孩子都會看在眼裡，給孩子很好的示範。現在靠補助，就沒有那份榮耀，孩子也失去學習的機會。所以我認為政府不要補助要輔助。（H59.2006.1.7.談話）

近年來在文化生態旅遊的趨勢下，政府對蘭嶼的政策施為，包括硬體與軟體，無不投注大量經費及心力，但是在缺乏溝通與共識下，常造成另一種形式作為，這是因為很多的政策是從文化的本質中斷裂出來所致。夏曼・藍波安.也曾語重心長的再三強調：

> 蘭嶼人沒有東南西北之分，婦女只有海岸和芋頭的位置空間概念。划船的時候，才會知道和自然的互動對話，而在這些信仰的背後就建立了一套秩序。但是現在，小孩也不會造船，做大船已成為集體性而不是家族性了。(H22.2004.9.10.上課內容)

為了發展蘭嶼的觀光，很多的活動已由家族性傳統儀式轉為全村部落型的公開表演，包括小米祭（mivaci）、大船下水祭（makakavang）、飛魚祭等。傳統文物的修護及文化的採輯則有：傳統屋修護、船屋修護、二人船製作等。文化及生態旅遊人才的培訓就包括：解說員訓練、製作陶土（mitanatana）、傳統織布班、編織班、串珠班等。活動的動機除了保存文化之外，也為發展文化生態旅遊的目的，再造文化的內涵及吸引力。但這種的政府施為與傳統文化的形成方式，仍存有諸多的辯證與矛盾。為此，由蘭嶼天主教文化研究發展協會發行的《飛文季刊》中，藉由當地有識之士的族人不斷提出呼籲與省思，唯恐在商業化的趨勢下，將面臨真實文化斷層的危機。但在自發的、有限的能力之下，依靠政府的施為，又是一種無可避免的「善」。

但不可否認，政府補助的必要之「善」，如果在缺乏文化的認知之下，或許將成為破壞文化的必然之「惡」。又如果當地居民沒有凝聚社區共識，以共同保存文化為目標，則政府的補助也將「徒勞無功」。雖然經由政府補助讓有形的物質文化得以重現，但文化遺產不是殭屍，貴在無形價值，不保存無形的價值，特色恐將庸俗化，形成嘉年華會或商品化。

從以上的論述中可以發現，政府與居民之間對蘭嶼的文化政策所造成的相互辯證問題。居民希望政府補助又擔心文化失真，但自發性的活動又限於經費、人力而無法舉行。事實上，當地人的態度是最重要的關鍵因素，所以應該以國家的資源累積文化的資本，達到文化保存及維護的共同目標，才能真正落實文化生態旅遊的意涵。如果，因為政府的介入讓表演活動失去文化意義，或只為了迎合旅遊者的文化想像，而破壞了原初的文化價值，這些都不是永續經營之道。政府在文化與旅遊之間所扮演的角色是創造機會給予居民選擇，政府提供公共建設政策、文化旅遊政策及永續發展政策並整合不同文化組織的合作功能。在旅遊與文化認同之間，政府扮演文化意義行銷角色，及維護文化遺產的中介角色，最終的實踐者仍是在地居民的認同。

(二)藝術文化的復振

近年來文化創意產業大行其道，比起一般產業除了經濟價值外，更蘊含了文化的累積、創意的生成和運用。又根據前面文獻提到，以文化物質主義和符號象徵人類學這兩種範式，也逐漸運用來研究旅遊行為。所以從旅遊者對紀念品的消費行為，產生東道主對傳統藝術的復振與自我的認同感。

傳統的手工藝包括雕刻木船、魚盤、籐編、製陶、紡織等，完全取材於自然的材料，講求實用價值。但隨著旅遊者的到來，為因應旅遊者的需求，當地人也學會創新的產品如：手機吊飾、串珠手飾項鍊、T恤、鑰匙環、背包等。雖然逐漸喪失其傳統的文化特色，但是借用其文化圖騰，創造文化商品化商機，兼顧文化與經濟的雙重效益，已是不爭的事實。雖然各工作室相繼成立，但是由於資金不足、缺乏宣傳及行銷通路，所以形成單打獨鬥的困境。

根據訪談結果，多數的旅遊者購買代表當地文化特色的產品多數是有圖騰的鑰匙圈、杯墊、背包、木船、卡片、T恤等。旅遊者並不會刻意去瞭解其貨源是當地或外來的，只要是一種代表性圖騰具有實用性、紀念性又不會太貴都能接受的。

雖然文化商品化議題存在諸多的辯證問題，但是文化商品化如果能帶來商機，又不失其特色的前提下是有必要的。旅遊者要的是文化的符號化，對真正的文化內涵並不十分在意，除非是藝術愛好者，才會真正去購買高價位的文化藝術品。但不可否認，近年來由於對原住民文化的重視，很多年輕的新手開始重新學習當地藝術。由於對文化的自我覺知並對傳統產生的自豪感，造成了當地文化藝術品的再創造。手工藝品與文化融為一體，必須以原始藝術為主調，再輔以創新的運用，才能滿足旅遊者追求新奇與實用的需求。但是外來廠商對圖騰的借用與資金的投入，直接打擊當地手工藝市場。如果能夠整合當地藝術家能量，藉助政府的資金，並以成立合作社的方式，人人都是股東，在充分溝通與公平的原則下，才能達到文化產業化的自主性運作。

三、社會結構的改變

在過去蘭嶼達悟族的濃漁業自給自足的生產方式，男女角色分工、社會制度、規範等模式，維持了社會長期的穩定狀態。但是隨著社會的變遷，生產方式的改變，資源的重新分配，尤其旅遊業的興起，改變了社會關係的本質，進而改造了社會結構。

(一)由競爭到聯盟的共生關係

由於近年來，族人對發展旅遊的認知普遍性提高，所以在2004年政府發放蘭嶼居民每人63,000元核廢料補償金，隔年就有更多的民宿開張。這其中隱含的是旅遊事業可以改善經濟狀況的迷思，進而也帶來競爭的危機。但從積極的觀點而言，也有可能帶來社會分工及合作的契機。雖然蘭嶼存在著傳統生產方式與資本主義貨幣制度的雙重經濟體系，但是貨幣的交換已經逐漸取代傳統自給自足方式。

網路的流通改變了蘭嶼旅遊的經營方式，但也改變了過去競爭的方式。過去由於大家都沒有網路所以會以「拉客」的方式競爭，造成了不良的人際關係。也為了搶生意不惜削價以求，造成利潤微薄的「共慘」現象。現有了網路之後，產生直接溝通的平台，以關係性行銷的思維方式，建立經營的方式。

過去蘭嶼的旅遊活動雖然給當地人帶來經濟的收益，但相對的也因為競爭造成情感的撕裂。在經過個人經營的彼此競爭、家族網絡互惠經營到彼此分工的認知過程，未來蘭嶼旅遊的發展趨勢，將逐漸走向專業分工及相互合作的運作機制。在相互合作的機制上，雖然仍難跨越以家族為中心的社會結構及互惠體系，但是也逐漸成為以社區合作經營方式，反而增強了社區凝聚力。

(二)社會關係的重構

在前面文獻中提到，從蘭嶼達悟族大船文化及芋頭田文化衍生男女分工的社會功能結構，加上平權制度的社會關係，個人權力的取得來自於後天個人的努力，而非先天的繼承，所以其身分地位是流動的。但是近年來，由於傳統的社會結構在外在因素的影響之下及隨著老人的凋零而逐漸崩解；對個人成就的判定標準，也逐漸由資本的累積及權力的取得所取代。旅遊因素雖然也是影響因素之一，但根據石原照敏等人（2005：64，張瑋琦譯）在對原住民觀光的可能性論述中提到：「在民族觀光中各族群間原有的社會關係可能直接投射在觀光的分工上，而更強化了其原有的從屬/支配關係，相反的，也有可能逆轉其原有的社會關係」。在本研究中也發現，旅遊所造成的僱傭關係、女性增能（empowerment）、外來移入者的影響等現象。

1.僱傭關係的產生

由於蘭嶼在每年七、八月期間是旅遊的高峰期，就像寒冬蟄伏後的復甦，全島幾乎翻動了起來。為了因應季節性的旅遊人潮所產生的人力需求問題，於是產生了臨時僱傭關係。這種僱傭關係包括僱請台灣的人力及當地的人力，這兩者的僱傭關係也將產生不同的社會關係。

由於旅遊者多集中在漁人、紅頭部落，所以「無餓不坐」簡餐咖啡吧、紅頭部落海邊旁「小豆苗咖啡吧」、「部落咖啡吧」生意就特別好。為了因應人手不足的困境，他們上網徵聘暑假工讀生，其中不乏是暑假前來作研究的學生、也有固定每年前來的業餘攝影師、也有為了老闆提供免費食宿而能暢遊蘭嶼二個月的大學生。當地的年輕人也喜歡到這些地方喝飲料聊天，彼此交換訊息，尤其是海邊咖啡吧，在雨後的夏天，更能享受山海在欸乃一聲中豁然而綠的驚豔。

這批候鳥型的工讀生，雖然是一種僱傭關係，但本質上是基於體驗、好玩、參與研究而來，而且每年有愈來愈多的年輕人想來嘗試，形成另類的「後旅遊型態」。在前述文獻已經討論過，人的移動是一種文化符號的移動，這些外來者在與當地人的互動中將可能產生另一文化現象。

另外一種僱傭關係也出現在當地業者之間。有些民宿業者因為客人很多，男主人忙於接待帶導覽解說，通常是由女主人打掃房間、浴廁、清洗被單。這段忙碌的旅遊季節，上山種田、下海打魚的分工勞動，已被下海帶浮潛、在家清掃房間所取代了。但是由於女主人還要忙於接送客人、照顧孩子、有時候還要準備風味餐，無暇兼顧打掃工作，於是就找自己的親戚幫忙。有的按月給薪，有的按件計酬。又由於有很多內部合夥的事物，包括：聯盟經營租車、潛水器材、民宿介紹、帶潛水、山林解說等，這些都是在與旅遊系統緊密結合後，形成的經濟網絡圈，導致以家族為中心的「家庭行業」產生。

2.女性增能

蘭嶼傳統社會組織是以男性為主，婦女的角色僅僅在家中，在部落的公眾事務上，婦女沒有發言或表達意見的權利。雖然是男女分工但是仍以父系社會為主，且存有男尊女卑現象。但是這種情形也隨著漢人女子的嫁入而有兩種不同的文化呈現。

■當地女性族人在傳統與現代中的角色

有一次我住在野銀部落時，村辦公室用母語廣播要開會，民宿的女主人邀我一起去聽看看。村內的男人們集中在雜貨店前的空地，討論政府補助蓋船屋的事，女人則只能遠遠的站在一旁聽（2004.5.28.田野筆記）。但是參與社區發展協會的公共事務時，婦女是容許加入的，不過多數從事文書會計的工作，仍很難進入決策的層級。但隨著外在因素的改變，女性參與的機會已逐漸增多。根據簡鴻模（2005：237）的研究顯示：

> 由於宗教的關係，女性在教會角色的逐漸顯現，舉凡彌撒的譯經員、讀經員、堂區教友代表、義務使徒等職務都有婦女參與，婦女在教會內的職務日趨重要。教會的傳入雖未改變婦女在部落傳統生活的地位，以男性為主的文化結構雖未改變，但教會提供了另一平台，讓婦女的地位受到肯定，這是一種傳統文化的轉化。

相對的，由於旅遊業的興起，也造成婦女傳統角色的改變，而更趨多元化，如果沒有充實將很難跟進發展的潮流。部落有時候會接到風味餐的團體訂單，婦女們就必須整合分工，研擬菜單、採集、烹調、排場等，無形中產生指揮、合作、分工的功能。同時，在解說員的訓練中也有幾位女性，解說工作帶給女性不同於傳統角色的演練機會，但是當與家庭角色衝突時，她們寧願選擇家庭角色而放棄解說賺外快的機會。

是以，旅遊給當地族人婦女帶來開拓的視野、提供就業的機會、經濟自主、學習的動機、造就組織領導與表達的能力。但是在依循傳統的男女角色分工及地位上，女性角色仍以家庭照料為生活主軸，而且有回歸傳統角色的期待。

■外來者女性的角色

由於原漢通婚的比例愈來愈高，目前留在蘭嶼的漢人配偶很多是從事餐飲、民宿、雜貨、公教等工作，對蘭嶼的傳統文化產生變遷的可能因素。在蘭嶼航空站已經待十多年的一位警員很不解的說：

> 有很多台灣嫁給這裡的人，任勞任怨，還要養家活口，真搞不懂為什麼會嫁給他們？就像她們說的：我心甘情願。或許認為這裡不像台灣壓力大，只要生活簡單快樂就好。（A2.2006.1.1.談話）

漢人女性在蘭嶼地區所扮演的角色功能，與傳統的婦女有所差異，同時挑戰以男性為中心的社會結構。由於迫於生活的需求，加上台灣的經驗，並在禁忌不及於外人的情形之下（基本上，當地族人並未能完全認同漢人配偶為族人），有了創新的作為。但是不可否認的，這些外來的移入者確實對當地的文化、經濟型態有很大的影響，例如：漁人部落早餐店的老闆娘，改變了當地早餐的飲食習慣。椰油部落「四川牛肉麵」店的老闆娘，傳承了當年從大陸來台在此落戶的父親手藝，牛肉麵的料理不僅是旅遊者喜歡光顧，同時改變了當地人不敢吃牛肉的習慣（因當地沒有牛）。「無餓不坐咖啡吧」的老闆娘，提供了簡餐咖啡的另類經營路線，造成其他部落的效尤。「女人魚民宿」的老闆娘，以浪漫希臘風情的住宿環境取勝，進而吹起色調模仿風潮。「小豆苗咖啡吧」更是以海邊南洋風吧台裝置藝術風格獨具一格，形成與傳統建築的抗衡。這些外來的文化在當地已逐漸蔚為風潮，雖然提供了另一選擇的機會。但在浪漫之餘，是否正侵蝕了達悟族的傳統文化？抑或帶給蘭嶼另一種文化涵化？在傳統與現代之間擺盪的未來，蘭嶼會走向那裡？

四、問題與討論

旅遊是一種社會活動、是全球化的一部分，同時扮演促進國家社會發展的角色。相對的，它所帶來的改變現象是必然的結果。就如Burn(1999:102)所提到，造成文化改變的內外在因素有：

1.基於創新、需要和資本主義的需求，所造成的內在改變。

2.外在的經濟、政策、環境和文化等現代化的過程所造成的改變。

上述的這些因素，大致上可以用來解釋旅遊對蘭嶼所帶來的改變，但從符號互動理論的觀點而言，這種的改變、增能、平衡過程也是在互動過程中相互協商出來的結果。茲舉出這些改變，對蘭嶼的可能影響。

(一)經濟制度的改變，造成社會結構的重構

由於蘭嶼的文化元素在於山海所共構的大船文化與芋頭田文化，屬於自給自足的農漁牧經濟體制。但是隨著旅遊所帶來的貨幣交換需求，資本主義制度的興起，轉而以追求薪資利潤的發展趨勢，過去分享的社會型態也在逐漸崩解中。從汪明輝（2003：23-24）對鄒族的經濟經驗研究中指出：

> 達娜伊谷生態觀光產業，有其獨特的魚類生態及其獨特的社會文化觀光價值。這些特質幫助山美社區資本經濟體系建立其區隔性與獨佔性，無法複製。---其經濟體制也從鄒族的集體性轉為社區發展協會組織經濟體。

這也說明原住民傳統的集體經濟體制，也在旅遊產業興起中面臨重新建構的必然性。達悟族由於不是頭目制的社會結構，存在個人能力「競爭」的本質，根據陳玉美（1996：13）在《文化接觸與物質文化變遷：以蘭嶼雅美族為例》一文中提到：「文化接觸與社會文化的變遷之間是一種

複雜的互動關係---，變遷是社會文化過程的常態，變遷的過程因為當地競爭的精神而加速進行」，從過去大船下水、家屋落成時的誇富宴及分享行為，乃是從物質的交換中取得社會聲望地位的競爭行為。但是隨著時代的變遷，旅遊所造成的生產方式的改變，又根據Zeldin(1994，引自張廣瑞譯，1998)所述：「東道主把旅遊當作是一種努力提高自己經濟和社會地位的方法」，如果以此觀點，採用族人「競爭」的文化本質，勢必將加速其變遷的可能性。

但是在傳統經濟結構逐漸瓦解，世代間對土地社會結構的重構中，資本主義的經濟型態將會是主要的觸媒，進而形成另一旅遊新貴的領導階層。同時在強調以家族為核心的親屬連結，也將造成家族行業產生。婦女的角色也隨著旅遊的需求及宗教的因素，而更顯多元與多能。外來者所帶來的文化涵化，也造成蘭嶼文化的變遷與創新，有逐漸崩解傳統文化的現象。

(二)建立社區增能與平衡的可能性

改變是不斷的選擇、互惠、轉化與互動的過程，尤其是對少數民族地區的改變，除了經濟因素之外，最重要的是這些民族在旅遊系統之下，必須經常重構自己的文化，以適應傳統與現代性的矛盾。根據陳喜強（2003：418-419）對大陸少數民族地區旅遊所帶來的文化衝擊，有三個情形產生：

(1)固守少數民族傳統文化的純潔性，對外來文化、思想和觀念極力排斥，故步自封，民族文化與異質文化的差距會愈來愈大，兩者的衝突會進一步加劇。

(2)在外來異質文化觀念的滲透過程中，少數民族傳統文化最終被同化。

(3)少數民族傳統文化在與外來異質文化的碰撞、衝突和交流過程中，民族文化的內核得到加強、豐富和提昇，從而使得少數民族傳統文化在現代文化背景下得到發展。

以上三種的文化衝擊所造成的結果，都有其可能性，端視政府的政策及族人的覺知而定。由於文化旅遊的發展趨勢，促使政府在對民族旅遊政策的重視，但是政府的角色乃在於創造機會，最終將由族人自發性的實踐。由於發展等於現代化的迷思，一直造成政府及族人的兩難，但是在強調文化特殊性及文化保存的文化旅遊目的中，「文化」將是蘭嶼最大的文化資產及吸引物。雖然仍有很多保存文化有能帶來商機的成功案例足為蘭嶼旅遊借鏡，但是在實際上，蘭嶼受到外來文化影響很深，已無法恢復傳統的生活方式，只能在傳統與現代的矛盾中維持平衡。

但是這些改變無論是消極性的抑或積極性的影響，都是當地居民不斷協商之後的暫時性結果。在這協商的過程中，全體居民必須共同學習，以免在創新之餘，破壞了珍貴文化與自然資源。就如文獻中所提到強調社區自主自治（台大建築與城鄉研究所，1998）、強調社區為主體的規劃以找出發展的可能方向（財團法人台灣大學建築與城鄉研究發展基金會，1995）及面對現代性與轉變（劉逸竹，2003），都強調以社區面對變遷轉變的因應之道。如果以Sofield（2001:257）在Pacific Rim的旅遊研究結果指出，社區經由旅遊的經驗所建構出增能（empowerment）的模式如下：

(1)吸收外來的經驗，從不斷協商的過程中表現其特色。

(2)提供學習及選擇的機會。

(3)培養作決定的能力。

(4)運用及執行這些決定的能力。

(5)勇於接受及承擔這些決定之後的責任。

(6)產出的成果直接受惠於社區及所有成員。

基於以上的社區增能模式，旅遊所帶來的任何改變也是一種社區增能的過程，最後終將會發展出可忍受性的平衡。既然變遷是無可避免的結果，而且也藉由旅遊的經驗建構社區增能的機會，對文化產品的文化價值重新定位與協商，才能避免在變遷中失去文化的真實並帶來最大的經濟效益。

【參考文獻】

一、中文部分

王大明（2005）。觀光客與居民衝突之研究—從居民觀點。中國文化大學觀光休閒事業管理研究所碩士論文，未出版，台北。

王敏（2002）。太魯閣國家公園與當地原住民互動型態轉變之研究。國立東華大學觀光暨遊憩管理研究所碩士論文，未出版，花蓮。

台大建築與城鄉研究所（1998）。台東縣綜合發展計畫。台東縣政府出版。

羅世宏等譯（2004）。文化研究理論與實務。Chris Barker著。台北：五南出版社。

安妮塔（2003）。原住民社區發展之文化旅遊評估研究—以瑪家鄉筏灣村為例。屏東科技大學熱帶農業暨國際合作研究所碩士論文，未出版，屏東。

瓦歷斯.尤幹等人（1992）。永不再回來的東埔：關於觀光的草根對談。獵人文化，16，24-29。

伊芳霓（1987）。遊台灣山地文化園區有感。原住民，6。

余瑾（2004）。保護和發展少數民族文化之述評。載於國立台灣師範大學公民教育與活動領導學系主辦之「2003年海峽兩岸少數民族文化傳承與休閒旅遊學術研討會」論文集（頁387-400），台北。

汪明輝（2003）。左岸小支流經濟經驗：達娜伊谷生態觀光產業中的鄒族行動者、河川與國家。載於中華發展基金管理委員會與國立台灣師範大學公民教育與活動領導學系共同主辦之「2003年海峽兩岸少數民族文化傳承與休閒旅遊學術研討會」論文集（頁1-27）。台北。

利格拉樂・阿鄔（1990）。文明的追尋與文化的悼念。獵人文化，1（5）：6-12。

吳勁毅（1996）。探索台灣花東地區的文化觀光—以花蓮縣光復鄉太八塱社區經驗為例。國立東華大學資然資源管理研究所碩士論文，未出版，花蓮。

吳麗華、黃正聰（2004）。原住民部落旅遊聯營機制建立之雛議。載於國立台灣師範大學公民教育與活動領導學系主辦之「2003年海峽兩岸少數民族文化傳承與休閒旅遊學術研討會」（頁93-120），台北。

宋莉瑛（2002）。觀光對原住民環境衝擊之研究—以屏東霧台鄉為例。中國文化大學碩士論文，未出版，台北。

李富美（2006）。文化的邂逅—蘭嶼文化旅遊現象探討。國立師範大學公民教育與活動領導學系博士論文。未出版。台北。

林秀玉（2003）。原住民意識資源觀光吸引力之研究—以邵族為例。朝陽科技大學休閒事業管理學系碩士論文，未出版，雲林。

林中正（2003）。由泰雅族祖靈祭發展文化觀光之可行性研究。朝陽科技大學休閒事業管理學系碩士論文，未出版，台中。

林美瑢（編）(1991)。 原住民與觀光－從社區主權、文化尊嚴、經濟價值談起。台東:台灣基督長老教會花東社區發展中心。

洪廣冀（2000）。森林經營之部落、社會與國家互動--以新竹司馬庫斯部落為個案。國立台灣大學森林學研究所碩士論文，未出版，台北。

紀駿傑（1995）。環境正義：原住民與國家公園衝突的分析。載於林松齡、王振寰（主編），台灣社會學研究的回顧與前瞻論文集（頁257-287）。台中：東海大學社會學系出版。

紀駿傑（1998）。從觀光原住民到原住民自主的觀光。載於中華民國戶外遊憩學會與財團法人台灣原住民文教基金會共同舉辦之「原住民文化與觀光休閒發展研討會」論文集（頁45-60），台北。

孫大川（1991）。有關原住民母語問題之若干思考。島嶼邊緣，5：33-43。

孫大川（1993）。久久酒一次。台北：張老師出版。

高有智（1999）。期待又怕傷害:隔週休二日旅遊對原住民部落的影響。國立台灣大學新聞研究所碩士論文，未出版，台北。

財團法人台灣大學建築與城鄉研究發展基金會（1995）。IPANMILUK（東清）聚落改善規劃。台灣省原住民行政局委託計畫。

張玲玲（2004）。原住民部落發展旅遊之探討一以可樂部落為例。東華大學民族發展研究所碩士論文，未出版，花蓮。

張廣瑞等（譯）（1998）。全球旅遊新論。W. Theobald.編著。中國：中國旅遊出版社。

陳玉美（1996）。文化接觸與物質文化變遷：以蘭嶼雅美族為例。中央研究院歷史語言研究所集刊，第67本，第二分。

陳世昌（2005）。台灣原住民族文化產業與文化行銷之研究--布農部落屋的個案研究。國立台灣師範大學公民教育與活動領導學系博士論文，未出版，台北。

陳茂泰（1997）。博物館與慶典：人類學文化再現的類型與政治。中央研究院民族學研究所集刊，84。137-182。

陳喜強（2003）。基於互動關係的民族文化傳承與創新模式探討。載於中華發展基金管理委員會及國立台灣師範大學公民教育與活動領導學系共同舉辦之「2003海峽兩岸少數民族文化傳承與休閒旅遊學術研討會」論文集（頁415-430），台北。

陳溪園（2003）。梨山風景區原住民對觀光衝擊及發展策略認知之研究。世新大學觀光學系碩士論文，未出版，台北。

楊政賢（1998）。蘭嶼東清部落【黃昏市場】現象之探討一貨幣、市場與社會文化變遷。國立東華大學族群關係與文化研究所碩士論文，未出版，花蓮。

葉冠瑩（2001）。原住民對其保留地發展生態旅遊態度之研究。私立逢甲大學土地管理學系碩士學位論文，未出版，台中。

裘亞飛（1992）。台灣原住民的政治學涵義。島嶼邊緣，5：44-50。

劉可強、王應棠（1998）。觀光產業對原住民文化的衝擊與對話雛議一社區自主的觀點。載於中華民國戶外遊憩學會及財團法人台灣原住民文教基金會共同舉辦之「原住民文化與觀光休閒發展研討會」論文集（頁61-76）。台北。

劉桂蘭（1990）。在觀光與文化間擺盪的祭典。獵人文化，1（5）：13-18。

劉逸竹（2003）。邂逅蘭嶼：論三部民族誌紀錄片〈蘭嶼觀點〉〈清文不在家〉〈面對惡靈〉。交通大學語言與文化研究所碩士論文，未出版，新竹。

賴如怜（2003）。南庄蓬萊村居民對原住民觀光發展衝擊認知之研究。朝陽科技大學休閒事業管理學系碩士論文，未出版，台中。

謝世忠（1994）。觀光過程與「傳統」論述一原住民的文化意識。原住民文化會議論文集（頁1-18）。行政院文化建設委員會編印。

二、英文部分

Broeck,A. M. V.（2001）. Pamukkale: Turkish homestay tourism. In V. L. Smith.& M. Brent. (Eds.), *Hosts and Guests Revisited: Tourism issues of the 21st century*. New York: Cognizant Communication Corporation.

Burns, P. M. (1999). *An introduction to tourism and anthropology*. London: Routledge.

Clifford, J. (1992). Traveling cultures. In L. Grossberg, C. Nelson and P. Treichler(eds). *Cultural Studies*. New York: Routledge.

Graburn, N. H. H. (1983). The anthropology of tourism. *Annals of tourism research*. *10*: 9-33.

Jafari, J. (2001). The scientification of tourism. In V. L. Smith & M. Brent (Eds.), *Hosts and guests revisited: Tourism issues of the 21st century*. New York: Cogninant Communication Corporation.

MacCannell, D. (1984). Reconstructed ethnicity: Tourism and cultural identity in

Third World communities. *Annals of Tourism Research. 11*(3): 375-391.

McKercher, B. & Du Cros, H. (2002). *Cultural tourism: The partnership between tourism and cultural heritage management*. New York: The Haworth Hospitality Press.

Nash, D. (1977). Tourism as a form of imperialism. In V. L. Smith (Ed.), *Hosts and Guests: The anthropology of tourism*. 2nd. Philadelphia, PA: University of Pennsylvania Press.

Robinson, M.（1999）.Cultural conflict in tourism：Inevitability and inequality. In: *Tourism and Cultural Conflicts*. Mike. Robinson And Priscilla Boniface （Ed）.New York：CABI.

Smith, V. L. (1989). *Hosts and Guests: The anthropology of tourism*. 2nd (Ed.), Pennsylvania: Philadelphia University of Pennsylvania Press.

Sofield, T. H. B. (2001). Sustainability and pilgrimage tourism in the Kathmandu Valley of Nepal. In V. L. Smith & M. Brent (Eds.), *Hosts and Guests Revisited: Tourism issues of the 21st century*. New York: Cognizant Communication Corporation.

第四章

鶯歌陶瓷文化觀光行銷之研究

■文祖湘　開南大學觀光與餐飲旅館學系
主任暨所長

■蕭玥涓　宜蘭大學人文及管理學院
通識教育中心講師

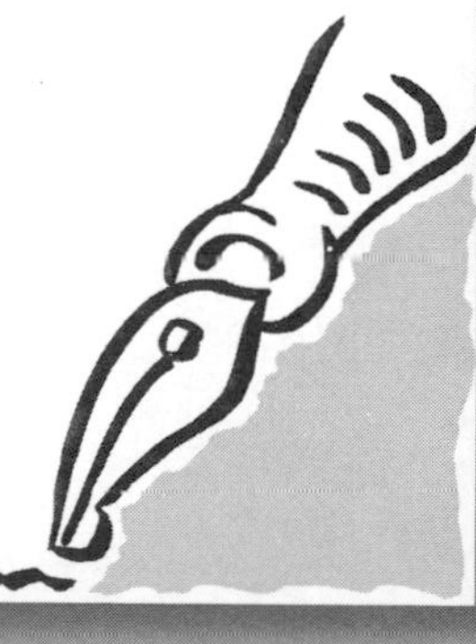

摘 要

自從政府推動「一縣市一特色，一鄉鎮一產業」政策以來，各地無不推出各種教人眼花撩亂、目不暇給的文化觀光活動。一時之間，文化觀光活動所帶動的「地方文化產業」逐漸成為行銷地方產業特色與振興地方經濟的主要動力，透過觀光結合地方發展，然而地方觀光產業帶來大量商機，卻也為地方帶來觀光上的負面影響。

包括地方推動文化產業化過度商業化的結果，文化固然成為賺錢的工具，但地方文化長遠的願景亦被人潮、車潮與錢潮所淹沒。而觀光消費者受到文化符號的吸引而至，卻發現不到特殊的文化內涵。最重要的還是市民精神未見提振，地方自然生態反而遭到觀光商業化所帶來的破壞。

本文因此期望藉由鶯歌陶瓷文化觀光行銷之研究，作為國人未來結合地方資源發展地方文化觀光之參考。

【關鍵字】生態觀光、文化觀光、觀光意象

Abstract

Recently, “local culture industry” has become a major motivation of local economic development. Therefore, the local government has thus been promoting very hard in local tourism marketing, wish to bring mass of tourists, increase local people’ s benefit, and create job opportunities.

The purpose of this study is to discuss the relationship between the local culture industry and local image. Here “local image” means a synthesis of attitude, opinion and impression; it could be imaginary and fictional, yet it is important in influencing the wish and interest of tourists. The essay selects “ceramic town” of yinnge as studying area and employs document content method and case study, create the ceramic industry's new life of yinnge, prolong and rise to environmental view to set up this ceramic a new local image of local culture industry.

Keyword: Ecotourism, Cultural tourism, Tourism image

壹、緒 論

一、文化觀光的基本意涵與重要性

所謂「文化觀光（Cultural tourism）」是泛指一般觀光消費的對象具有反映在地的歷史、文化、禮儀與習俗者，如博物館、美術館、文化節慶和史蹟遺址等；而「觀光文化」則是指為觀光而發明、設計的展演活動，如各式各樣的「紀念品」製作、或如「台北戲棚」之類的表演等。「文化觀光」與「觀光文化」看似對立，其實相互重疊，甚至相互依存[1]。

要言之，文化觀光是以「文化」作為發展觀光、吸引觀光客的核心元素和主軸。例如台灣原住民族不發展觀光則已，若要發展觀光產業則無法避免要去結合原住民部落內既存的獨特傳統生活文化與人文遺產，此所以行政院原住民委員會所推動的「原住民部落產業發展」便積極強調必須要結合「文化觀光」[2]。

舉具體的適例來說，旅者觀賞賽夏族特有的「矮靈祭」，便只有透過其族人講解其祭典的緣由和人文的背景，才能比較深入體驗其文化意涵之美。

換句話說，賽夏族的矮靈祭文化觀光便可以說是以賽夏族人「獨特的傳統生活文化與人文遺產」作為吸引觀光客的核心元素，去發展一種迷人、永續，而且具有文化資產與文化概念的觀光產業[3]。

申言之，文化觀光是一種具有文化資產與文化概念的服務業，賣的是服務品質和感動，相對的，消費者所追求的是一種經由文化體驗而得到滿

---

1 文祖湘（2006）。96年台灣原住民族數位教材資源中心之生計教學課程單元「台灣原住民族文化產業與休閒觀光事業經營與管理」。行政院原住民委員會。

2 同前註。

3 同前註。

足的活動[4]。

舉具體的適例來說，美國迪士奈樂園（Disneyland），簡單說便是透過文化創意和商業行銷手法的一個大型主題遊樂園，賣的是完整的文化觀光創意服務，讓消費者透過良好之服務品質和刺激的遊樂體驗感動而感到滿足[5]。

綜言之，文化觀光是源自於人民文化消費需要和需求所衍生出來的經濟生產或產業活動[6]。

本質上，這種源自於人民文化消費需要和需求所衍生出來的經濟生產或產業活動也是生態觀光的一種[7]。

二、生態觀光是建立在自然或文化資源的觀光活動

「生態觀光」（Ecotourism）是休憩觀光形式的一種，一種相對於大眾觀光（Mass tourism），而以自然生態和文化資產為取向，藉由當地專業組織主導，透過教育和深入講解，引領旅者體驗觀光地生態之美和人文特性的深度觀光旅遊，主要立基於當地自然景觀資源、產業資源和文化資源（歷史及傳統文物等），亦為一種高附加價值的服務產業[8]。

「生態觀光」緣起於1960 至1970 年之間，歐美各國因經濟起飛，交通工具急速成長，使得觀光旅遊人口大增，不管是以自然野生環境或異族文化為主題的觀光地，都有人滿為患的困擾。在國家公園或保護區必須是

4 文祖湘、蕭玥涓（2008）。文化產業與文化觀光－以鶯歌鎮陶瓷特色產業為例。族群與多元文化學會「族群與多元文化學術研討會」，2008年4月，台北。

5 同前註。

6 同前註。

7 同前註。

8 蕭玥涓（2006）。〈從國際環保思潮論析台灣休閒農漁發展的政策迷思〉。《宜蘭大學人文管理學報》，3期，15-28頁。

要維持在較無人工化事物的自然生態系統，與一般大眾觀光要求的遊樂區有著很大的衝突。而快速且持續成長的遊客數量和休憩觀光活動對美國北部國家公園與保護區內的生態系統造成嚴重衝擊，在永續發展理念的催化下，西方學者於是開始反省在國家公園內，自然保育與大眾遊樂的衝突性，「生態觀光」的概念因而開始被思考[9]。

1965年，Nicolas Hetzer首次在Links雜誌中提出「生態觀光」一詞與觀念，他一方面批評休憩觀光活動在發展中國家所造成的衝擊，另一方面也呼籲文化、教育和休憩觀光業界，應以當地文化、對環境的衝擊，給予當地的經濟效益和遊客滿意程度作為思考基準，發展一種「生態上的觀光」（Ecological tourism）。「生態觀光」因而具有四個主要面向與內涵：即「尊重當地文化、環境衝擊最小化、給予當地最大經濟效益和遊客滿意最大化」[10]。

隨著生態觀光概念的推廣，國際性的觀光組織與保育團體陸續加入發展生態觀光的行列，有鑒於這股熱絡的驅力，聯合國經濟暨社會委員會（The Economic and Social Council）於1998年宣布2002年為「國際生態觀光年」（The International Year of Ecotourism），使得生態觀光成為全球響應的一種觀光發展模式[11]。

而我國觀光局於2000年所擬定之「21世紀台灣發展觀光計畫」中，亦已正式將生態觀光納入未來觀光旅遊產業發展的重要方向之一，並訂2002年為台灣生態旅遊年，積極推動生態觀光旅遊之發展。國內產官學界且配合於近幾年來，大力提倡「生態觀光」概念，有關賞鯨、賞鳥、自然步

---

9 同前註。

10 同前註及Hetzer, N. D.,（1965）. “Environment, Tourism, Culture”, Links (now Ecosphere), July 1965, pp.1-3.與Miller, M. L.,（1993）. “The Rise of Coastal and Marine Tourism”, *Ocean and Coastal Management, Vol. 20*, pp.181-199。

11 同註10及交通部觀光局（1997）。《生態旅遊白皮書》。交通部觀光局。

道、溼地和原住民地區等生態觀光旅遊活動漸漸增加，民間社團與熱心人士之參與均為台灣剛萌芽之生態觀光經驗奠下良好基礎[12]。

三、國內的生態觀光已誤入歧途，失了準頭

搭配休閒農漁和休憩觀光之蓬勃發展，國內產官學界固然亦於近幾年來積極推動有關賞鯨、賞鳥、自然步道、溼地和原住民地區等生態觀光旅遊活動，惟不容否認，伴隨商業娛樂消費主義的氾濫，「商機招徠危機」的「台灣休憩觀光歷史經驗法則」卻也一再無情地被複製和印證[13]。

主要的緣由便在於主事者天真地一廂情願認為只要將休憩觀光相關事務冠上「生態觀光」大帽子，就真的會自己變成「生態觀光」了！於是將不具備有地方特色的生態和人文景觀地區也列為「生態觀光」據點；又，例如將原本應該交由行政院農委會結合農漁產業文化和農漁鄉村生態環境和生活文化、兼顧環境保育、以副業型態規劃經營、塑造在地特色的農漁民宿，改由交通部觀光局主管，反而使得原本希望從農漁產業經營與文化之出發點，形塑農漁鄉村的生態環境與生活文化作為休憩觀光的訴求完全變調。「生態觀光」非僅未能為農漁產業轉型化解休憩觀光環境衝擊，反而被誤以為是嚴重破壞大地生態的幫凶[14]。

特別是當舉國上下迷失在一片「觀光瘋，剪綵熱」之中，政府與民間競相假借「發展觀光」之名，合力栽植各式各樣的「觀光水草」，拚命誘使大批「觀光遊民」追逐到高山，到海邊，毫無節制地盡情耗用資源，預約明日環境災難和生態浩劫。不但國人的休憩觀光發展仍多停留在「吃吃喝喝」層次，最具代表性的例子便屬屏東的黑鮪魚季，這是全世界罕見針對地方上某單一特產物種，進行全面性的抄家滅族，這種沒有遠慮便會帶

12 文祖湘、蕭玥涓（2005）。〈宜蘭縣發展休閒漁業和漁村民宿之環境規劃管理的策略研究〉。《國立宜蘭大學工程學刊》，1期，97-110頁。

13 同註8。

14 同前註。

來近憂的結果就是之後大西洋鮪類資源保育委員會將台灣明年大西洋大目鮪配額刪減近7成的嚴厲制裁措施[15]。

類此竭澤而漁，殺雞取卵，只顧眼前利益，不顧長遠福祉，任由不當人為開發來倍增大地環境的「安全負載」！最後必將逼使大自然一次比一次殘酷、無情，而且嚴峻的反撲，此由去年和今年每逢大雨淹水及土石流便如家常便飯般發生已足具體說明一切[16]！這難道符合國際環保思潮「永續發展」的「永續觀光」？

「環境」原本應該是吾人賴以為生的空間，可是如果忽略此一重要的本質，反而太過強調其可以生產財貨的資源性，就會讓全體國人變成「環境輸家」！也因此休閒農漁過分強調觀光商業化便會帶來環境災難的淵藪！

錯誤的休閒農漁政策非但無法達到生態旅遊的目的，提升國人休憩觀光品質，反而讓寶貴的生態資源徒然淪為休憩觀光發展下的犧牲品！

四、負責任的生態旅遊就是要傾聽環境的聲音

由於生態觀光是一種負責任的旅遊，也就是要在體驗生態自然的觀光旅遊活動中同時兼顧環境資源保育。除了經營者的硬體設施之規劃外，更重要的是要建立參與者的環境倫理，才能使之永續發展生生不息，故必須要在環境認知上強化以生態學的原則瞭解環境之外，更應將生態學的理念深入轉化為人類價值體系中的一部分，以異於往昔的價值觀念界定人與自然之間的關係，因此就要透過詳盡的環境解說將當地重要的資源與生態系統做深刻的導覽，讓旅者對當地特有之自然生態資源有了環境認知後，學習尊重此環境，進而建立其應有的環境倫理[17]。

---

15 同前註。

16 同前註。

17 蕭玥涓（2005）。《從環境倫理論析國內觀光休憩發展的政策迷思與省思》。台北：全華科技圖書股份有限公司。

簡單說，環境倫理是針對人類和他們所處的自然環境之間的道德關係的一個系統性的陳述，或者說假設道德規範可以支配人類對自然環境的行為，其主要中心思想在保護生態環境，維持人與大自然間的秩序，讓人們在與大自然相處時心中自有一把尺。生態觀光與環境倫理可以說是環環相扣的，環境倫理越健全，生態旅遊的架構就越完整，功能也就越能發揮。此即生態觀光學會（The Ecotourism Society）為生態觀光下了一個廣為各界接受的註解：「生態觀光是一種具有環境責任感的觀光方式，保育自然環境與延續當地住民福祉為發展生態觀光的最終目標」之真諦[18]。

因此，生態觀光必須特別強調遊客應重視生態環境的部分，而不是將休憩觀光視為主要目的，唯有如此，才能將休憩觀光的動力晉升成關心地方生態的主要動力。質言之，生態觀光的概念原本就源自人類環境倫理觀之覺醒，所以，負責任的生態觀光就是要傾聽環境的聲音[19]！

例如南投縣的桃米村擁有生態價值中最高的溼地，裡面孕育了豐富的生物，有19種青蛙、45種蜻蜓及58種鳥類等等動植物，在921大地震重創後，靠著居民彼此相互扶持，有了「社區共同體」的概念後，找出桃米村豐富生態資源的地方特色，可以吸引遊客到此展開生態旅遊，並培訓居民成為認證通過的生態導覽解說員，提供專業解說人員詳述其生物特性，及教育遊客要有保護大自然永續發展的概念[20]。

桃米村的居民不管是做生態導覽、民宿經營、職員或是清道夫，他們都是生態觀光的經營者，每個人的每一份付出，都是為了追求生態村永續發展的這個最高價值，如果不是經由此等傾聽環境聲音的體認，並化為社區民眾的參與而任由旅者捕捉摘取這些動植物或是破壞牠們的棲息地，這些物種就會消失，也就失去生態觀光的價值，無法創造觀光收益。

---

18 同前註。

19 同註8。

20 同前註。

所以生態觀光經營必須具備地方特色之生態及人文景觀，深入詳細的解說或導覽，以及需要當地社區民眾的參與，來教育旅者要保護當地生態資源及不能任意破壞、摘取或捕捉動植物，並讓旅者了解生態觀光的意義及內涵，進而遵守環境保育。桃米生態村培訓居民成為認證通過的導覽解說員，發展生態旅遊產業，便是一種新型態的文化觀光產業[21]。

五、「文化觀光」要設法形塑在地文化聚焦

依據「聯合國教科文組織」的定義，「文化觀光」為「一種與文化環境，包括景觀、視覺與表演藝術及其它特殊地區生活型態、價值傳統、事件活動和其它具創造和文化交流的過程的一種旅遊活動。」[22]

而「世界觀光組織」將文化觀光做了狹義與廣義的兩種解釋。狹義而言，「文化觀光是指個人為特定的文化動機，像是遊學團、表演藝術或文化旅遊、嘉年華會或古蹟遺址等而從事觀光的行為」；廣義而言，「文化觀光包含所有人們的活動，它為了去滿足人類對多樣性的需求，並試圖藉由新知識、經驗與體驗中深化個人的文化素養。」[23]

申言之，文化觀光是指在推動休憩觀光的過程能積極展現在地文化的經濟價值，建立個性化與文化化的環境空間，其前提需從文化的根源發掘，在文化性與產業性前提下，結合地方生活空間，整合文化社會資源及當地民眾的參與，引發文化保存共鳴、異質文化認識以及社會價值交流，而成為在地文化聚焦，並強化地方經濟體質，進而推動地方風貌與特色，呈現永續經營的地方文化[24]。

---

21 同前註。

22 同註12及Estonian, Latvian and Lithuanian National Commissions for UNESCO,（2004）. Baltic cultural Tourism Policy Paper, UNESCO, 2001-2003, p. 21-22。

23 同註12。

24 同註4。

希望藉由此一展現過程，一方面能將當地特有之獨具風格與地理景觀、人文歷史、文物古蹟、特色景點、社經環境與自然環境等資源，重新振興地方，使能蛻變成為具有文化教育、地方產業和休憩觀光等特色之新動力；另方面亦能帶動休憩觀光朝向較具文化素養的知性之旅，使得休憩觀光產品的開發利用，可以涵蓋更為豐富的文化內涵，並提供旅者能體驗多方面的文化享受，足以說明文化體驗才是農漁民宿的主要賣點和特色[25]。

而由於文化觀光特具「創意」之內涵，故發展空間極大，種類亦難能勝數。國內較常見且較具代表性與知名度的例如彰化鹿港「歷史街區」和新竹北埔「傳統聚落」的「歷史古蹟觀光」、台南鹽水「蜂炮」和苗栗三義「木雕造街」的「民俗采藝觀光」、屏東「黑鮪魚文化觀光季」和埔里「紹興酒鄉」的「特色產業觀光」…等等，在塑造地方形象或增進實質觀光收益上，都有具體成效。這些活動在內容創意、服務品質和行銷技術上不斷提升，也都有可喜的進步[26]。而最能提升地方動力、凝聚社區意識、凸顯地方產業文化特色、設計體驗活動內容、增加遊客深刻體驗的，莫過於「特色產業觀光」。

本文因此特以鶯歌鎮陶瓷特色產業文化觀光的地方行銷作為研究標的，主要以文獻分析法，嘗試藉由觀光意象理論的角度切入探討文化觀光地方行銷，進而了解鶯歌陶瓷文化觀光意象各構面間發展上的課題，最後並針對鶯歌陶瓷文化觀光意象與行銷提出若干建言。

貳、文獻回顧

全球化的來臨，影響到觀光產業的結構，地方的重要性漸漸被提起，

25 同前註。

26 同前註。

各地方政府順應近年來觀光需求的提升，紛紛推出屬於地方的觀光活動，進而增加地方經濟價值與知名度，但重複、同質或抄襲的地方活動與地方意象，已經讓地方漸漸失去吸引力，過多的地方觀光產業也造成激烈的競爭，我們因而必須從最根本的觀光策略擬定，來解決當今地方在發展觀光產業的種種問題，本節先從全球化的角度來看待現今地方的角色，再從地方行銷與觀光意象的觀點來說明，地方發展觀光產業，首重的就是形象的塑造，配合本身特色資源，融入所欲展現出的整體意象中，以觀光意象的概念導入地方行銷中是迫切的，本章就「地方行銷相關理論」、「觀光意象相關理論」、「觀光意象相關研究」等章節來釐清本研究所抱持的角度，確立研究者的中心思想。

一、地方行銷相關理論

(一) 全球化時代的來臨

急速發展的網通資訊科技，不但助長了經濟活動的即時運作及整合之全球化趨勢，並已使得人類社會體制和運作產生了極大的變革。此一發展固然一方面加速了「全球資訊空間」（Global information space）或「全球在地化或全球在地主義（Glocalization or Glocalism）[27]」的趨勢，另一方面則也正快速改變人與人之間的聯繫互動，乃至於都市發展、工作型態和生活方式。

---

27 基本上，全球資訊空間的概念，是以資訊網路連結相互的空間，藉由網路跨越區域界線與國界，人的空間領域可延展到國家以外，這可以說是一種全球主義的實現，其主要特徵即是所謂世界地球村的觀念。基於此精神，傳統劃分人類的疆界將逐漸消弭。在此趨勢下，許多經濟行為已不再受限於環境空間，傳統的國際分工架構也已不足以解釋現行的經濟運作邏輯，取而代之的是以全球為範圍的競爭環境。未來，國家的框架已無法界定利益的來源與去向，反而是地方政府，尤其是都市政府，更因具備靈活運用資訊網絡的正向回饋能力，容易明確找到自己的競爭位置。此即「全球在地化」發展的真諦之一。

後工業學者Toffler宣稱人類的歷史已從第一波的農業社會、第二波的工業社會革命，乃至現今的第三波資訊社會[28]，或如Bell所指稱之「後工業社會」（Post- industrial society）；或又稱之為「服務型社會」（Service society）、「休閒社會」（Leisure society）等[29]。抱持這種看法的學者大多認為當一個社會的經濟結構從工業或製造業發展成以服務業為主的產業結構。

由於全球自由經濟機制與網通資訊科技讓整個世界緊密聯繫在一起，使得資本、產業、資訊、產品和人才都呈現跨國界的流動。尤其網際網路的興起，更突破時空的限制，使得人類社會體制和運作產生了極大的變革，促成了地球村（Global village）。全球化的時代已經來臨，透過資訊科技的進步，時間與空間的侷限已慢慢減少，現在競爭的角色已從國家轉變為地方[30]。

(二) 地方行銷之定義

伴隨著全球化概念而來，地方的地位相對日趨重要，如何為地方發展一套發展策略，將是未來地方面對環境競爭所必須思考的重要課題之一。如同行銷大師Kotler所說的，全球化的競爭，地方可透過策略性的行銷計畫，得到重生與振興，地方行銷以成為一種主導性的經濟活動[31]。

行銷原本是一種幫助提升產品暢銷的系統性方法，它是一種經營哲學，也是一種解決問題的一種過程。行銷概念的運用，原侷限於工商業界，但自從Kotler 和Levy在1969年提出「行銷概念化」的論點後，「行

28 Toffler, A.,（1980）. The Third Wave, Morrow, New York.

29 詳請參閱美國哈佛大學社會學家Bell, Daniel著，魏童玲譯（1989）。《後工業社會的來臨》（*The Coming of Post-Industrial Society*）。台北：桂冠圖書公司。

30 同註12。

31 同前註。

銷」的概念就已經不再侷限於私人部門使用。90年代，Kotler等人建構了「地方行銷」的理論，提出擴大化的行銷觀念，行銷本質在交換，非營利組織和它們的服務對象或支持者、贊助者之間，只要具有交換關係，就可運用行銷的理念和技術來提升非營利組織的服務成效，提升地方的能見度，將地區未來的發展視為一個可以吸引人的產品，鎖定地區發展的目標市場等方式，主動的進行行銷，以促進地區的發展[32]。

進一步探討地方行銷的意涵，正如Kotler概念所說的，一個都市很有吸引力、氣候宜人、產業結構完整、福利健全、治安良好…等，必然會吸引大量觀光客、投資客及新居民，讓地方的吸引力提升，完善基礎建設，進而增加地方政府的稅收。換句話說，一個地方的發展不是一蹴可及，是要循序漸進的，先釐清本身的條件與問題，先做規劃再行銷。

但通常的情況是，許多地方會陷入專注於一兩種行銷活動的情境，例如太過專注推動功能，可能就花大錢在昂貴的廣告或不和諧的標語上。地方的成敗，自我本身的內部條件也占了很重要的分量，地方發展觀光產業，不可能只靠舉辦地方活動、做宣傳、打出觀光立縣的口號就會有成果的，要考慮的面向應該要廣泛，如健全基礎建設、塑造旅遊友善環境…等。

因此「所有的都市行銷策略仍有賴於建立一個完整、鮮明的都市意象並傳達正面的訊息。亦即必須要有完善的整體環境規劃與實質建設加以配合，強化都市的舒適便利性和可停留性，進一步吸引參訪者願意繼續停留在都市進行觀光與消費。畢竟都市行銷及其意象開創與風格形塑只是包裝，環境規劃才是產品品質的最佳保證。」[33]

---

32 同前註。

33 同前註。

(三) 地方如何行銷

當一地區面臨發展的困境，透過地方行銷能改善此窘境，因為地方行銷包含四種活動[34]：

(1)為地方樹立強而有吸引力的地位和形象；
(2)為現有和潛在的商品與消費者提供具吸引力的優惠；
(3)以有效、可行的方法配送地方產品和服務；
(4)確保潛在使用者完全了解該地獨特的長處，並以推廣地方吸引點和利益。

策略性的地方行銷包含許多因素（**圖4.1**），在某社區創造一個附加價值以支援投資，需要四個行銷步驟[35]：

(1)必須提供基本服務和基礎建設，令市民、商業界和遊客滿意；
(2)有新的吸引點，以維持現有商業和公共支持，並吸引新的投資；
(3)透過生動的行銷和傳播方案，廣泛介紹該地的特點和利益；
(4)必須獲得市民和政府的支援，對外開放，熱情的吸引新公司、投資和遊客。

由此可知地方行銷的四個目標市場：遊客、居民和職員、商業和工業及出口市場，就地方發展觀光產業來看，旅客將是首要吸引的目標市場。如普吉（泰國）、波拉凱（菲律賓）及其他許多地方的經濟幾乎全都依賴遊客市場的收入，這些地方長期以來一直努力提升旅行和觀光收入的來源，他們的策略一直是保護、維持並改善其地位[36]。

---

34 同註4。

35 同前註。

36 同前註。

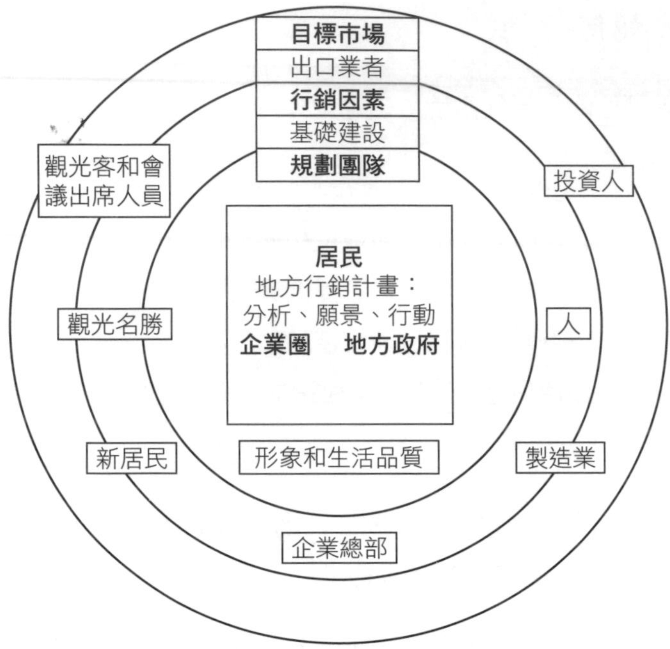

圖4.1 地方行銷的層級

地方行銷的過程，地方觀光產業的推動需要能建構出符合當地與目標市場的意象，並透過一系列的資訊、活動、宣傳……等多元的方式，來讓旅客了解當地想要傳達與告知的所有訊息，建構出消費者與提供者之間訊息流通的橋樑，並提升當地的自明性，運用特色資源增加市場吸引力，並輔以軟硬體設施，諸如交通、基礎建設、友善人民……等，並制定一套符合當地的發展策略規劃。目的性發展的概念，主要是在培育和開發各地的天然設施作為地方特色來行銷，開發這個策略的關鍵在，必須先確定該地方的主要目標客群，才能將主要資源投入[37]。

在地方如何行銷，Kotler提及形象、吸引力、基礎建設及人員四種行銷策略：

37 同前註。

1.形象行銷

每個地方都需要一強而有意義的形象以吸引潛在的地方買主，如果沒有獨特的形象，任何有潛力的地方都可能被埋沒，因此，形象行銷的目標之一就是設計一個口號，例如，新加坡的口號是：「新加坡，亞洲經濟四小龍之一」。地方發展觀光首重的就是塑造出一個整體形象，作為發展努力的依據，透過口號、宣傳，然而並不是每個口號都能起作用，沒有特色資源、優勢條件下衍生的口號，在這競爭的環境下是易被模仿的。單單只有口號並不能進行形象行銷，特別是如果這不是更大行銷策略的一部分時，一個地方形象想要深植人心時獲得成功，必須真實有效，並且必須透過各種方式進行宣傳；有效的形象行銷，必須是獨特的、有說服力的、真實的、具有特色的。

2.吸引力行銷

想要增加地方的吸引力只有改善形象是不夠的，還要增加賣點，有些地方很幸運，擁有天然「賣點」，例如被稱為「上帝之島」或「世界的黎明」的巴里島，就是這樣的地方，非凡的海灘、友善的人民及豐富的歷史，使巴里島成為世界文明的旅遊聖地[38]。地方觀光產業要能建構出符合塑造出的形象，需要由本身的資源條件所衍伸出來，透過規劃，將所有一切能滿足、吸引及旅客利用的觀光資源，都應被善加利用，增加地方的吸引力。

3.基礎建設行銷

很明顯的，一個地方的發展不只是形象和吸引點而已，基礎建設才是根本之需，在所有的地方行銷中，基礎建設具有很大的作用[39]。地方觀

---

38 同前註。

39 同前註。

光需要仰賴基礎建設，才能提供旅遊環境的友善性，任何設施的地點、布置、供給量和交通便利，會影響對於計畫中自發性參與休閒顧客活動的使用量。如地區的交通便捷與否，會影響偏遠地區旅客來當地遊玩的動機。設備不是活動本身，但是所有休閒活動必須有這些設施。

4.人員行銷

地方行銷的第四個策略是人員，地方觀光產業的展開，更需要地方民眾的配合，觀光產業是以服務業為主，現更漸漸朝向第四級的體驗經濟產業邁進，如此一來，軟體的服務，地區民眾、業者更是相對重要。除了特定的行銷宣傳人員外，各地方還必須鼓勵市民對遊客和新住戶表現得更友好、周到；唯有提高市民的素質和態度，才能滿足目標市場的需求[40]。

二、觀光意象相關理論

都市行銷之運用乃多以吸引觀光客、企業家和投資者為主，尤其是觀光客。而一個都市或地方如要吸引觀光客，便不能只把一己定位為一個旅棧或景點，因為吸引觀光客就像企業的競爭一樣，絕對和整體都市意象的開創與獨特風格的形塑有關[41]。

當我們了解到地方行銷中，形象的塑造是重要的時候，我們很難將觀光意象於地方行銷中去除而不一起討論，任何的旅客在選擇旅遊目的地時，在他們心中都有屬於他們自己對於當地的心理圖像，可能客觀也可能是很主觀，可能強烈也可能模糊，但不管如何，它都將左右旅客選擇旅遊目的地的評估條件，所以地方行銷中要塑造符合當地特色形象，才能在旅客選擇眾多的旅遊景點時脫穎而出，不然在這各地方觀光產業競爭的時

---

40 同前註。

41 同註12。

代，很難吸引觀光客前來，因為自明性不夠，缺乏吸引力[42]。

本節就觀光意象相關理論，包含「意象與觀光意象」、「觀光意象的形成」、「觀光意象衡量因素」及「觀光意象相關研究」，四個階段去做討論，了解觀光意象的意涵。

(一) 意象與觀光意象

1.意象

意象是一種整體的或是全面的概念，是一個實體在個人心中的整體印象，而非僅由單一特性所形成，其對個人認知及反應事情的方式影響深遠[43]。而且意象不只是客觀的資料或細節，而是由各種不同的構面所形成的[44]。Crompton對意象提出一整合的定義為，意象是人們對某物體、行為與事件所持有的信念（Beliefs）、印象（Impressions）、觀念[45]。心理學對於“image”一詞的解釋有意象、形象的意思，指對某一事物以往的感覺或經驗，也就是記憶的重現，甚至包含自身的觀感與價值觀[46]。

2.觀光意象

回顧相關觀光意象的文獻後，可以了解到意象用於觀光領域的名稱與說法不盡相同，如旅遊意象（Tourist image）、目的地意象（Destination image）、觀光意象（Tourism image）等，但在探究其涵意後，概念是差

42 同前註。

43 Dichter, E.,（1985）. “What is an image”, *Journal of Consumer Research, Vol. 13*, pp.455-472.

44 陳運欽（2004）。觀光地意象認知與旅遊選擇意願之研究。銘傳大學觀光研究所碩士論文。

45 Crompton, J. L,（1979）. “An assessment of the image of Mexico as a vacation destination and the influence of geographical location upon that image”, *Journal of Travel Research, Vol. 14*(4), pp.18-23.

46 張春興（1898）。《張氏心理學辭典》。台北：東華書局。

不多的，本文統一以觀光意象（Tourism image）稱之[47]。觀光意象以意象的概念來看，是對觀光地所衍生的整體知覺、印象、觀點[48]。

若將意象運用在旅遊目的地上，則成為觀光目的地之觀光意象，係指潛在旅者對一地區的知覺或印象，亦是表達旅者心中對當地觀光的態度及對感覺的重要指標，是一種態度與偏好，存在於旅者主觀知覺與目的地客觀性的特徵中[49]。

(二) 觀光意象的形成

在觀光意象的形成中，旅者對於其所接收到的資訊，將對當地的觀光意象有著深厚的影響。Reynolds & William所提出「人類心理建構的發展乃是從環境整體資訊中選擇一些印象為其基礎」，其「整體資訊」就是想像中的意象及經驗意象[50]。旅行前－想像中的意象，遊客對該地區有一種想像中的形象。此種智力（知識）上的積極形象是來自於閱讀媒體及友人介紹。旅行後－經驗後意象，所經驗、見識與體驗過的意象，將透過記憶的符碼在旅者的腦海裡[51]。

觀光意象研究希望藉由遊憩體驗過後的複雜意象，來萃取旅者心中所知覺到旅遊目的地觀光意象的組成構面，並探討遊憩滿意度與決策行為間之路徑關係；同時瞭解觀光意象對旅者重遊意願的影響，以提出未來旅遊目的地之環境規劃設計及觀光行銷策略的具體建議作為[52]。

---

47 同註45及註4。

48 同註4。

49 同前註。

50 Reynolds, & William, H.,（1965）. “The Role of the Consumer in Images Building”, *California Management Review, Vol. 7*, pp.69-76.

51 侯錦雄（2003）。〈形式的魅影－金門觀光的戰地異境想像與體驗〉。《觀光研究學報》，5卷1期，39-52頁。

52 同註4。

觀光意象研究亦希冀藉由旅遊目的地獨特的風格，發展出旅者心理易於知覺的觀光意象，其主要目的就是能在旅者心目中形塑出對旅遊目的地正面形象的地位，使旅者在從事旅遊活動決策時的參考依據，及加強凸顯出實際前往的旅遊動機[53]。

而「都市觀光意象」（Urban tourism image）是人們對該都市總體的、抽象的，概括的認知與評價上對都市之歷史印象、現代體認與未來信念的一種理性綜合。因此，可以將都市觀光意象定義為「旅者對於一都市的知覺、偏好與主觀想法的綜合，亦可說是一個都市在個人心目中的整體印象，它具有類似品牌的功能，是表達旅者對一都市感覺的指標。」[54]

(三) 觀光意象構面

廖健宏以台北市民眾為研究對象，探討亞太地區旅遊目的國（新加坡、韓國、香港、日本、台灣、印尼、大陸以及泰國）形象與旅遊意願之關係，並將旅遊目的以因素分析萃取出4 個形象構面，包括有「設施性形象」、「資源性形象」、「獨特性形象」及「無障礙性形象」[55]；

陳勁甫、蔡郁芬之「城市觀光意象對旅遊目的地選擇行為影響之研究－以台北市為例」中，旨在探討台北市的觀光意象，進而瞭解都市觀光意象對旅遊目的地選擇行為的影響，以問卷為衡量工具，觀光意象屬性主要參考Echyner & Ritchie所提出之心理性－功能性形象屬性為基礎，藉由因素分析將台北市觀光意象分析後，包含「生活機能」、「都市建設」、「當地特色」、「活動訊息」、「民俗風情」、「文化資源」、「安全衛生」及「遊憩機會」等意象，其中當地特色是旅者最重視的意象，其當地特色越強，遊客選擇其作為旅遊目的地的可能性越高，因此，相關單位應

53 同前註。

54 同前註。

55 廖健宏（1998）。亞太地區旅遊目的國形象與旅遊意願關係之研究。文化大學觀光事業研究所碩士論文。

針對台北市內不同類型的遊憩景點，利用當地本身擁有的環境和資源，來塑造富有當地特色的觀光意象，進而透過了解旅者心目中的都市觀光意象以及了解遊憩區吸引旅者前往的因子，是發展都市觀光旅遊上重要的一環；觀光意象會引響旅者決定是否選擇該都市為旅遊目的地[56]。

劉靜雯於其「鶯歌遊客特性與觀光意象之關係研究」中，旨在探究鶯歌地區之旅者特性與觀光意象關係，以瞭解鶯歌市場區隔之影響變數，最後透過因素分析，將鶯歌觀光意象分為四個因素構面，為「心理性意象」、「獨特性意象」、「餐飲意象」及「交通意象」[57]。

辛晚教則提出依地域特色和產業特質將觀光意象區分為下列幾項[58]：

(1)歷史文化遺產：具歷史記憶與意象結構及具空間定點固定性，如歷史古蹟（廟宇、歷史建築街道、傳統聚落）、古文物、器具及考古遺跡等。

(2)鄉土文化特產：具地方人文生活特質及具先民生活遺跡，如地方鄉土特產、小吃、地方工藝品等。

(3)民俗文化活動：具社會文化特徵、地方空間流動性、大量人潮聚集形式，如地方民俗活動、地方戲曲、民俗音樂、傳統技藝、雜技等。

(4)地方自然休閒景觀：具休閒文化特質，如傳統文化景觀、自然景觀、地方觀光農園及茶藝文化產業等。

(5)地方創新文化活動：由市民總體營造共同創新的地方文化活動。

(6)地方文化設施：如地方的博物館、美術館、文化會館、民俗文物

---

56 陳勁甫、蔡郁芬（2006）。城市觀光意象對旅遊目的地選擇行為影響之研究－以台北市為例。銘傳大學《2005城市觀光與兩岸觀光旅遊學術研討會論文集》，49-62頁。

57 劉靜雯（2006）。鶯歌遊客特性與觀光意象之關係研究。銘傳大學觀光研究所碩士論文。

58 辛晚教（2000）。〈地方文化產業與國際休閒化〉。《文化視窗期刊》，26期，行政院文化建設委員會中部辦公室。

館、文化中心等。

叁、個案探討——鶯歌陶瓷文化觀光意象與行銷

近代鶯歌陶瓷的發展，可上溯自清朝嘉慶年間，福建泉州吳姓氏族渡海來台到鶯歌，就地取用當地的田土燒窯製陶，開啟了鶯歌窯業。1980年代末期是台灣陶瓷產業衰退的時期，使原本就飽和的陶瓷市場競爭更激烈，規模較小的廠家無力承擔，規模大的廠家則減產或外移至勞力、租金便宜的地區，於是陶瓷產業逐漸外移。而後以「藝術陶瓷」及「工作室陶瓷」興起為主的業者採自製自銷的方式，為鶯歌開啟另一種風格[59]。

自此，地方特色工藝產業朝向「產業文化化」之思潮普遍成為官方機構民間產業界之共識。鶯歌陶瓷產業的發展，自1995年「文化創意研討會」正式提出「產業文化化、文化產業化」構想後，隨後已成為我國「社區總體營造」的核心之一。

政府單位，如台北縣立文化中心（文化局），以產業文化化理念配合軟硬體設施之建立推動產業振興，而民間產業協會「鶯歌陶瓷藝術發展協會」、「鶯歌文化觀光發展協會」等團體的成立，官民合作，致力於產業朝文化化轉型。

自1988年開始迄今，鶯歌陶瓷業者每年都會舉辦一次全鎮性的陶瓷展覽與銷售活動，此後受政府相關單位重視，方始有公部門力量的介入。除當地鎮公所、台北縣文化中心外，中央政府部門如經濟部商業司、工業局與交通部觀光局等亦帶來經費與計畫的投入。1997年後舉行的鶯歌陶瓷嘉年華會更開始加入鶯歌采風導覽配套活動，包括專車接駁、觀光導覽圖與義工說明等，將陶瓷活動，即陶瓷展售會、展覽會，與鶯歌其他觀光資源

59 許元和、文祖湘主持（1996）。《鶯歌國際陶瓷城規劃》。台北市都市環境研究學會。台北縣：鶯歌鎮公所，1996。

結合。且於1988年規劃成立、2000年落成的鶯歌陶瓷博物館，亦為當地陶瓷產業發展帶進新力量。

200年間，鶯歌陶器的製作歷經萌芽期、蓄勢待發期、蓬勃發展期及轉型期，鶯歌一直以來皆是台灣的陶瓷重鎮。

鶯歌傳統產業以製陶為主，進而轉型成為文化產業觀光，要成功塑造成為陶瓷之鎮，鶯歌做了哪些建設及努力，本文透過實地觀察，概分以下幾點鶯歌鎮塑造陶瓷之鎮的觀光意象元素，此將鶯歌鎮旅遊地定義為文化之旅，僅探討文化特色相關之意象構面[60]：

1. 鶯歌陶瓷博物館

建築物本身及內容物就具有宣傳的效果，尤其是經過巧思設計的陶博館，因善用自然光，使館內鎮日皆有光影流動，由玻璃及清水構成的挑高21公尺主體建築，宛如一巨大的遊戲場。民國89年正式開放，是全台首座以陶瓷為主題的博物館。館內規劃有陽光特展室、傳統技藝廳、人文生活館、多媒體視聽室、資訊導覽服務站、戶外展示區、陶瓷資料中心及陶藝研習室等，經常展示介紹台灣陶瓷發展史、鶯歌陶瓷發展史，以及史前、原住民、現代陶藝資訊、完整的建構陶瓷簡史。不定期展示不同特展與個展，並舉辦陶瓷相關活動，如2006年上半年展出「瓷金風華——歐洲名窯瓷器藝術展」，每月並舉辦各式簡易陶瓷產品製作，如陶甕醃脆梅、陶珠飾品製作和陶製筆座等活動，皆顯示出陶博館對於鶯歌鎮塑造陶瓷之鎮的功能及重要性。

2. 鶯歌陶瓷老街（尖山埔路）

尖山埔老街對於鶯歌鎮的觀光形塑可說是功不可沒，鶯歌老街商圈則

60 陳篤堯、文祖湘（2007）。觀光意象於都市觀光行銷之研究－以鶯歌鎮為例。明新科技大學服務事業學院《第一屆服務創新研討會論文集》，204-218頁。

是早期為工廠，後來逐漸發展成為陶瓷產品銷售店面，但是整體環境沒有經過整合，店招牌雜亂，產品惡性競價，對於整個產業品質上並沒有實質的幫助[61]。

現今透過集體建築設計，達到聯合宣傳的效果，型塑優質消費環境，並藉著組織這些商店街的商家自發性的管理，創造商圈整體的競爭力。尖山埔路是鶯歌陶瓷發源地，全長250公尺，已完成營造計畫，並於2000年4月2日落成，入口上坡豎立4座仿煙囪鐵塑藝品，街道設計融合歐洲風格與現代陶瓷藝術。整頓美化之後，除了傳統陶瓷店家之外，亦有陶藝工作室、複合式餐飲、精品店，使陶瓷老街增添人文藝術氣息，目前尖山埔路約有80多家相關店面。

鶯歌陶瓷觀光街除了陶瓷老街之外，也將中正一路、中山路與文化路納入規劃，形成完整的觀光陶瓷街，往後對於形象傳達將會更有整體性。

3. 鶯歌陶瓷嘉年華

1994年中秋節期間，鶯歌的陶瓷活動開始使用嘉年華的名稱，已延續了十幾年的鶯歌陶瓷盛會，自2000年至今，連年獲選為交通部觀光局大型地方節慶活動之10月節慶活動之一。

鶯歌陶瓷嘉年華是一個結合地方產業、文化藝術與觀光休閒3個層面的活動，主要透過陶瓷商展、藝文展覽及教育休閒活動三種型態來呈現，有各式參與性的推廣活動及藝文表演，每年都會訂定活動主題，在整個鶯歌鎮上推出多元化的活動，不僅南投、苗栗等地的老陶師前來參加，更邀請國外陶藝家來台進行經驗交流，建立鶯歌國際文化知名度。陶瓷嘉年華的活動內容大約有舞台表演、陶藝示範秀（人物集錦工作營）、塑陶相關應用遊戲（陶瓷跳棋）、戶外展示國際大型陶藝作品、陶藝研習、陶藝商品展、陶藝品銷售、塑陶活動（樂燒活動、磚雕製作、土星歷險記、鶯歌

61 同註59。

陶瓷經典賽）。活動地點分布在老街、文化路、陶瓷博物館、陶瓷公園及三峽鎮等地，鶯歌火車站附近與環河路並設有主題館、商展等展售活動。活動期間，陶博館也在假日提供專業解說、鶯歌各活動場地之間並有接駁車供旅者搭乘。

4.陶藝教室

主要座落於陶瓷老街，提供民眾手拉胚的技巧指導，透過手拉胚活動的過程，富有教育意義與趣味，使民眾留下深刻印象，再次說明來鶯歌不只可以看而且還可以玩，且可以將作品帶回家，做永久獨一無二的紀念。

5.街景設計

鶯歌鎮於與其他地區交界的地方皆設立了「歡迎光臨 陶瓷之鎮」及「謝謝指教 祝您平安」的標語，第一傳達了鶯歌是個陶瓷之鎮的訊息給路過的民眾，第二也展現了親和力。走進鶯歌鎮在於路旁的壁面上皆佈滿了類似「遨遊鶯歌 賞玩陶瓷」的文字，直接傳達鶯歌要帶給大眾的就是一趟陶瓷之旅。不僅於路面，連河堤旁皆佈設類似的標語。

再者，鶯歌鎮許多房舍外壁磚皆改同一樣式的壁磚，對於整體意象的形塑有加分的效果，感覺較不凌亂，讓人視覺體驗較舒服。

6.交通

為使老街與陶博館做有效連結，特別整建出一條人行步道做連接。

除此之外，鶯歌尚有其他文化、自然資源：

1.文化路古蹟

在今日文化路235 號一帶仍有幾間立面類似三峽老街樣式的建築。事實上，文化路是在鐵路改道後才逐漸發展起來的。經過日治時期煤礦事業的發展，文化路成為鶯歌商業最發達的街道之一，今日仍存有幾棟巴洛克式的建築，其中以文化路233 號至239 號「成發居」和277 號「汪洋居」立面較為完整。另於文化路265 號後方的山丘上，是日治時期警察事務所在地方上發生火警時，用來通知民眾救火的警鐘。

2.窯場遺址

鶯歌早期製陶燒窯的燃料以煤為主，窯廠與煙囪處處可見，1990年代開始有天然瓦斯供應，改為瓦斯窯，舊窯廠逐漸被拆除，今日僅剩兩座窯廠和老煙囪，其中唯一的一座還在生產陶瓷產品的，即是台華的窯廠，另外一座窯場僅剩下老煙囪較為完整，一座位於國慶街與光明街交會附近，本來還有一座位於尖山埔路與重慶路口的，但是卻因為縣府與老煙囪所有人之間為了房屋拆卸的問題，所有人對鎮公所核准建屋，而縣政府拆除的情況不滿意，縣政府也因為老煙囪未達到古蹟標準，所以未列入管轄，鶯歌鎮公所則打算規劃100萬來購買，然而事情還在進行時，所有人卻雇怪手連夜剷除老煙囪，這事件很明顯的反映出地方居民對於文化資產保存的意識薄弱，更重要的是地方認同感的不足，還有政府經常礙於法規問題，其他相關單位在爭取保存時卻因腳步不夠快，致被所有人拆除，而造成地方人士的遺憾。

3. 林謙記炭礦事務所

在日治時期，三峽、鶯歌、土城附近山區的煤礦事業非常蓬勃，而鶯歌有鐵路經過的交通之便，自然成為當時的煤炭轉運站。位於鶯歌火車站後站的林謙記大豹炭礦事務所，即是今日鶯歌僅存的炭礦事務所。事務所占地約五、六十坪，外型為一巴洛克式建築，立面山牆上裝是有日式花紋圖案，並有一日式家紋，上面鑲有斗大的「林」字。整體來說，此建築係鶯歌現存最具特色的日式建築之一。

4. 二甲里的開發與渡船頭

清朝至日治初期，鶯歌對外貨物運輸主要仰賴水運。二甲里因為地形為平地，為早期福建移民優先停靠開墾的地點，農田廣闊且有多餘米糧外銷，當時最便利的運輸方式為水運，因此二甲里的岸邊自然有港口的形成，此二處渡船頭今則已被河水淹沒。

肆、結論與建議

一個城市要能夠與其他地方有效產生區隔，當它在重建與行銷的過程中，就不能再以生產中心為方向，而必須強調應加強它的「可消費本質」。而這個觀點與趨勢，主因在有限的投資基金情況下，各地方彼此間的競爭以及他們的活力與未來的生存發展就更要依賴「清楚和謹慎的文化策略之運用，以提升地方特性與被參與的興趣」[62]。

都市觀光行銷，淺顯的說就是將都市觀光意象化，配合自己本身的特色資源，藉由各式各樣的節慶活動、廣告行銷、軟硬體設施的充實、街道意象氣氛的設計……等，無不希望藉由這些過程來行銷都市本身，使旅者慢慢了解這個都市所要呈現出的觀光意象、特色和風格等，進而去了解它、參與體驗觀光，重要的是開創出屬於當地的特色，軟體方面也要計劃性更新一次，不然重遊率將會降低[63]。

透過文獻回顧，吾人知道旅遊地觀光意象的塑造將於民眾心理產生如同商品的品牌效果，決定了旅者選擇旅遊地的主要依據，旅遊地意象成分為一整體的概念，包含有形與無形，從功能性到心理性的衡量，所有能為旅者對當地的概念產生影響的因素，皆可為觀光意象的構成元素，它可以是旅遊地本身的建築、商品、活動、景點、旅遊服務、交通、住宿、美食、當地旅遊氣氛、氣候、風俗文化……等，大致可分為體驗、資訊、特

62 蕭玥涓（2006）。「歷史街區」文化觀光行銷之研究。國立高雄大學運動健康與休閒學系《2006兩岸休閒暨旅遊發展研討會論文集》，219-229頁。

63 同註4及60。

色、期望、結構物、景點與環境等大類。

再者，意象的形塑過程牽涉到的層面很廣，從旅遊地的刻板印象、蒐集資訊過程的模糊不確定意象，到實地參訪的複雜整合意象，不管是何種階段的意象，對於旅遊地意象塑造都非常重要，所以本身行銷是很重要的。意象是經由時間、不同階段、時空背景下累積而來的，把握各階段影響因素，規劃行銷本地意象，對旅者於旅遊地的意象塑造，所以要提供大量正確且有助行銷當地的資訊供以正面、有價值、有特色、可引發旅遊動機的旅遊訊息，也算是行銷的重要考量[64]。

鶯歌在都市觀光意象的形塑，花費了一定的心力，從接鄰鄉鎮入口的標語、城鎮上的街道、路旁壁面的行銷、民舍磚瓦一致性的設計，且配合本身陶瓷資源的吸引力、將最早的工廠聚集地規劃成為現今的陶瓷老街，透過環境一致性的設計，從人行徒步區的地面鋪磚、街旁統一植栽、紅磚階梯，及富有教育意義的手拉胚體驗及生產過程解說導覽，使得來老街的民眾對於陶瓷之鎮有所深一層的體驗及認同感[65]。

陶博館的設立，富有教育意義的功能，讓民眾了解陶瓷在我們生活中的角色，從過往到未來陶瓷的演變，都透露出陶瓷對生活有著重大影響力，且配合不定期且不同主題的展覽，讓民眾了解到，陶瓷可以是種藝術也可以是很實用的生活用品；再來陶博館本身的建築體，就是個很好的行銷賣點，將它取名為「光盒子」一點也不為過。

再者，鶯歌陶瓷嘉年華的成立，成為台灣主要節慶活動之一，於鶯歌鎮內甚至連結到三峽鎮去，配合陶博館的展覽、舉辦各式各樣活動，配合適當的宣傳，造就了每年都湧入數萬人前來鶯歌鎮觀光旅遊，替陶瓷鎮之都市觀光行銷成功加分。

由觀察得知，構成鶯歌陶瓷觀光意象的許多構面皆包含一種以上的

---

64 同前註。

65 同前註。

意象元素，如陶博館這個結構體，本身可以是個吸引人的景點，館內提供的展覽既是旅者的新型態體驗，也有許多關於鶯歌陶瓷的相關資訊，更是以陶瓷為特色的博物館，這說明了一個景點包含了形成觀光意象的許多元素，且所有構面都已呈現鶯歌是個陶瓷之都的訴求，從商品到活動都離不開陶瓷，這就是鶯歌鎮成功行銷的重點。

最後，有感於觀察到鶯歌鎮內尚有許多的人文歷史資源及觀光景點尚未被妥善規劃利用，同樣屬於文化產業觀光的元素，盡可能的都可以將其融入設計，地方上仍有許多具鶯歌地方特色的文化產業未受到妥善規劃，例如傳統窯燒及煙囪（之前3號公園旁有一座現在已被拆除，文化路與鐵路交叉口附近工廠有兩座）是鶯歌鎮極具代表性的歷史遺跡及景點，應立即妥善保存，並可作為視覺引導或地區性地標，達到意象上的行銷；位於文化路上尚有數棟日據時代的洋式老建築，現多荒廢不用，也應妥善加以保存與整建、再利用；中正路上汪洋居、成發居及糧食局倉庫，火車站後方的謙記商行，還有成雲居、古鐘樓、渡船頭等皆為本鎮著名的文化老厝與遺跡。擅用這些地方文化產業，與陶瓷博物館、陶瓷老街做結合，才能更創造出具地方特色的鶯歌文化，衍生陶瓷觀光產業的外部價值。

【參考文獻】

一、中文部分

文祖湘（2006）。96年台灣原住民族數位教材資源中心之生計教學課程單元「台灣原住民族文化產業與休閒觀光事業經營與管理」。行政院原住民委員會。

文祖湘、蕭玥涓（2008）。文化產業與文化觀光－以鶯歌鎮陶瓷特色產業為例。族群與多元文化學會「族群與多元文化學術研討會」，2008年4月，台北。

文祖湘、蕭玥涓（2006）。〈從生態規劃論析都市休憩工程環境風險管理的策略研究〉。《國立宜蘭大學工程學刊》，2期， 1-14頁。

文祖湘、蕭玥涓（2005）。〈宜蘭縣發展休閒漁業和漁村民宿之環境規劃管理的策略研究〉。《國立宜蘭大學工程學刊》，1期， 97-110頁。

交通部觀光局（1997）。《生態旅遊白皮書》。交通部觀光局。

辛晚教（2000）。〈地方文化產業與國際休閒化〉。《文化視窗期刊》，26期，行政院文化建設委員會中部辦公室。

許元和、文祖湘主持（1996）。《鶯歌國際陶瓷城規劃》。台北市都市環境研究學會。台北縣：鶯歌鎮公所，1996。

陳勁甫、蔡郁芬（2006）。城市觀光意象對旅遊目的地選擇行為影響之研究－以台北市為例。銘傳大學《2005城市觀光與兩岸觀光旅遊學術研討會論文集》，49-62頁。

陳運欽（2004）。觀光地意象認知與旅遊選擇意願之研究。銘傳大學觀光研究所碩士論文。

陳篤堯、文祖湘（2007）。觀光意象於都市觀光行銷之研究－以鶯歌鎮為例。明新科技大學服務事業學院《第一屆服務創新研討會論文集》，

204-218頁。

侯錦雄（2003）。〈形式的魅影——金門觀光的戰地異境想像與體驗〉。《觀光研究學報》，5卷1期，39-52頁。

張春興（1898）。《張氏心理學辭典》。台北：東華書局。

廖健宏（1998）。亞太地區旅遊目的國形象與旅遊意願關係之研究。文化大學觀光事業研究所碩士論文。

蕭玥涓（2006）。「歷史街區」文化觀光行銷之研究。國立高雄大學運動健康與休閒學系《2006兩岸休閒暨旅遊發展研討會論文集》，219-229頁。

蕭玥涓（2006）。〈從國際環保思潮論析台灣休閒農漁發展的政策迷思〉。《宜蘭大學人文管理學報》，3期，15-28頁。

蕭玥涓（2005）。《從環境倫理論析國內觀光休憩發展的政策迷思與省思》。台北：全華科技圖書股份有限公司。

劉靜霙（2006）。鶯歌遊客特性與觀光意象之關係研究。銘傳大學觀光研究所碩士論文。

林志明譯（1997）。M. Jean Baudrillard著。《物體系》（*Le Systeme Des Objects*）。台北：時報文化出版社。

魏童玲譯（1989）。Bell, Daniel著。《後工業社會的來臨》（*The Coming of Post-Industrial Society*）。台北：桂冠圖書公司。

二、外文部分

Crompton, J. L, （1979）. “An assessment of the image of Mexico as a vacation destination and the influence of geographical location upon that image”, *Journal of Travel Research, Vol. 14*(4), pp.18-23.

Dichter, E., （1985）. “What is an image”, *Journal of Consumer Research, Vol. 13*, pp.455-472.

Estonian, Latvian and Lithuanian National Commissions for UNESCO,

（2004）. Baltic cultural Tourism Policy Paper, UNESCO, 2001-2003, p. 21-22.

Hetzer, N. D.,（1965）. "Environment, Tourism, Culture", *Links(now Ecosphere), July 1965*, pp.1-3.

Miller, M. L.,（1993）. "The Rise of Coastal and Marine Tourism", *Ocean and Coastal Management, Vol. 20*, pp.181-199.

Reynolds, & William, H.,（1965）. "The Role of the Consumer in Images Building", *California Management Review, Vol. 7*, pp.69-76.

Toffler, A.,（1980）. The Third Wave, Morrow, New York.

第五章

苗栗客家陶瓷工藝文化之創意化發展

——以公館鄉「甕之鄉陶瓷文化教育館」為例

■劉煥雲　聯合大學全球客家研究中心副研究員

摘 要

苗栗的陶瓷，於日據時期紮根，帶動往後苗栗陶瓷工藝蓬勃發展的歷史。苗栗人自詡苗栗是酒甕的故鄉、是陶瓷工藝的重鎮。1973年台灣經濟起飛年代，苗栗製作的陶瓷娃娃，開始大量外銷歐美；台灣公賣局出產的酒類，也大量使用苗栗製造的酒甕，造成苗栗經濟的起飛。苗栗陶瓷工藝之發展，在全台灣陶瓷發展史上佔有重要角色，因為苗栗有得天獨厚的地理環境，有樸實勤勞的客家居民與勤於學習的人文環境，促使苗栗人發展出精湛的陶瓷工藝技術。然而，1987之後，勞力密集的產業外移，使得許多苗栗之陶瓷工廠面臨轉型，不是出走中國大陸設廠，就是面臨關廠的命運；但是也有人以創意手法經營，轉向精緻化經營陶藝工藝產品，成為陶瓷藝術生活館、博物館與手拉坏製陶的互動教學場所，繼續從事陶藝工藝創作。本文即以公館鄉「甕之鄉陶瓷文化教育館」為例，說明苗栗陶瓷工藝的發展歷程，並闡釋陳俊光與林麗華兩夫婦如何以創意方式，經營甕之陶藝文化教育館，他們以藝術文化創意之方式，製造出許多獨具特色之陶瓷產品，並以多元化經營其陶瓷工藝。本文並詮釋與指陳客家文化創意產業今後應有的發展方向。

【關鍵字】陶藝工藝，文化創意、甕之鄉、客家、苗栗

壹、前 言

陶瓷工藝是從原始時代土器發展而成，中國傳統土器在西元5000年前已經出現在黃河流域地區，土器上又繪以彩紋而成為彩陶。無論是黑陶、灰陶，加上天然釉藥，而變成陶器，豐富了陶瓷之色彩與種類。（高橋宣治，1988，12）中華古陶瓷不只是先民所創設之生活器皿，也是藉以表現文化藝術的載體，走入古陶瓷世界，可以感受到先民在陶瓷創造之精與美，以及在陶瓷製作時選料、造型、彩繪、燒造的用心，及其蘊藏的文化、藝術的豐富與成就。例如青花瓷是明代瓷器的主流，以線條勾勒祥獸瑞禽的龍紋、鳳紋，或寓意吉祥的宗教紋飾，如纓絡紋、梵文、八寶等。〈蘇崇武，古瓷聚珍二，2004，122〉到了清代乾隆時期，更推動新奇的燒造技巧，如玲瓏交泰瓶與轉心瓶的高超燒造技術。（曾長生，唐英其人其事，古瓷聚珍二，2004，112）。

陶瓷藝術經過數千年之發展，隨著漢人移居台灣，也將技術帶來台灣。台灣苗栗這塊土地上，就有非凡的陶瓷歷史紀錄。苗栗是酒甕的故鄉，陶瓷娃娃過去曾大量外銷，造成苗栗經濟的起飛，苗栗的陶瓷在台灣陶瓷發展史上佔有重要的角色，促成苗栗往日陶瓷史的風光面貌，令苗栗人津津樂道往昔陶瓷的風光歷史。

十七世紀末葉，漢人移民開始渡台，大部分仍侷限於台灣西南部。其中客家人也開始渡台，客家人一向以勤儉、刻苦、耐勞的印象，看重倫理，崇拜祖先、聖賢，祭拜天地，遵行儒家「安土重遷」、「父母在不遠遊」等思想。康熙五十年（西元1711年），台灣北路營參將阮蔡文派兵駐防苗栗後壠；兩年後招募漢人開墾，正式開啟漢人對苗栗的開闢。（盛清沂，1980：161）雍正時始開放粵民移墾台灣之禁令，此後客家人才逐漸湧入台灣各地拓地墾荒。（陳運棟，聯經，1977：97）。台灣西部若干地區，客家人是最早的墾民；客家人已在海岸、河谷等較佳地帶建立了村落，有時仍被人數較多的福佬人，逼往地利較劣的淺山丘陵地帶。（連文希， 1971：1-25。）不過，大多數較晚移墾台灣的客家人，因語言相同而較為群聚與團結，獨特的客家文化風俗，類似的經濟環境，也促使客家人凝聚團結。

來苗栗拓墾之客家人，或從房裡溪、吞霄溪上岸，墾植房裡、通霄、白沙屯地區；或從中港溪、後龍港登岸，散居苗栗、頭份、公館、大湖、銅鑼、三義等地。（劉還月，2000：15）使得整個苗栗地區人口增加，墾地日增，聚落、水田、市集等也日漸增加。（黃鼎松，1998：18-20）苗栗之拓墾史，是一幕幕多元族群之間械鬥、對立、妥協、同化、通婚以至於融合的過程。（陳培桂， 1956：180）苗栗舊稱貓裡，光緒十三年苗栗單獨設縣，首任知縣為林桂芬，縣治設在貓裡街。當時，丘逢甲曾賦詩一首，描寫苗栗縣：「田制奇零畝，溪流淺急聲。亂山多近市，新縣未圍城。土瘠遲官稅，民貧長盜萌。眼前無限感，過客此孤征。」（丘逢甲，2001：133）由詩中可見當時苗栗縣是相當貧瘠之地。

光緒十七年，知縣沈茂蔭曾聘請地方名儒，編撰《苗栗縣志》，成為第一部較完備記載苗栗拓墾史之書。苗栗縣志並沒有關於陶瓷業之相關記載，為何苗栗後來會成為酒甕的故鄉，而歐美人士喜歡的陶瓷娃娃，又為何會從苗栗大量外銷，帶動苗栗之經濟起飛。這些都必須從苗栗的土壤及綜攬陶瓷在苗栗的發展史，才能探索苗栗往日陶瓷史風光的面貌。本文即以甕之鄉為例，探討苗栗客家陶瓷工藝之發展。

貳、苗栗傳統陶瓷工藝發展之背景

人類知道利用天然物為工具，以克服困難，工藝活動與行為隨之發生。中國古書對工藝一詞之解說，如《說文解字》：「工，巧也、匠也，善其事也」；工藝在人類物質及精神文化中扮演著極其重要的角色。用現代的語彙來說，工藝就是人類運用高度的智慧、巧妙的技術，製作精美的器物之活動或行為。《考工記》提到「摶植之工：陶」其中陶，指的就是陶瓷工藝。工有陶（即是製陶），各工匠各司其職，以為民器。可知，陶藝之起源甚早，乃是順應人生活之需求而生。傳統陶瓷工藝有一個重要特色，即是「師徒相授」，方法是手稿、口訣、經驗或是記載於典籍的傳承延續。

台灣的製陶業開始於清代中葉，除了台灣原住民及平埔族已有志陶的簡單技術之外，荷蘭人與鄭成功在台灣都有製磚與燒瓦的行為。到了清代道光年間，開始製作各種陶器。台灣早期農業社會使用的盤碗，都是用陶土素燒，表面或僅上一層黃釉，色澤樸素，線條單純（陳雪貞・陳俊光，1996：13-2）。台灣民間的陶瓷器與台灣苗栗地區歷史上有「山城」的稱謂，顧名思義就可瞭解「山」乃是苗栗最顯著的地理特色，有山就有水，多山多水的苗栗，乃是地質構造十分複雜所造成，同時也造就了苗栗在天然資源上的優勢，例如公館、苗栗與三灣地區就擁有優質的陶土，使得苗栗之土地具備了發展陶瓷工藝的基礎條件。苗栗諸多之陶瓷文化中，尤以客家的陶瓷工藝傳統最具特色。

苗栗因土地資源之故而形成特屬當地的陶瓷工藝傳統，例如公館的陶業，即緣於當地的地質資源－陶土，遇上專業者的發掘，才形成公館重要產業。雖然在歷史的過程中，許多陶瓷工藝逐漸因為實用性消失而遭淘汰，然而，即將來臨的藝術化或文化創意產業振興時代，苗栗的民間陶瓷工藝，仍可以成為振興苗栗產業的重要動力。

叁、苗栗的陶瓷業與窯業的發展史

苗栗地區黏土品質良好，又有得天獨厚的天然瓦斯和煤炭兩種燃料，另外丘陵地形方便早期製作登窯。先天的優厚條件，加上後天日本時代日本人在苗栗地區投注許多開發製作陶瓷的技術，讓苗栗能成為台灣陶瓷發展史上的重鎮。苗栗著名之陶窯，北部有竹南蛇窯，中部則有公館陶，南部有華陶窯。

苗栗陶瓷開始的年代，開始於明治三十年，西元1987年；因日本匠師石山丹吾在明治三十年，西元1897年5月，於苗栗社寮岡的開設「苗栗窯業社」，這是苗栗陶業之發展初史（古賀貞二，1930：103-111）。苗栗有地理環境的優異，境內丘陵地形適合早期登窯的建築，苗栗的礦產主要有煤礦、石油、玻璃白砂、陶瓷土、礫石礦和極少數稀有的礦產。苗栗有良質的黏土資源，其主要產地在南庄、公館福基、大坑、南北河等地區，土質原料優秀，不僅台灣其他地區之窯業無法與之匹敵，就連日本國內各地之良質原料，均無法相比。苗栗陶土含有百分之二點五左右之氧化鐵，高溫窯燒後，成為淡橙黃色，乃至於青灰色。苗栗縣所產之黏土礦屬於中世紀含煤層之黏土礦，其分佈北由獅頭山山脈往南至公館大坑，甚至更延伸至銅鑼與三義附近的山脈。

燒窯就是高溫燒陶，燒陶與黏土成分有很大的關係，因為黏土是製陶的珍貴素材，燒陶有三要素：火、黏土、技術。苗栗因蘊藏豐富且良質的黏土礦及天然氣，所產的黏土可塑性佳，稍加處理即可使用，雖含鐵份高，燒成後無法像瓷器之雪白與透明。但因原料取得容易，價格便宜，有助於陶藝之發展。苗栗陶土，早期被使用於製作各種生活用品陶，如水缸、醃罐、陶缽、陶甕、龍罐等傳統的日用陶瓷，產品雖沒有瑰麗的色彩，卻有樸實、渾厚、自然，獨樹一格的美，也為苗栗搏得「陶瓷之鄉」之美名。使得日本人對苗栗製陶之優良土質，讚不絕口。尤其苗栗土不必外加其它材料，燒製出之青瓷產品，呈現優雅色澤，質感好，是上乘的高級品，非一般人所能刻意仿製。（陳新上，1999：10-15）

陶瓷製作過程主要包括坯體成形、乾燥、施釉和燒成四個步驟。苗栗陶瓷的成形法，依窯系的不同而有所分別，有傳統手工製作的技法，主要包括轆轤成形法和徒手成形法。轆轤成形法是苗栗窯業的主要成形方法；另外有機械製作的技術，主要包括旋坯成形法、注漿成形法及擠出成形法等（陳新上，1996；142-152）。日本據台之前，苗栗沒有較具規模的陶瓷業，日本據台後，成立了拓南窯業株式會社立，引進倒焰式四方窯，並使用機械生產，使苗栗陶瓷發展正式走入近代化的階段。早期苗栗的陶瓷業集中在苗栗市、公館和三灣等三地，當時三鄉鎮各有一家工廠。後來苗栗的陶瓷業發展，漸漸集中於苗栗和公館兩地，到約1939時，苗栗的陶窯工廠數才增加為六家。

窯爐是陶瓷製作的重要設備，與陶瓷業的發展息息相關。中國古代官方所經營的官窯，通常屬於「龍窯」窯系，清代閩南移民引進台灣後，為有別於官方所經營的官窯，另以「蛇窯」稱之。蛇窯顧名思義，形狀是長條形，中間沒有分隔的一種窯，並非彎彎曲曲的蛇形；長者有達百餘公尺，因沿山坡傾斜砌築，遠望宛如一條噴火巨龍。另有一種說法認為，先民不敢超越官方規矩，於是謙稱為「小龍」，小龍就是蛇，故稱為「蛇窯」。苗栗至今還保存著全台灣最完備的窯種，有外觀像饅頭的「包仔窯」，有外型四方形的「四方窯」，有由一間間窯室連結而成，每間窯室像階梯一樣層層而上，也是苗栗最具窯業特色的「登窯」。此外，還有木炭窯、八卦窯、瓦斯窯、電窯、隧道窯、滾軸陶等等，蛇窯在苗栗反而比較少。苗栗窯之種類繁多，故亦被稱為「窯之故鄉」。（陳新上，1999：6-17）

燒窯所使用的燃料，還有更細微的分別：

A.小火：採用粗短且耐火性佳的木柴，以收集海濱的漂流木為主要來源。火焰小、耐火久。

B.中火：用細短松木，火焰小、又可升溫。

C.大火：改用粗大松木，火焰長、升溫快。

D.窗口：使用細長的木條。

不同的木柴在不同時段的控溫非常重要，因此燒窯前要先將木柴曬乾、分類整理好，以利燒窯作業進行。雖然窯的容量相當大，但要把所生產規格形式不同的坯體順利裝窯，卻不是一件簡單的事。早期裝窯時，為了充分利用空間，會在大缸中放入小陶鍋，陶鍋中再放一些更小的產品；為了避免坯體因釉藥溶融而沾黏在一起，因此在不同產品之間，必須用粗糠或牛糞做為隔離材料，以避免沾黏。[1]以前的產品為了避免燒成時沾染柴灰，通常將生坯放在「匣缽」中以隔離，現在的柴燒反而刻意要有「自然落灰」的效果，所以改用棚板、棚柱來排窯。

蛇窯燒窯的過程分為「燒窯頭」和「燒窗火」兩個步驟。「燒窯頭」是指先從窯頭的燃燒室開始加熱，這時窯體兩側的窗孔要先封閉，以免窯內熱氣外洩。加熱過程是先用小火慢慢的燒，緩慢提高窯內溫度，讓坯體水分逐漸蒸發；如果天氣太潮溼，小火必須燒的比較久，以便同時排除窯內水氣。陶器的燒成溫度乃依產品而定，一般粗陶器的溫度約攝氏一千度左右，如果是有上釉藥的要燒到攝氏一千兩百度左右。以前市場需求量大時，有些製陶業者經常在窯爐尚未冷卻時，便進入窯內出窯，將之稱為「搶窯」；搶窯很容易造成產品龜裂，品質不良。

肆、過去苗栗縣著名之陶瓷業

一、竹南蛇窯

坐落在於竹南的竹南蛇窯，是林添福於民國六十一年所創建，為目前苗栗縣保存最完整且最大唯一僅存的一傳統蛇窯。蛇窯有二十三公尺長、二至三公尺寬，是建築在平台上的陶窯。竹南蛇窯是集結蛇窯、穴窯、瓦斯窯、重油窯的優點而改良，以高溫柴燒的質感為美感，此柴窯的優點在於燒窯時，司火者不會感到太熱，長時間燒高溫也不容易疲累，而且高溫

1 陳俊光口述，2008年2月訪談。

時升溫快速，並可以調整成「橫焰」、「半倒焰」火路，控制各種溫層的柴燒質感表現。

竹南蛇窯廠原名「恆發陶瓷工廠」，主要生產花盆。民國六十年代，陶製花盆需求量大增，當時陶場裡十分繁忙，銷售量亦大增，盛況空前。然而，到了民國七十二年，工廠的營運逐漸面臨了極大的困難，當時隔壁的幾家大型磁磚工廠正在擴大招募員工，恆發陶瓷工廠工人紛紛另謀它就，導致工廠只好正式歇業。危機即是轉機，蛇窯窯主林添福憑著對製陶的熱愛和興趣，開始製作一些精緻浮雕的大型觀賞瓶，以及量少質精的民藝陶。其子林瑞華為了鼓勵父親創作，也辭去外地的工作，回家與父親一起摸索著轉型的出路，因而決定改名為「竹南蛇窯」。

「竹南蛇窯」由生產花盆開始，慢慢轉型為以手工製作量少質精的民俗陶、觀賞陶，隨著社會環境快速變遷，後來又轉型為以泡茶文化為主的新實用陶，如茶桌、茶壺。民國八〇年代，台灣的柴燒陶藝風氣興起，「竹南蛇窯」更將沒落已久的柴燒技藝轉化為現代柴燒技藝，將傳統陶技藝轉型為現代陶藝。近年來，「竹南蛇窯」以舉辦陶藝展覽、傳統陶技藝研究、發揚傳統陶文化等多元化的方向，走出一條和其他傳統陶業不一樣的道路。竹南蛇窯是一座古窯再生利用的好案例，窯主林添福於1998年獲省文化處頒發「民俗藝術特別貢獻獎」（鄧淑慧，陶灣的蛇窯，2008）。

二、華陶窯

華陶窯窯主陳文輝、陳玉秀夫婦，因為對藝術文化的熱愛，經營與眾不同的陶窯文化。華陶窯是傳統的柴燒登窯，俗稱「目仔窯」。苗栗的燈窯過去是以木柴為燃料，日據時期，石山丹吾改以苗栗生產的天然瓦斯為燃料，影響所及，天然瓦斯成為苗栗窯場重要的燃料，使苗栗成為台灣最早以瓦斯為窯業燃料的地方（陳新上，1999：13）。華陶窯的登窯結構是單窯間歇式窯室，採數窯室相連順斜坡蓋起，利用熱氣上升的原理，將前一窯室的餘熱引進次一窯室，回收餘熱的設計，充分顯現智慧。整個窯體的結構包括火櫃頭、三間窯室、一間通氣室以及煙囪，窯室每間約長兩百公分，寬一百公分，高一百五十公分左右，坯體擺放的位置攸關是否承受柴灰落灰、表體斑駁與火紋等自然變化。窯體溫度在攝氏一千兩百五十度左右，作品最為溫潤；同時選擇密度適當又可承受高溫的陶土。華陶窯選擇苗栗地區的陶土為主原料，其中的雜質在冶煉後成為最樸拙的肌理，呈現出粗曠、草根性的一面。

華陶窯不只是一座窯、一片園林而已，它包含整個所在土地的藝術風格，有許多熱愛鄉土的創作，以台灣墾荒者的精神詮釋在地，延續苗栗這塊土地獨有的陶藝生活之美。在本土文化運動勃興之後，華陶窯以「目仔窯」的柴燒創作，開放給自各地前來的台灣懷舊者，作為旅遊與學習陶藝的景點。到華陶窯參觀，必須事先登記預約。

三、公館窯

公館是陶藝重鎮，興起於日據時期的民國前十五年（1897），日本人岩本東作在苗栗市西山設立了一座小型窯場，後來由當時苗栗街長石山丹吾和岩本東作合作，在公館庄大坑、楓仔坑一帶發現質地良好的陶土，於是把工廠遷至公館的大坑繼續經營，奠定了公館陶窯的發展。（鄧淑惠，2005：前言）民國七年（1918）岩本東作去世，苗栗街志同道合人士，共組「苗栗窯業株式會社」，由於經營不善，在大正十一年（1922）解散。因當時苗栗郡長石山丹吾喜歡陶藝，並確信陶業前途看好，所以匿名發起「苗栗窯業社」，改在大坑製陶，並從日本、中國大陸延聘製陶師傅前來傳授，特別是大陸來的陶師，大都是從福建省福州而來，故被稱為「福州師」。在苗栗的福州師有許多人，包括李依伍、李依細、林依梨、林榮飛、林象坤等〈陳新上，林榮飛傳，2008：4-6〉。已故公館著名的陶藝匠師吳開興先生，就是在這一段時間追隨日本師父南本先生學得一身傳統製陶的好手藝。

公館陶成立於民國二十五年（昭和11年），第一代創始人為林添喜及林雷阿粉，接著由第二代林梁長妹經營，到了第三代林中馨將所製造的西洋玩偶精緻陶瓷外銷世界各地，成為當時台灣外銷商品中之大宗。自日據時代至今已有六十多年的悠久歷史。林家古厝，亦為台灣三級古蹟，與公館窯之關係密不可分。

初期公館窯業產品大都以生活器皿為主，像大水缸、甕、缽、茶具，以及裝先人遺骨的金斗甕、花盆等。另外，公賣局的酒罈也採用公館陶之產品來裝酒。民國六十年代，由於外國裝飾陶瓷的風行，公館地區的陶瓷廠大量興建，這是公館陶瓷業的黃金時代，為台灣賺了不少外匯。當時，公館地區大小陶瓷廠約有八十餘家，有專門從事生產生活器皿的窯場，也有以裝飾陶瓷為主的窯場，其中也有不少的藝師，利用傳統的手拉坯技術，創作多樣式造形美觀的陶藝品，這些成品堆放在路邊，或在陶藝館的櫥窗待價而沽，使公館鄉成了古樸雅致的陶藝世界。不過，1990年之後，精緻陶瓷外銷市場日漸萎靡， WTO時代來臨，導致公館鄉陶窯之沒落，許多窯場紛紛歇業或關廠。

公館是陶藝重鎮，仍有不少的陶藝師，繼續利用傳統的手拉坯技術，創作造形美觀的陶藝品。在個人創作方面，出身公館陶業的匠師吳開興，以長年的經驗與個人對於陶藝創作的成就，榮獲民國七十六年的陶瓷類民族藝術薪傳獎；而陳俊光亦於民國七十七年獲得全省陶藝競賽第一名。陳俊光以40餘年的經驗，在陶瓷面臨沒落的時代，繼續從事陶藝創作，與林麗華結婚後，夫妻倆人發揮創意，製做了許多具有文化創意特色的陶瓷藝品，後來又開設了「甕之鄉陶瓷文化教育館」，繼續經營著苗栗陶藝工藝的生涯。這些創意陶瓷製作，在注重文化創意的時代，實在值得加以探究與發揚。

四、甕之鄉的陶瓷工藝

陳俊光自幼秉性忠厚篤實，庭訓嚴謹，培養成擇善固執、勤奮向上的個性。他從小對藝術課程特別喜好，對陶瓷工藝產生高度興趣。他二十歲開始學陶，啟蒙於北投研究陶瓷的徐文斌老師，他也向歐豪年教授學畫，又向林葆家教授學陶與彩釉。因天資聰穎，又富於想像力，在陶藝上奠定良好的基礎。從他先後任職於北投中華陶藝股份有限公司與鶯歌勝興陶瓷廠廠長，以及大同瓷器公司。1971年他將研究多年，頗有心得的藝術花瓶技術帶來苗栗公館鄉，因而帶動了苗栗公館鄉藝術花瓶製作之歷史。藝術花瓶技術的特點，是將書法、國畫、雕塑、彩釉之技術納入各種造型的手拉坏與模塑成形之中，使傳統的陶瓷成品上增添了視覺中特殊的美感，新奇奪目，深受廣大愛陶者歡迎典藏，同時轟動藝術界，因而聲名大噪。

1971年他受朋友黃渭銘之邀約，被高薪聘請進入苗栗公館吳開興窯廠，協助吳開興開發新式陶製藝術花瓶。陳俊光將陶甕施釉與雕塑技術與吳開興手拉坏做技術交流，創新了陶藝製作匠法，不僅令陶瓷界耳目一新，也給他帶來豐厚之收入。但是，經濟有不景氣的時候，陶製產品不能單一化。因此，陳俊光利用閒暇時間，繼續學習書法、繪畫、水墨、雕塑和陶版畫，將書法與繪畫運用在陶瓷製作上，是當時創意產業第一人。

陳俊光在公館認識了林麗華小姐，兩人相愛結婚後，都從事陶藝製作。因目睹台灣經濟轉型，乃決定在公館鄉福德村購地建屋，建立甕之鄉陶藝工作室，開始從事製陶創作，並提供學習者手拉坏DIY做陶。這是一段艱辛的歷程，加上小孩相繼出生，要維持陶藝創作與生活經濟，的確不容易。不過，陳俊光夫婦繼續發揮創意無限，先後創立藝術陶瓷公司、苗栗縣陶瓷暨窯業文史工作室、古風樓藝廊、肇億、幼獅、金鴻等藝術陶瓷股份有限公司，由陳俊光親自擔任董事長。後來，因為受到許多愛陶者的要求，陳俊光夫婦乃開設甕之鄉陶瓷文化教育館，並附設陶藝教室，擴充設備，開闢大型教育場地，在場地內設立「駿窯」及精緻書、畫陶藝陳列館，讓有意學習陶藝的民眾進入館內學習。陳俊光夫婦還將製作陶藝之教學過程，編輯成書，方便學習者依圖文學習（陳俊光、林立華，1988）。甕之鄉陶瓷文化教育館之成立及陳俊光夫婦之努力與文化創意之展現，搏得各級政府官員、地方首長、文化單位、藝術界同好、鄉親、仕紳之稱善，他們經常蒞臨甕之鄉陶瓷文化教育館參觀，欣賞其作品，甚至加以典藏（余鶴松，2006：9）。1988年陳俊光取得台灣省藝術陶瓷競賽第一名後，應新竹社教館館長賴士烈之邀請，首次在社教館舉辦個展。又在苗栗縣文化中心曾光雄主任之鼓勵下，讓他走上創作與藝術之不歸路。此後，他在全台灣十六個縣市文化局、社教館，舉辦達30場次之展覽，全省十六個縣市文化局巡迴個展，以及國內外書畫聯展達百餘次。（陳俊光，2006：10）陳俊光曾被邀請為苗栗縣陶瓷文藝季國際陶瓷研討會負責人，負責規畫罕見之國際陶瓷研討會，他又負責蒐集陶瓷文史、創意設計具客家意象之甕牆、甕塔、陶版字、磁磚大壁畫，又創作苗栗龍年新春長達102公尺之竹編巨龍花燈，成為世界之最。

陳俊光最擅長手拉坏的表面處理，因為有深厚的書畫、雕塑美術基礎，在創作的範疇裡，表現獨有的特長；他的國畫創稿灑脫，書法行草自成一格，是一種非常高尚帶有書卷氣息、雅俗共賞的陶藝創作。他不斷的創作，創作領域裡經常有極獨特的創意，如實心雕塑、白玉石釉、金紅柿釉等，都是他創作領域中新的突破。他常說：「多元化的藝術學習，可以讓不同領域的藝術相輔相成，可使藝術的創作，更加完美」。他將苗栗好山好水與純樸民風，以及客家文化要素，發揮在藝術創作中，使作品展現出客家人文與藝術風尚，蓬勃了苗栗客家陶藝創作風氣。

甕之鄉陶藝教育館在陶瓷創作教育中，藉由不斷地研究、體悟、與琢磨，活用釉色的變化、生活的靈感，使陶瓷不再只是容器，而是「藝術」，並將藝術的美感融會在水墨創作與書法上，不僅透過藝術來表達客家文化特質與美學，深化客家藝術文化，更是用經驗愉快、隨性為之的生活「書畫」，來昇華心靈，美化人生。

茲舉數例說明他的創新與創意製陶法如下：

釉（glaze）是一種玻璃質塗膜，塗在陶瓷器表面，又稱為釉上彩繪（On-glaze Decoration），即先在陶瓷上施釉後再彩繪，然後高溫1000度以上燃燒成釉陶。（鄭武輝等，窯業詞彙，1975：136）陳俊光發現公館有獨特的釉藥土，可以利用在陶瓷上，於是他自行在公館鄉山區採集礦石，研製釉藥成功，並將獨特的彩釉與水墨渲染方式應用在製陶上，讓每件陶器作品展現不同的風采與色澤。

1996年苗栗縣政府文化局委託陳俊光辦理陶瓷工藝展，陳俊光設計了大片的甕牆造型，顯示苗栗是甕之鄉的大縣。他將公賣局裝酒之酒甕，鑲崁在文化局大禮堂前的牆壁上，並在廣場造了一座蛇窯，展示陶燒的過程。這次展出，引起了許多老陶師的回憶與緬懷，充分發揮創意，讓許多苗栗人知道故新苗栗是陶藝之鄉。

2003年位於苗栗市的聯合大學改制為一般大學，當時副校長王俊秀請陳俊光設計聯大的陶甕特色。由於聯大過去在工專時代，有陶瓷玻璃科，培養出無數的陶藝人才。如水里蛇窯的主人林國隆先生，就是聯合工專陶瓷玻璃科的畢業生。陳俊光再度發揮創意，在聯大圖書館地下室聯荷電影院隔壁之牆上，包括室內之牆壁上，以半個酒甕鑲崁在牆壁上，彰顯苗栗之陶瓷特色。另外又在廣場上，設計陶甕之牆，凸顯苗栗是陶甕之故鄉。王俊秀並進一步設計了聯大可以轉動的祈福之甕，增進了陶甕的附加價值與人文美感。

陳俊光之甕之鄉陶瓷文化教育館，是以休閒捏陶繪畫為構想，讓人在休閒中學習陶瓷美術工藝創作，並不是像生活陶之大量製做來賺錢的想法。台灣在創造經濟奇蹟之後，俗話說「台灣錢淹腳目」，許多台灣人開始注重休閒活動。一般人休閒大約分做三類：

1.是把休閒當作目的，即工作為了休閒，休閒為人類提供真正的生活環境與樂趣。
2.是把休閒當作工具，休閒為了達到某些社會目的的手段。
3.是把休閒當作時間，即所謂的休閒的自由時間。（Kaplan, 1975: 19-26）不論哪一種休閒類別，陳俊光從事書法、繪畫、雕塑或手拉坏捏陶，都可以歸入Dumazedier所說的「藝術休閒」的類別

（Dumazedier，1974：99-104）。[2]

因此，甕之鄉之經營策略排除過去量產的生活陶製作，而走向休閒個性化與藝術學習結合的DIY體驗捏陶教室。由於甕之鄉靠近福德國小，因此特別提供福德國小學生就近體驗捏陶DIY。陳俊光與林麗華夫婦親自指導，從提供黏土、水、手拉坏轉盤開始，由學生親自動手體驗，製作個性化作品，兩位老師再從旁指導。當作品捏製過程中，陳俊光邊講解編修正，讓個性化小陶土能成型，後來再上釉藥，刻上個人喜好文字，放入窯爐中燒製而成陶製品。

當然為了擴大體驗層面，甕之鄉同時對外開放，以預約或臨時起意方式，隨時歡迎遊客蒞臨體驗。甕之鄉陶瓷文化教育館二、三樓室內，收藏了近四十年來陳俊光與林麗華的書、畫及陶藝創作作品。陳俊光的作品尤其豐富，他的作品深具個人創意，發前人所未發，如：

1. 福祿壽酒葫蘆—此類作品申請專利，把名酒放入葫蘆型酒瓶中，酒瓶外雕以葡萄、水果模樣，造型奇特、討喜。此瓶被公賣局選中，限量生產並販售。
2. 個人鏤空陶製腳印版— 以個人腳印指模燒成陶藝品。
3. 陶製觀音像—流露出五顏六色的色彩，觀音面像莊嚴而肅穆。
4. 雙女跳舞陶俑—造型活潑、生動，線條流暢，表情栩栩如生。
5. 手拉坏文化穀倉—附有客家村文化氣息，勾起思古之幽情，風華無限，令人懷念客家田園農業生活時光。
6. 陶版畫—釉下彩水墨渲染，全國唯一，可以拼成大面積牆壁。
7. 畫中書—畫中有書法，融情入景。
8. 實心陶雕塑—高難度的陶藝技巧，鮮活耀眼，多采多姿，將藝術發

2 Dumazedier把休閒分為：體力休閒、藝術休閒、實用休閒、知識休閒、社交休閒等六大類。

揮的淋漓盡致。

9. 陶版工程壁畫—大型陶版畫，氣勢雄偉。

10. 甕塔造型—展現苗栗是酒甕的故鄉。

伍、結 論

全球化創造了新文明，但也崩解了舊文明，產業的形態不斷地因應市場而改變。苗栗的陶瓷業曾經工廠林立，競爭激烈，但隨著社會經濟之發展，傳統陶瓷業之文化價值竟遭時代變遷而淘汰。近年來，台灣有「文化創意產業」之口號，將傳統產業經由文化創意，再造陶瓷工藝的核心觀念和價值。文化創意產業的再造，事實上不但可將創意品的量產化，亦可以限量的風格化，使具有獨特風格陶瓷作品，提高其附加價值。綜合諸多創意，全面提升陶瓷工藝文化的產值，亦能提升人民的文化素養。

苗栗的陶瓷業，可以如甕之鄉陶藝教育工作室一樣，發揮文化創意產業之無形而抽象的文化內涵，賦予作品各種價值及生命力，讓客家傳統陶瓷業生活化與博物館化，甚且成為藝術館化、美術館化。今日推廣苗栗陶藝的文化創意產業，必須先落實生活美學教育的推廣，擴大國內休閒與旅遊市場的需求，並且鼓勵創新，提升競爭力，繼而以行銷手法將台灣陶藝推廣至海內外。

台灣產業型態，過去由於大多從事委託代工的生產，產業界比較忽視研發創新能力之培養，同時創意設計人才極為缺乏。近年開始重視研發能力培養，大學增多後，許多設計系所紛紛設立，培養許多優秀之創意設計人才。全球化產業的發展，已進入知識經濟的時代，政府和民間都應體認到研發創新是唯一的生存之道，包括產品文化特色與形象的建立，從設計提升競爭力。苗栗的陶藝文化產業若想再次發光發熱，或許應學習甕之鄉之經營創意與文化創意，以文化創意產業，注重提升傳統文化的產值和人民的文化素養。

換言之，苗栗的陶瓷業可以以文化創意，注入新的文化內涵，賦予作品各種價值及生命力，讓傳統陶瓷業成為文化創意產業，並且鼓勵創新，提升競爭力，加上以行銷手法，將公館陶藝推廣至全球。陶瓷業過去長期以來，較忽視研發創新能力，也缺乏創意設計人才。今日已進入知識經濟的時代，政府和民間都應體認到研發創新是增強生存之道，注重產品的文化內涵與特色，建立品牌形象，創新設計以提升競爭力。甚且，從陶瓷工藝之創新，擴大到推動苗栗地區或台灣與亞太地區藝術、文學、史學、哲學宗教的互動與交談，一方面藉以提升各自的人文精神，豐富人文視野，另一方面亦促進彼此之間的深層了解，成為彼此借鏡與創新之資源，讓苗栗的陶瓷工藝文化產業有新的春天。

【參考文獻】

一、中文部分

《丘逢甲集》，（2001），湖南長沙：岳麓書社。

沈清松，（1998），《哲學與雜誌季刊，第23期》。

高橋宣治，（1988），《陶瓷美》，藝術圖書公司。

鄭武輝等，（1975），《窯業詞彙》，台北：徐氏基金會。

鄧淑惠，（2005），《老陶師的故事》，苗栗縣文化居。

胡恩賢譯，古賀貞二著，（1930），《台灣的陶器業》。

蘇崇武，（2004），〈明宣德青花瓷藝術鑑賞〉收於《古瓷聚珍二》，苗栗：苗栗文化局。

曾長生，（2004），〈唐英其人其事〉，收於《古瓷聚珍二》，苗栗：苗栗文化局。

陳雪貞・陳俊光，（1996），〈清代民初台灣民陶食用陶瓷器之器形與紋飾〉《東南學報第十九期》。

陳俊光・林麗華，（1998），《陶藝心靈捕手》，公館，甕之鄉陶藝館。

陳俊光，（2006），《陳俊光藝術風華》，苗栗縣文化局。

陳培桂，（1986），《淡水廳志》（台北：台灣銀行經濟研究室，台灣研究叢刊第46種）。

陳新上，（1996），〈八十五年全國文藝際山城陶源系列活動從苗栗的陶瓷藝術看台灣陶瓷之源流與展望〉，收於《日據時期苗栗陶瓷發展狀況的研究》。

陳新上，（1996），《日據時期台灣陶瓷發展狀況之研究》，國立台灣師範大學美術研究所碩士論文。

陳新上，（1999），《苗栗傳統陶瓷業》，苗栗文化局。

陳新上，（1999），《故鄉之窯》。

陳新上，（2008），《林榮飛傳》。

錢佳慧，（2003），《傳統藝術》，第23期，國立傳統藝術中心。

洪慶豐，（2003），《台灣工藝》。

連文希，（1970），《台灣文獻》22卷3期。

盛清沂，（1980），〈新竹、桃園、苗栗三縣地區開闢史（上）〉，《台灣文獻》31卷4期。

陳運棟，（1977），《客家人》（台北：聯經）。

鄧淑慧，（2003），《傳統藝術》，國立傳統藝術中心。

鄧淑慧，（2003），《陶藝雜誌》，夏季號，五行圖書出版公司。

鄧淑慧，（2008），《台灣的蛇窯》，苗栗縣國際文化觀光局。

黃鼎松，（1998），《苗栗的開拓與史蹟》，(台北：常民文化)。

張谷城，（1954），《新竹叢誌》，新竹：新竹叢誌編纂委員會。

劉還月編，（2000），《台灣客家族群史——移墾篇》（上）（台灣省文獻委員會）。

劉妮玲，（1983），《清代台灣民變研究》（台北：國立台灣師範大學歷史研究所專刊第9號）。

二、 英文部分

Kaplan, M.（1975）*Leisure: Theory and Policy*. N . Y.: Wiley.

Dumazedier. Joffer（1974）*Sociology of Leisure*. Amsterdam: Elsevier.

附錄：陳俊光藝術年表

1946年 出生於新竹縣，中國文化大學藝術研究所、國立廈門大學美術系畢業。

1966年 開始學陶。

1969年 國際青年美展，「春之華」入選（油畫類）。

1974年 大林藝術陶瓷股份有限公司廠長。

1975年 鴻興藝術陶瓷股份有限公司廠長。

1976年 創立肇億藝術陶瓷股份有限公司、幼獅藝術陶瓷股份有限公司。

1985年 台灣省手工藝評選展入選。

1986年 台灣省政府藝術陶瓷競賽獲優良獎。

1987年 台灣省藝術陶瓷評選展佳作獎，創立金鴻名陶企業社。

1988年 台灣省藝術陶瓷評選展第一名
著作《源遠流長》（陶瓷篇）專輯。

1989年 省立新竹社教館個展。苗栗縣立文化中心個展。雲林縣立文化中心個展。高雄市蘇南成市長蒞臨寒舍。

1990年 高雄市立中正文化中心個展。南瀛美展入選。苗栗救國團表揚獎。行政院長李煥參觀陳俊光陶藝個展，收藏作品〈紅福〉。蔣緯國將軍蒞臨寒舍參觀，收藏作品〈龍〉。台中市白宮藝廊個展。

1990-1992年 應邀台灣全省十六個縣、市立文化中心陶藝全省巡迴個展並著作《巡迴個展》專輯。李登輝總統參觀苗栗縣文化中心陳俊光陶藝個展。

1992年 中華藝術文化推廣協會個展。台北藝術家畫廊開幕首展。台中縣立文化中心個展。創立古風藝廊。

1993年 韓國美術大展邀請展。北部七縣市邀請美展。香港國際陶藝展邀請漲。日本亞細亞文化交流邀請展。創立甕之鄉陶藝館。台灣省政府民政廳長謝金汀先生蒞臨寒舍。

1994年 台北國際陶瓷博覽會邀請展。首屆九陽畫會任職總幹事並舉辦首屆聯展。台中縣立圖書館個展。東勢國小藝術中心個展。台灣生活實用陶中正紀念堂邀請展。省立彰化社教館陶藝個展。官派省長宋楚瑜先生蒞臨寒舍參觀，收藏作品〈往下紮根〉。教育部長郭為藩至省立苗中視察陶藝教學（苗栗縣中、小學陶藝教師研習）。

1995年 苗栗縣立文化中心陶藝個展。新竹市立文化中心陶藝個展。西湖渡假村（李元簇副總統蒞臨參觀）、福德國小、國際馬術公園陶藝個展。九陽畫會第二屆九陽美展並推動外縣市聯展。

1996年 九陽畫會第三屆九陽美展。日本全日書畫展書法秀作獎。苗栗縣立文化中心夏之藝荷花系列雙人畫展。桃園縣立文化中心夏之藝荷花系列雙人畫展。創立苗栗縣陶瓷暨窯業文史工作室。苗栗縣海寶國小陶藝個展。李登輝總統第二次參觀陶藝個展並收藏作品「文化穀倉」。

著作《窯業陶瓷影像專輯》、《山城陶源專輯》，由苗栗縣文化局出版。

苗栗縣陶瓷文藝季負責規劃及陶瓷文史收集。設計甕牆、甕塔、苗栗縣文化中心招牌、陶板字、磁磚大壁畫、柴窯等景觀工程。柴窯由李登輝總統按鈕啟火。

1997年 日本全日書畫展水墨畫秀作獎。台灣省手工藝訓練成果展經專家評獎第一名及民眾票選得第一名。元宵節竹編「102公尺龍花燈」創金氏世界紀錄及四隻「牛家庭」大花燈展於苗栗縣立文化局廣場。台灣省文物藝術海峽兩岸陶瓷邀請展於美術館。〈日月昇華〉高6.2公尺獲選台中縣東勢國民小學景觀工程（不鏽鋼雕塑）。苗栗縣、台中縣各國中、小學傳統藝術教育（陶瓷工藝）

特聘講師。

1998年 陶藝教學師生成果展於新竹市、苗栗縣、新竹縣等縣市文化局。省立新竹社教館陶藝創作展。苗栗縣立文化局陶藝創作展。桃園新光三月文化館陶藝、書法、水墨創作個展。

著作《陶藝心靈捕手》專輯。由新竹縣政府出版。

1999年 台中市立文化中心陶藝創作展。苗栗市藝文中心邀請美術家聯展。陶藝教學師生成果展於新竹縣文化局。社區總體營造「城鄉新風貌陶板創作景觀設計」於出礦村、石墻村、福星村、中義村等「地方特色」及「台六線」草莓、陶藝、紅棘、福菜等景點特色陶板。

2000年 擂茶大會300人次於三義鄉勝興火車站「停駛紀念大型活動」。「竹牆甕窗花」造型景觀於台六線甕之鄉陶藝館前。陳俊光、陳倩儀多媒材創作父女展受邀於苗栗縣立文化局。陳俊光「城鄉新風貌」水墨拓畫受苗栗市藝文中心邀請個展。苗栗市農會五公尺陶板大型招牌立體書法。

2001年 新竹縣立文化局邀請個展於關西文化藝廊。中日文化交流展。行政院勞委會職訓局委辦傳統手工業陶瓷實務班訓練講師。

2002年 頭份鎮公所中正廳邀請陳俊光創作個展。苗栗縣立文化局廣場舉辦全省美展活重「300人次客家茶道-擂茶打擂台」、「磁盤彩繪創意大賽」。副總統李元簇先生蒞臨寒舍參觀。四書佳言書法聯展。苗栗縣書法學會聯展、美術協會聯展、九陽雅集聯展、觀光產業文化協會聯展 。

2003年 「景觀設計」聯合大學視聽室陶板、陶藝工程及壁畫。「景觀設計」頭份鎮信義國小陶板工程106片民俗風情陶板壁畫及女兒陳倩儀25公尺音樂人生及海底世界大型磁磚壁畫二幅。景觀設計「公館鄉公所商業大樓陶板工程壁畫」300*160公分。推展苗栗縣美術協會，至新竹縣立文化局、竹南鎮公所美術館、李科永圖書館聯展。並發行會員美展專輯第三輯。推展苗栗縣美術協會辨「視覺藝術講座」。亞米藝術走廊水墨畫個展。8月份應苗栗縣後備司令部邀請籌組苗栗縣青溪新文藝學會，任職創會理事長。經濟部長林義夫先生蒞臨寒舍參觀。

2004年 推動苗栗縣青溪新文藝學會會員美展首展於苗栗縣立文化局剪綵揭幕。行政院副院長葉菊蘭蒞臨寒舍參觀。推動苗栗縣美術協會至高雄中正文化局展覽並發行第四冊「33週年慶美展專輯」。GMP陶瓷彩繪比賽評審委員。

2005年 國防部同心17號演習與總統陳水扁及副總統呂秀蓮餐敘。國防部舉行全國全環、金像獎全國巡迴展由苗栗縣青溪新文藝學會主辦，賀將軍忠文參與剪採並發行第一冊《山城故事族群融合創作》美展專輯。推動苗栗縣後備司令部成立藝文走廊，並舉辦藝文講座。苗栗縣文化局美術家邀請展「陳俊光甕之鄉藝術風華-甲子特展」。中部地區後備司令部副司令何復明將軍、劉司令明進上校蒞臨寒舍。GMP陶瓷彩繪比賽評審委員。

2006年 台中縣文化局邀請「陳俊光藝術風華」個展。新竹縣文化局邀請「客家籍藝術家陳俊光藝術風華」個展，前行政院長李煥資政、李奇茂教授、劉司令明進、新竹縣長夫人宋麗華女士、孔理事長昭順蒞臨參觀。亞米藝術走廊水墨、拓印畫、書法個展。苗栗文化局出版「陳俊光甕之鄉藝術風華一甲子特展」，並發行《特展專輯》。推動苗栗縣美術協會至新竹社教館及苗栗縣文化局展覽。推動苗栗縣青溪新文藝學會全縣小青溪繪畫比賽暨會員美展。新竹社教館實心陶雕獎杯中選製作。阿里山依利亞那陶板景觀工程製作。

2007年 出版苗栗縣美術協會會員每展專輯。紅龍釉彩陶缸中選製作於食品廠商。國防部金環獎美術類「油畫」項佳作。

2008年 行政院台灣客家籍美術家審議委員。 苗栗縣96學年度國中技藝競賽設計職群陶藝組評審委員。

2008年 7月參加廣東省梅州市嘉應學院客家文化與學術活動，發表「苗栗陶瓷發展與梅洲陶瓷發展之比教」論文。11月12日國立聯合大學「客家與人文季」擂茶大賽。

經歷

1.苗栗縣青溪新文藝學會 理事長

2.中國國際暨兩岸文化藝術交流協會 副理事長

3.苗栗縣美術協會 常務理事兼總幹事

4. 苗栗縣書法學會 常務理事

5. 苗栗縣長青書道學會 理事長

6.中華藝術推廣協會 常務理事

7.九陽書會 總幹事

8.台灣區裝飾陶瓷輸出公會 顧問

9. 台灣省藝學會、台灣省中國書畫學會 會員

10.肇億藝術陶瓷股份有限公司、幼獅藝術陶瓷股份有限公司、金鴻名陶企業社、甕之鄉陶藝館、古風藝廊、苗栗縣陶瓷暨窯業文史工作室等創辦人

11.中華收藏家協會研究院 研究委員

12.中國國際藝術協會 籌備委員

13.中華民國陶藝研究學會 永久會員

14. 公共藝術 諮詢委員

15.苗栗縣中等學校陶藝競賽 評審委員

16.台中縣、苗栗縣、桃園縣國民中、小學校陶瓷工藝教師研習講師

17.行政院青輔會陶瓷技藝 訓練講師

18.教育廳傳統藝術教育(陶瓷工藝)苗栗縣、台中縣國中、小學特聘教師研習講師

19.苗栗縣、台中縣救國團陶藝老師

20.苗栗縣立文化中心、台中縣學校社團活動陶藝老師

21.山地青年陶藝技能訓練 講師

22.新竹縣少年監獄陶藝技能訓練 講師

23.行政院勞委會及新竹縣政府委託新竹縣肢體殘障協會陶藝技能訓練講師

24.行政院經濟部中小企業榮譽指導員協進會副會長、中華國際文化藝術交流協會副理事長

25.苗栗縣公館鄉觀光休閒協會常務理事

26.國立苗栗特殊教育學校公共藝術評議委員

27.苗栗縣美術家聯展 免審查

28.聯合大學駐校藝術家暨苗栗學研究中心研究員

第六章

社區營造與文化產業再造之研究

——以水里鄉上安社區為例

■劉煥雲　聯合大學全球客家研究中心副研究員

■張民光　聯合大學語文中心助理教授

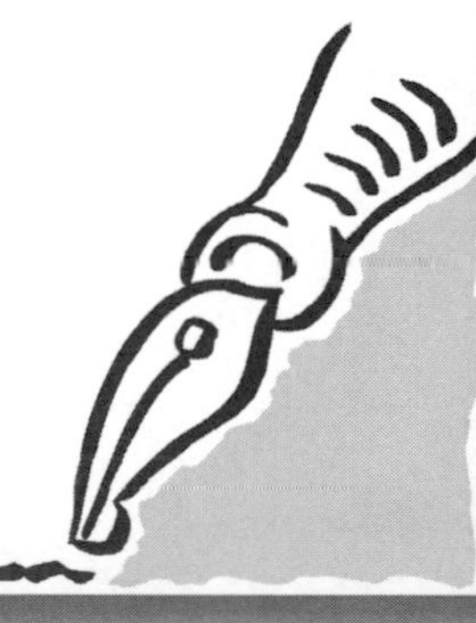

摘 要

本文旨在分析全球在地化之下，思考地方文化之保存與產業之再造，必須把握歷史的契機，了解地方傳統產業文化之內涵與現代人追尋文化創新的心態，用新的經營管理與行銷理念，帶動地方文化之創新，活絡地方傳統產業。現代人在工業化、機械化生態之下，已興起思古之幽情，緬懷過去古老文化與產業點滴。故若欲活絡傳統，讓古早產業文化存活下去，必須結合創新與創意之經營理念，透過社區營造，發揮地方文化特色與傳統文化素養。因此本文以水里鄉上安村之社區營造為例，說明上安社區如何走出接二連三的災後陰霾，凝聚社區力量，經由社造工作，創造出社區的文化創意產業，藉以改善社區居民的經濟情況。上安社區用心找尋人們拋棄的傳統，創造出具有傳統精神的文化創意產業；本文並從文化哲學發展之角度，探討在全球在地化之下，如何讓傳統文化產業，採取正確的行銷與經營理念，幫助帶動地方產業之復興，並長期促使地方文化全球化，行銷地方產業與文化。本文之研究方法乃根據上安社區實際之作法論述，將災後所有重建經驗一一介紹，讓讀者有如回到時光隧道，瀏覽上安社區如何走出災後陰霾，經由文化創意，將產業重新經營、包裝、行銷與發展。雖然步履蹣跚，確也在小眾經濟的市場中走出自己的一片天。

【關鍵詞】社區、SBA、文化創意產業、小眾經濟

壹、社區營造之意義

社區營造是近年來非常流行的概念，其基本理念強調：社區之營造需要社區居民全體參與與合作，致力於社區人文、經濟與產業等之發展，更重要的是社區居民以自立自主、自動自發的精神，經過整體性規劃考量，發揮地方傳統文化與產業之特色，集中居民之智慧，群策群力，創造出地方特色產品，持續有恆，推動社區總體營造，以帶動地方經濟發展。亦即由下而上，以社區居民為主體，綜合地方所有公共事務，整體規劃，依序推動。就是說：地方上的事物必須靠地方上的人，由內部主動出來長期經營，才能穩定成長，自立自主的經營，健全的社區組織，結合學者專家、文史工作者、政府單位，依社區產業型態，投入社區公共事務的規劃營運管理。台灣推動社區發展與文化資產的承續由來已久，從91年至93年文建會所推動的「新故鄉社區營造計畫」，一直至今日正在推行的「台灣健康社區六星計畫」，都是社區營造積極推動的目標。

社區總體營造的首要任務，就是喚醒與培養鄰里居民的社區意識和共同體觀念。讓社區居民有個自然互動的情境和場合，以提高居民主動參與活動的意願，更可以鼓勵社區居民全家的參與。社區共同體的觀念就會產生，形成一個組織化制度化的自治社區社會。基本操作項作包括：

(1)建立社區文化組織—社區工作的規劃都必定由人開始，而且非單一的個人，必定是一群人，一群有組織的人，都是社區組織，所以更多的人參與，更多的投入，健全的社區組織是必要的。

(2)認識社區發掘社區特色—人文地景資源調查是認識社區的開始，尋找更多屬於社區的共同記憶，包括社區的歷史、人力、自然資源、文化資源、景觀資源、產業資源。

(3)尋求專業資源—學者專家文史工作者的協助及規劃單位的投入，經由技術指導，可為社區組織催生、提供社區動員方法、實質環境規畫設計之建議等。

(4)溝通學習建立共識—經由舉辦理念溝通、座談研討，以學習良好溝通模式，隨時吸收新知，促進參與社區營造，落實具體行動，提升人品與氣質。

(5)人力資源的開發—招募義工及培訓人才，投入社區營造的行列，可隨時為社區貢獻智慧與心力。

透過社區總體營造的政策理念，輔導地方社區居民進行自主性動員，以及地方歷史經驗與集體認同的重建工作，進而喚起地方社區居民對於地方環境特色，以及地方文化資產的重視，達成創造城鄉新風貌的改造工作。社區營造是高難度的上作，成果的展現更需要時間，只要社區內不斷有熱心人士積極的推動，整個社區就有希望，於是打造新故鄉，再造美麗家園，當可實現。聯合國教科文組織（UNESCO）曾提出對「文化產業」（Cultural Industries）的定義：「結合創作、生產與商業的內容，同時這內容的本質，具有文化資產與文化概念的特性，並獲得智慧財產權的保護，而以產品或服務的形式呈現；從內容上來看，文化產業可以被視為是創意產業，包含書報雜誌、音樂、影片、多媒體、觀光，及其他靠創意生產的產業。」根據這段話可知，所謂文化產業其實可以被視為與創意結合的「文化創意產業」。台灣在2000年由行政院政務委員陳其南首先提出「文化創意產業」的構想，當時最初的口號是「文化產業化，產業文化化」。

此一「文化產業化，產業文化化」的口號，對於當時的上安社區居民來說，是一個既新鮮又亮麗的事物，看得到卻又總覺得摸不著，聽得見卻又無法領會。上安社區近年來連續遭受無情的天災襲擊，受災嚴重。如賀伯颱風帶來2000公厘以上的洪水與土石流，921大地震，更導它許多房舍的倒榻，鬆動的土石，被其後數年之桃芝颱風與娜莉颱風帶來的豪雨沖刷，整個上安村地形地貌被大改變，村民之生命財產損失無數，也欲哭無淚。所幸在幾位有志之士之遠見與創導之下，村民為了配合文建會「文化產業化，產業文化化」的發展政策，社區居民也做了一番逆向思考。大家秉持著「針對自己的條件，營造自己的特色」的社造理念，以社區的三大產業青梅、茶葉、葡萄為主軸，配合各項作物的產期，以「尋春賞梅、夏茶飄香、秋收葡萄」三項產業文化活動為經緯，規劃出「迎千禧再造農村嘉年華」的產業文化活動計畫，於2000年向文建會提出「永續家園、社區再造」計畫。

就這樣在921大地震重建的第一年，當許多村子還在爭吵與等待中找尋重建的方向時，上安社區居民已昂首邁步地逐步實現夢想，一頭栽進了「文化產業化，產業文化化」的文化創意產業的潮流中。在「尋春賞梅、夏茶飄香、秋收葡萄」三項產業文化活動的操作中，找尋出一條適合自己傳統再造的發展道路。本研究為詳細調查上安社區的社造歷程，因而造訪了上安社區中心與全村，訪問許多社區幹部與村民，觀察與探索上安村一個文化創意與產業結合的社區營造模式。上安社區可以說是一個很特殊的社區營造模式，它既能保留原有的文化資產，且社區的居民也完全的參與，社區的景觀也因而大幅度的改造。因上安村有許多客家人，本研究亦探討未來社區營造與客家文化創意產業結合的發展方向。

貳、水里鄉上安村

一、上安村之地理位置

上安村位於南投縣水里鄉東南端，約當新中橫公路（省道台21線）83.5公里～86.5公里間兩側地段；南邊隔郡坑溪與信義鄉接壤，西以陳有蘭溪與鹿谷鄉為鄰，面積約760公頃，是一典型的農村社區。地勢東高西低，海拔在350～1100公尺之間。東邊山坡地屬玉山山脈山系，為村中條件良好之種植區；西邊是濁水溪支流陳有蘭溪河谷地，地形平坦屬於河流沖積層地質。上安社區鄰近著名景點，往南為玉山國家公園、東埔溫泉，往北有日月潭、九族文化村，往西有溪頭、杉林溪等風景區。也因此而使上安村成為觀光旅遊的交通中繼，遊覽車往往是過而不停。

二、上安村之人口與產業

台灣地區鄉村社區人口的老化以及幼齡化，一直以來都是有待解決的問題，年輕人因為生活的壓力而外出求職，因此，台灣鄉村社區的人口組成大致上都是以老年人與幼齡兒童居多，這對於一個社區的營造發展是一項很大的挑戰。社區營造必須結合社區所有年齡層的動員，而不能夠單只倚靠前兩者的努力，這樣的社區營造是不容易成功的，所以，年輕人口外移的現象必須要減緩，甚至能夠做到外移人口回流鄉鎮，才是真正社造應該達成的目標。雖然產業的發展能夠讓當地社區創造出許多的就業機會，產業的發展也可能引進一些財團勢力的介入，而造成不可預見的影響力。就業機會若不能有益於社區本身的居民，那麼產業化的發展反而會讓社區面臨到更大的困境，如何在這兩者之間取得平衡，就有賴於專家規畫與研究出符合地方傳統與產業的發展之路。事實上，台灣之每個社區，都擁有其獨特的環境特色，以及經濟產業，如何能夠適恰當的運用協調兩者，以達到社造的目標，更是各方學者專家亟應推展的方向，這樣才能夠真正的解決鄉鎮社區人口外移的困境，讓外流的人口減緩，甚至能夠為當地居民創造其新的就業機會，讓外移的人口回到自己的鄉鎮服務。

上安村常住人口約1300人，主要分布於台21線公路兩側大約100公尺的聚落，呈現由北向南逐漸稀少之現象。閩南、客家族群約佔各半，族群之間相處和諧。居民90%以上務農為生，梅、茶、葡萄是社區的三大產業，加上少量的高經濟作物如香菇、熱帶水蜜桃、甜柿、華盛頓臍橙，可說是一個產業多元而豐富的社區。

上安社區是一個開發較晚的社區，比較少傳統聚落特殊的空間、建築。但因為是丘陵型態的地形，山坡地遍植梅樹，且溪流蜿蜒，構成相當優美的環境景觀。近來台灣的經濟發展走向資訊發達的產業，並且逐漸的走向產業轉型的道路，導致傳統產業面臨到了夕陽產業的窘境。社區產業經濟屬於區域經濟的一環，如何改造社區現有的經濟環境，思考傳統產業的沒落與轉型上的方法，發揮社區所擁有的產業資源與特色，使得原本已經瀕臨消失的傳統產業符合消費者的需求，讓產業能夠永續展，需要一些專業技術的人士來研發與推廣。

三、上安社區災害簡史

上安村所有村民本來都安居樂業、努力過著克勤克儉的生活。然而，民國85年8月的賀伯颱風，阿里山地區降下史上最高紀錄2000公厘的雨量，造成下游上安地區發生嚴重的土石流災害，多數山坡地往下滑動，地形地貌受到大量破壞。居民有數十人死亡，部分房舍倒塌。儘管如此，上安社區居民仍然樂觀的致力於災後的重建。可是禍不單行，民國88年的921大地震，上安社區位於震央附近，受到嚴重的災害，房屋全倒與半倒數十間，對災後重建的居民，又是一大打擊。緊接著在民國90年的桃芝颱風與娜莉颱風，又帶來很大的災害。可以說，五年之間上安社區受到天災地變的肆虐，對當地居民與產業的打擊之重，不是一般人可以想像的。

叁、上安村社區營造的開始

社區營造最重要的發展標的之一，就是產業的發展與當地社區的結合，但兩者交互作用之下的結果可能是好的，亦有可能會為當地社區帶來意想不到的破壞，因此，社區營造事前的規劃就顯得相當的重要，如何能夠讓社區與產業並行的發展，就成為了社造最重要的工作之一。上安社區起先是由當地的居民發起號召，並且歷經了一段時間的磨合之下，社區的成員才漸漸凝聚出共識，並且在近幾年之中順序的推展當地社造的計畫，與其它社造不同之處的是：上安社區的營造工作一開始是由當地社區居民的參與和規劃，並不像其它社區營造的方式，都是藉由著社區的申請通過後，經由政府機關來為當地社區進行改造的計畫，社區的相關人士以及居民根本就不能夠參與這些的計畫活動。因此，上安社區的居民充分的參與了整個社造的過程，這也是上安社區之所以能夠在台灣社區營造的規劃當中，走出社區的自我風格的原因。若再能夠隨著政府與相關單位的計畫來推廣社區營造的工作，那麼社區的居民自然對於社造的工作就更有一份歸屬感。上安社區營造當然曾經遇到的瓶頸，例如缺乏專業技術的團隊進駐。雖然社區的居民已經建立了對上安社區營造工作的認同感，但是專業團隊的進駐，配合著居民對於社區的需求規劃，並且在兩者之間取得適合的協議，這樣社區產業更能能夠持續發展與蛻變。社區營造計畫實行的地區，並非每個社區都能夠順勢的發展，有一些社區往往走向了一些不可預知的面向發展，從利害關係人的觀點來看，社區居民的生活環境也是一個需要考量之處。例如一些成功營造的社區，雖然不論在當地的就業率上、產業上以及其他發展上，都擁有亮麗的成績，但是，居民的生活品質反而降低了，例如交通壅塞、噪音污染、環境髒亂…等。社區計畫的推行為的就是能夠改善當地社區的體質，進而為社區產業帶來更多面向的發展，而非造成了原有社區風貌被破壞殆盡。所以，上安社區在居民的認同度凝聚上，是具有高度的共識，自然而然在推行社造的計畫中，前述所論及的問題就不會發生。

一、SBA圓夢上安

上安社區居民開始思考如何走出災害的陰影，謀求地方經濟與產業的復興，經由社區營造與文化創意產業觀念，再造地方經濟的春天。1998年9月，上安村規劃出由農事班隊認養籃球隊球團，球員年齡涵蓋老、中、青三代的新農民運動。號稱中華民國第一社區職籃「上安社區籃球聯盟」，簡稱SBA。社區籃球比賽擬定規則，以加強居民互動及提倡倫理建設為最高準則。賽場上的五人，須隨時維持老、中、青三代的球員，以增進球員的互動。此外，並制訂球員管理規則，藉著球賽的進行，導引社區青少年正確的人生觀，營造良好的親子關係，增進社區居民情感交流，導正當前社會之疏離感，進而蔚成社區休戚與共，全體居民熱烈參與之風潮。

1999年9月25日是第一年籃球季的總冠軍決賽，大家都期待著球場上能奪標抱走最大的獎盃。沒想到，總決賽的前四天，9月21日的集集大地震，將上安社區活動中心的籃球場震垮了，也震碎了居民的籃球夢。全村有九十五戶房屋半倒或全倒，雖然死傷不嚴重，但農作物的損失慘重，讓上安人頓時不知所措〈劉蕙苓，2004：86-112〉。此後，經過一年球賽磨合與潤滑的SBA幹事部成員，適時發揮了「打斷手骨顛倒勇」的籃球精神，大家集思廣益，以球團幹部為核心，決定化危機為轉機，朝產業重建一起打拚。於是，推出了「迎千禧再造農村嘉年華」的產業文化活動，讓產業文化重建能逐夢踏實、美夢成真。誰也沒想到，本來只是一群人交流聯誼的籃球活動，卻變成上安社區總體營造推動的原動力，帶著社區朝向產業再造的另一里程碑奔馳。

二、千禧再造農村嘉年華

上安村以社區三大產業的產期為經緯，規劃出「尋春賞梅、夏茶飄香、秋收葡萄」等一系列的產業文化活動，活動期程貫穿全年度。結合觀光、教育與文化包裝的產業活動。果然吸引遊客大量湧入，不但給災後的上安村打了一劑強心針，也奠定了上安村文化創意產業發展的模式。

肆、文化創意產業的經營

一、尋春賞梅

(一)賞雪梅

初春梅花綻放，梅林一片雪白的景緻本就令騷人墨客流連忘返。上安村舉辦賞雪梅活動，搭配著梅花藝展、梅與音樂之饗宴、梅子產品品嚐等豐富多元的產業文化活動，給上安社區帶來豐厚的收入。

(二)與陶的對話（脆梅DIY）

自民國91年起，上安村與台北縣鶯歌陶瓷博物館於每年3月下旬至4月下旬，辦理脆梅DIY體驗教學活動。每年的參加人數都超過數千人次，營收逾100萬元，帶動上安村的梅子進軍大台北都會區市場。

表6.1 鶯歌陶博館　與陶的對話營業一覽表

年度	參加人數	額外購買量
91	2000	1300kg
92	2500	1500kg
93	3200	1800kg
94	4100	2200kg
95	5200	2700kg
96	6000	2900kg
97	7000	3000kg
98	8000	3200kg

註：額外購買量為參加脆梅DIY之遊客，事後另行增購之青梅量。

(三)與工藝（鉛筆）

「槑」是「梅」的古字，由兩個「呆呆」合併而成，上安村民奇想利用每年冬季修剪下來的梅樹廢棄枝幹，透過文建會、台灣工藝研究所的輔導，發展出全台獨一無二的梅枝工藝—槑鉛筆，由於人們常口語戲稱「呆呆鉛筆」，無形之中也為此項創意產品創造了許多話題行銷的機會。「槑鉛筆」並於民國90年獲得「全國園區創意競賽優等」殊榮，使上安社區對梅的應用從賞梅、採梅、製梅DIY到「槑鉛筆」，可說利用得淋漓盡致，成為真正的「槑社區」。

(四)與健康（青梅濃縮精）

青梅濃縮精又稱梅肉精，是最天然、最健康的梅子保健食品。具有強肝、健胃、整腸、解毒等多項功能，尤其對食物中毒、腸病毒、消除宿醉、暈車、暈船等效果更加。我們的老祖宗在很早以前就知道食用，可惜在台灣卻是失傳已久。1999年水里郡坑國小教導主任張宏忠費了一番功夫，總算把這項健康食品找了回來，並指導社區梅農加工製造，2009年產值已超過新台幣500萬元，成為社區主打之梅子健康食品。上安社區青梅栽種面積約200多公頃，結合休閒農業，生產有幾健康不含任何添加物之梅製品。「天山梅」是上安社區青梅產品品牌代表。生產的梅產品有：脆梅、蜜梅、紫蘇梅、Q梅、茶梅、梅醋、低鹽話梅、鳳梨梅、烏梅、梅露、梅果凍、梅泥、梅粉、青梅濃縮精等。

二、夏茶飄香

(一)化無用為有用之製茶研習

夏茶是茶葉在一年四季中品質最差的一環，所能賣得的價錢往往不敷成本，多數茶農均放棄而不生產。上安社區發展出一套製茶研習及相關搭配活動，利用這些原本要丟棄的夏茶茶菁，作為研習的材料。對學員或遊客而言，烘焙製茶的過程是消費的標的，同時也可把自製的茶葉帶回家品嘗，提升對飲茶的認識及興趣；對於茶農而言，在不增加勞動成本的情況下，又能讓這些原本缺乏市場價值的夏茶換得部分的收入，這種做法實為化無用為有用的典型〈李永展，2000：128〉。其中，勝峰茶系列產品為上安村之茶葉品牌代表。其產品有：勝峰茗茶、茶香沐浴皂、茶香西施梅、茶葉饅頭、茶葉蛋糕、茶葉蜂蜜蛋糕、茶葉餅乾、茶月餅、茶粉等。

(二)創意飲茶（七碗茶七樣梅之飲茶）

「七碗茶七樣梅」之特殊飲茶方法，本是唐朝盧仝之碗茶詩：一碗喉吻潤；二碗破孤悶；三碗搜枯腸，惟有文字五千卷；四碗發輕汗，平生不平事，盡向毛孔散；五碗肌骨輕；六碗通仙靈；七碗吃不得也，唯覺兩腋習習清風生，蓬萊山在何處？乘此清風欲飛去。上安村把碗茶詩創造成啜飲「七碗茶」，及共嚐「七樣梅」的活動，充滿詩意，讓飲茶與嚐梅富有人文氣息，亦讓遊客能健康快活又似神仙。

唐朝「茶祖」盧仝（795～835年），號玉川子，一生愛茶成痴。他的「七碗茶詩」，自唐代以來，歷經宋元明清各代，傳唱不衰。詩中提到由於茶味好，詩人連飲數碗，每飲一碗，都有新感受。上安社區發展協會總幹事張宏忠將社區所產七種各具特色的美味梅製品：紫蘇脆梅、紫蘇梅、Q梅、地震梅、西施梅、醉梅，搭配「七碗茶詩」之詩意，另成一番品茗與嚐梅的樂趣，創造出獨特之飲茶文化。同時亦與郡坑國小鄉土教學本位課程結合，指導小朋友學習「七碗茶七樣梅」之飲茶藝術，促使社區文化產業向下紮根。

三、秋收葡萄

(一)紫色魅力葡萄季

上安村生產葡萄產業已經有20餘年，栽種面積約80公頃，栽種品種巨峰葡萄，品牌名稱為「黑紫玉」。產地海拔在450公尺以上，日夜溫差大，生產條件得天獨厚。生產出來的葡萄色澤特別黑、果肉Q、甜酸度適中，且帶有水果香，品質比其他產區之巨峰葡萄更勝一籌。上安村每年八月到十一月，定期舉辦「紫色魅力葡萄季」活動，有DIY 採果體驗、葡萄季活動、葡萄藤工藝DIY、葡萄酒品嚐、葡萄風味餐、製酒過程導覽解說等。由於「黑紫玉」品質特佳，且「紫色魅力葡萄季」活動內容生動豐富，每次都能讓遊客盡興而歸，並因此建立許多直銷客戶，減少轉運費用，增加農民收益。

四、善用知識處處是商機

農村社區最大的資本就是豐富的自然環境資源，而在沒有龐大的資金以及不破壞自然生態的前提之下，如何將原本沒有市場價值的、被丟棄的東西，轉化成為可以換取收益並且行程當地特色的產品，則需要創意、巧思與不同的思考邏輯。上安村對於這種觀念的運用，已經逐漸發展成為社區的腦力激盪遊戲。在横跨三廍坑南北兩岸（第5、7鄰）的鵲橋，全長225公尺，是當前南投縣最長的單跨距吊橋。橋面距河底超過60公尺，走在鵲橋上向下望，上安村美景盡收眼底，是村內最吸引遊客的景點。位於鵲橋南岸的「九芎坪民宿」，主人是一位成功的茶農。利用植物種子傳播方法的原理，教導住宿的遊客，用A4影印紙，裁成細條狀，每位遊客製作3～5張，寫下自己的心願，用釘書機釘好，稱為「許願卡」。然後指導遊客將許願卡從鵲橋往下丟。只見一張張的「許願卡」，宛如螺旋槳往下飄落，五彩繽紛，美不勝收，深受遊客（尤其是小朋友）的喜愛。

伍、從上安村社區營造看客家文化創意產業之發展

由於社安村有須多客家籍居民，因此本文也探討台灣客家文化創意產

業的發展問題。今日在全球化的浪潮下，台灣客家文化傳承與發展，雖然面臨著危機，卻也出現了轉機。台灣客家文化創意產業應該可以發揮它的「在地優勢」，強調它的「本土性」，甚至進一步以適當、有效的方式，展開在地全球化的工程，向國人乃至外國人展現、傳播客家深厚的文化內涵。

台灣客家的傳統文化，相當豐富，相對於福佬文化與原住民文化而言也相當具有差異性與珍奇性，這些都是非常值得加以傳承和發展的文化內涵。如果走一趟台灣的客家庄，可以發現自客委會成立之後，台灣各地的客家庄活力旺盛，正在創造新的傳統，這些新的傳統包含過去客家文化的重構，或對過去客家文化的重新詮釋，也有些則是全新的創造，在未來均將成為客家文化的新傳統，或成為客家的文化創意產業。

台灣客家文化社會在產業經濟的特質上，過去客家人從事農牧獵業、林業、礦業的百分比較高。從客家族群居住地區的環境，歷史與經濟活動的發展等角度來看，因為工業化歷程，使得年輕人往都市發展而離開農業，造成客家文化產業的式微。近年來客家文化意識的抬頭，與台灣本土文化意識的興起有關，台灣客家運動產生的背景，是在台灣的政治解嚴、本土文化的振興與新興社會運動之蓬勃發展下發生的。客家振興運動的後期，其方向是重視客家產業文化之振興，特別是地方產業的塑造。近幾年來「以文化從事地方建設」已經成為台灣各級地方政府重要的政策，經由文化創意地效果，提昇地方經濟競爭力、推動產業升級、創造就業機會、提高生活品質、建立品牌身分認同，改善環境生態等地方發展目標都將得以達成。

目前在台灣，越來越多的地方政府積極推動將創意與傳統產業結合的工作，不斷舉辦各項文化與產業活動，「創意文化產業」或「文化創意產業」之名詞，在台灣愈來越響亮，它在地方產業發展與建設過程中所扮演的角色已經越來越受到重視。相同的，未來客家文化創意產業帶動客家庄的繁榮與發展，也將扮演一個重要的角色。而客家文化創意產業並非無中生有，而是將客家傳統文化作為包裝商品或產業加值的資源，重新建構新的商品形式，展現商品的客家文化傳統。所以，在這些文化創意產業的建構中，客家文化的再詮釋是一個重要的策略，重新詮釋的過程中，把客家族群過去歷史的發展與客家文化的內容再度表詮與顯現。

自行政院客家事務委員會成立後，許多客家人與地方社團經常把客家文化的傳承與發展視為政府的責任，而政府則可能透過學校、大眾傳播媒體等來進行宣導，或透過官辦文化活動來表示成果。事實上，由政府主導所推動的各項客家文化振興活動，雖然可以達成預期效果，但是有時也容易流於形式或大拜拜式的宣傳，淪於僵化與庸俗化，而且也容易淪為政治化的產物，從而缺乏深度與持續力，失去文化傳承的主體性與生命力。

因此，吾人認為台灣客家文化產業的傳承與發展，應該由所有客家人自己做起，本身先由下而上、由內而外、由長自幼、由老至少地形成共識，然後從學校教育、家庭教育與及社區營造等多管道去進行。尤其客家文化產業之傳承與創新，必須由社區與社團來主導，才能真正見效。例如著名的客家桐花祭活動，必須由社區與社團依照在地的形式來舉辦才能營造真實的氛圍，使參與桐花祭活動者皆能感受那一份客家文化中的真誠、和諧、喜悅和祝願，藉此體認自身客家文化深刻的意涵。又如客語教學，如果透過社區活動中心，邀請社區與社團的耆長、菁英、教師等人擔任教學志工，在辦活動或遊戲中教導學生客家話，效果比在學校中要好得多。另外，近年來所興起的「客家環境重建」，更是一種鼓勵客家人共同參與，積極建設客家文化環境社區，以向外人展現客家社會文化的內涵。社區也可舉辦客家工藝、技藝教學活動，傳授客家技藝。

在提倡文化產業的傳承與發展時，有些人會極力反對所謂的「文化工業」，亦即「透過物化、商品化，按照宰制原則、貨物交換價值原則、有效至上原則來規劃人類傳統的文化活動」〈葉維廉，1990：44〉。當然我們不應只是將客家文化產業大量化、標準化、庸俗化、物化、消費導向化、利潤導向化、市場至上化而已，而是要將文化產業商品價值化、意義化，賦予客家文化意涵。

文化的傳承與發展必須藉由「文化產業」的方式來進行，這種文化產業的方式，完全依賴創意、個別性，也就是產品的個性、地方的傳統性（特殊性），甚至是工匠或藝術家的獨創性，強調的是產品的生活性和精神價值內涵〈陳其南，1998：4〉。文化產業必須是以自主性、自發性為動機，以創意、本土特色為訴求，以詮釋傳統、尊重環境關懷的文化事業。文化若能轉化成產業則能帶動經濟錢潮，為客家地區帶來新的經濟與商業生機。例如到台灣客家庄吃客家美食、參觀客家建築、欣賞客家傳統儀式慶典、欣賞客家傳統山歌或客語流行歌曲、訂製一件傳統或改良式客家服飾等，逐漸蔚為時尚活動時，客家文化產業就可以推廣並發揚光大了。

換言之，把文化與產業結合進行，一方面是「文化產業化」，即是把文化當作一種產業來看待，既是產業，當然就要著重包裝、行銷、賣點等，例如藉由研發、創新等過程，來重建或開發獨特性的文化產品，透過適度的包裝與行銷手段，把消費者吸引過來，再經過良性的互動、貼心的解說·而創造新的產業生機。另一方面是「產業文化化」，也即把平常客家的社會、經濟活動，結合文化意識，或配合辦理文化活動，使消費者在購買、使用這些產品時，同時也體驗了客家鄉土、懷舊、尋根、新奇的感覺〈馮久玲，2002：21-27〉。也就是說要結合創意與文化產業，成為文化創意產業，在「在地球化」的時代，創意是非常重要的，努力生產文化創意產品，才是客家文化生存發展之道。創意意味著改變傳統，傳統或固定的思考方式難有新意，因而很難有創意，只有新思維，也才能有創意，新思維與創意結出智慧的果實，可以創新傳統。值。

總而言之，全球化及台灣加入WTO之後，對本土的產業發生很大的衝擊，特別在農、林業方面更為嚴重，致有「夕陽產業」之譏。這些本土小產業根本不必談國際分工或全球佈局，因為欠缺經濟規模；尤其客家相關經濟產業，大都是地方小規模經濟產業，加上因客家人居住在丘陵、山區較多，更不利於市場競爭，遂導致客家地區經濟之衰退，人口大量外流。然而，仍有少數客家傳統產業如民藝、木雕、客家美食、紙傘等產業，因具客家獨特特色，若加上新思維之創意設計與製造，由政府加以輔導，提供文化包裝，使之符合人性需求，具有人文色彩，定可增加附加價值，以在地客家品牌形象，有計劃的行銷國內外，打入國際市場，爭取全球客家人、外國觀光客或國外訂單之購買，一定能提振客家產業，有助客家文化之發揚。

其具體作法如：

(1)結合文化與產業概念，提倡客家文化創意產業的行銷觀念。
(2)針對台灣各地客家文化產業特色，發展加值產業。
(3)輔導成立產品產銷管道，加強產銷軟硬體服務。
(4)培養客家文化產業創作人才，鼓勵作品創新，以有系統的培育計畫，培養產業創作與銷售人才。
(5)以現代科技，提升文化產業品質與競爭力，並獎勵研究發展。
(6)舉辦各種促銷活動，以福菜節、文藝活動、假面節、桐花祭木雕藝術節、薑麻節、紅柿節、紅棗節等客家文化產業活動、招覽人群，共同促銷。
(7)結合海外客家人，來台觀光，認識台灣客家文化產業，協助客家文化產業之振興。

台灣經濟已逐漸發展成為具有「地方特性」或存在「群聚關係」之地方特色產業，對創造地方就業機會、增加居民之國民所得或是協助地方繁榮及促進社會安定都有正面的意義。近幾年來，台灣之地方政府為了替地方特色產業尋求出路，競相推出各種活動來招攬遊客，以活絡地方的經濟活動。較具有知名度的如宜蘭童玩節、彰化花卉博覽會、東港鮪魚節、白河蓮花節、官田菱角節等，都是運用當地自然資源與特產，加以創意規劃，發展為地方特色產業，每個活動也都為主辦的縣、市、鄉、鎮招來可觀的人潮。

近年來隨著國民所得的提高，週休二日的推行，以及國人休閒意識抬頭，國內旅遊活動蓬勃發展，發展地方特色產業特質，結合文化創意觀念，讓各地豐富的天然資源、人文資源及農村自然的特色能善加利用，發展生態旅遊，以吸引更多的觀光客旅遊與消費，創造就業機會與提昇地方特色產業競爭力。地方產業即是社區居民賴以為生的產業，是地方經濟的依賴，也是社會的穩定力；在自給自足的農業社會中，地方產業形成了很重要的經濟活動，它直接從事生產，創造了就業機會，充裕地方的財富，形成了社會安定的力量。

從以上說明，我們可以了解地方特色具備有「地方化」、「特色化」、「產業化」、「創意化」與「文化化」的特質，才能形成一個獨特的地方文化創意產業，具有競爭優勢並能永續發展。吾人認為，要真正推動客家文化產業化與創意化結合的策略，當前客家文化創意產業政策的制訂非常重要，要有完整的配套措施、共同資源的整合，需政府、居民、專業者、學者、業者共同參與配合。尤其欲成功推動客家文化產業化，創意化，需要資源整合與規劃，保存與傳承客家文化產業亦需要政府與民間財力的支援、人才的培養及完整做規劃，有效結合財力、人力各方面的資源。同時在行銷策略上也要加強。客家文化產業化意謂著可消費，消費就需要行銷宣傳與包裝，利用網路資訊的傳播，或將CIS地方識別標誌運用於文化創意產品，如大湖草莓酒瓶、客家美食餐廳特製碗杯…等，甚至包裝袋、鑰匙圈、或是旅遊導覽地圖之類的紀念品…等，做整體形象包裝，再加上宣傳行銷策略，才能見效。

總之，文化創意產業，「文化」是一種生活型態，「產業」是一種生產行銷模式，兩者的連接點就是「創意」，許多傳統產業應朝向文化創意為主，如果能夠做到以上所述，台灣客家文化創意產業一定能成為國內乃至國際客家社會及全球觀光旅遊業的熱點，有助於客家傳統文化的傳承。

柒、結　論

從上安村社區營造與文化創意產業的發展，知道社區營造等概念已經漸漸的深植在國人的心目之中，加上近來大眾傳播媒體的報導之下，國人也開始接受了社區營造推行的想法，這是台灣推動社區營造之中很成功的地方。從生命共同體的概念，經過推動社區總體營造計畫，直到今日所推動的台灣健康社區六星計畫，已經逐漸的把社造的意念推廣至民眾之間。雖然，社區營造絕非短時間之內就能夠推廣成功的計畫，而是要經過長年累月之下的經驗累積，與修正改造的工作之下，才能真正完美的呈現出社造的意涵，如同日本的社區「古川町」也是經過了三十多年的推廣之下，才真正的實現了社造的理想（宮崎清，1996）。

本文以上安村社區營造為研究的對象，目的就是清楚的呈現社區營如何結合文化創意產業觀念，讓社區走出自我發展的風格。上安社區的文化創意產業，簡單的說是地方居民對全球化經濟衝擊回應的一種操作方式。在自然環境的條件限制下，面對全球化浪潮中的農產品競爭衝擊。上安村的農產業生路，顯然無法以「量」取勝，而須以提升附加價值來一較高低。附加價值的創造則須以地方的認同與更新為基礎，從日常生活的經驗中，反過來影響全球化複雜的變化傾向。

上安社區的居民90%以上是務農為生，在安定的生活環境中，大部分的居民，幾乎都在自己習慣的生產方式下過活，鮮少求新求變。顯然的對於社會脈絡變動的因應力，常常會慢半拍，而有茫然失措之感。幾個轉型較為成功的案例，像老五民宿、九芎坪民宿、奕青酒莊、阿成的家、哈客張生態園等，幾乎都是半途出家。雖然他們大致上都能掌握到強調地方認同的同時，也能致力於地方多樣性與特殊性的的可持續性發展；而其操作方式則直接涉入居民的經濟生活，使得社區經營與民眾參與，貼近居民的生活重心與需求，從而在此過程中，促進團體與個人的共同利益〈李永展：129〉。但無可諱言的這些小眾成功的案例，仍然尚無法影響多數人的思維。

上安村是一個注重人文生態的社區，強調「尊重人性與自然」，凡事喜歡作「逆向思考與操作」。上安村對於文化創意產業的理念是「產業要文化化」，但「文化不一定要產業化」。在做法上則是注重「傳統再生」，咸信「優良的傳統永不會被現代的潮流淹沒」。因此常著眼於文化創意的「質精」，而並不在意於「量產」。然而這只不過是上安社區對於文化創意產業的看法與實踐的經驗，並不是放諸四海皆準的答案。然而，凡走過必留下痕跡，在熙熙攘攘的紛爭中，上安村社區營造與文化產業再造的經驗，或許可以提供其他地方社區發展地方經濟的參考。

【參考書目】

一、中文書目

徐正光（1999），《重返美濃》，台北：晨星出版。

張宏忠（2003），「槑鄉風情話上安～上安產業史」，南投縣水里鄉，上安社區發展協會。

馮久玲（2002）《文化是好生意》，台北：臉譜出版社。

黃毅志、張維安，〈 2000〉，〈台灣閩南與客家的社會階層之比較分析〉，《台灣客家族群史產經篇》南投：台灣史文獻會。

曾金玉（2002），《台灣客家運動之研究（1987-2000）》。國立台灣師範大學公民訓育研究所博士論文。

劉蕙苓（2004），「重建家園回首崎嶇路」，（揮別土石流—上安再築夢），台北：財團法人九二一重建基金會。

劉維公（2003）〈台北市文化經濟之初探〉，《東吳社會學報》，15: 79-99。頁20。

戴肇洋（1999），台灣地方特色善業發展與問題探討，經濟部中小企業處。

翁徐得（1993），地域振興，文化產業研討會。

黃煜文譯，Hobsbawm, Eric,（2004），《論歷史》，台北：麥田出版。

羅秀芝譯，Ruth Rentschler 編（2003），《文化新形象—藝術與娛樂管理》，台北：五觀藝術管理。

中華民國社區營造學會（2000），（「九二一永續家園社區再造」社區期末報告暨成果研討），台北劍潭青年活動中心。

二、期刊、論文與報紙

李永展（2000），「社區產業經營與民眾參與－以水里上安社區為例」，

「九二一震災週年紀念文化資產的回顧與展望」國際研討會手冊，2000年12月19日至12月21日，雲林縣斗六市：雲林科技大學。

李永展（2000），「災後產業復興的再思考」，（「九二一永續家園社區再造」社區產業經營工作坊手冊），2000年6月24日至6月25日，南投水里上安社區。

沈揮勝（2006），「對抗天災 他們打了最長籃賽」，（A7調查周報），台北；中國時報，中華民國95年7月23日。

施豐坤等（2002），「上安村梅枝工藝新突破」，（揚藝希望向前走：重建區的工藝故事），南投縣草屯鎮；國立台灣工藝研究所。

翁徐得（2002），「上安村梅枝工藝種子教師研習（第二階段）」（重建區工藝文化產業振興輔導計畫成果專輯），南投縣草屯鎮；國立台灣工藝研究所。

宮崎清（1996），〈展開嶄新風貌的社區總體營造〉，收錄於台灣省手工業研究所主編，《人心之華——日本社區總營造的理念與實例》。南投：台灣省手工業研究所。

陳其南（1998），〈文化產業與原住民部落振興〉，台北：原住民文化與觀光休閒發展研討會論文。

陳貴霖（1995），由地方特色文化產業輔導經驗漫談其生存與發展，文化產業研討會。

葉維廉（1990），〈殖民主義、文化工業與消費慾望〉，載《當代》，第52期。

葉智魁（2002），「發展的迷思與危機~文化產業與契機」，《哲學雜誌》，第38期。

廖億美（2000），「不山不市的好地方－水里上安社區」，（勁草社區協力報），第四期，台北；中華民國社區營造學會。

第七章

文化創意與客家意象之結合
——以聯園藝文工作室產品為例之研究

■劉煥雲　聯合大學全球客家研究中心副研究員
■楊哲智　聯合大學經營管理學系助教

摘要

在台灣客家族群一直是漢族大家庭中一個色彩鮮明、特立獨行的族群，歷經多次重大遷徙過程，來到台灣兩三百年之後依然處處保留客家特色，傳承著獨特的客家文化。然而，在全球化時代的今天，客家產業正面臨著沒落與轉型的趨勢。為了追求客家經濟產業的復興，思考在全球化的潮流下，維持客家產業多元化的特色，實是一件不易之事。如果客家傳統產業可以變成文化創意產業或變成文化創意資產，帶來客家地區的經濟產業收益，將能帶動客家地區經濟之振興，又有助於客家文化之保存與發揚。

葉昌玉多年來思索客家產業經濟的振興，她成立聯園藝文工作室，努力學習歐式立體紙浮雕，並將紙浮雕作品加入客家要素，結合客家文化圖像，製作許多具有客家特色的成品，獲得苗栗縣文化局好評，並獲得行政院客委會文化創意獎勵。文化創意專家認為，許多具有客家文化要素的新產品，可以營造更多客家特色，有助於客家產業文化的振興，亦有助於帶動客家文化創意產業的發展，客委會應該從這各方向努力推廣。

本文即以聯園藝文工作室產品為例，說明其創作產品之客家文化意涵，並申論當前客家文化創意產業之發展方向。客家文化創意產業，必須具有客家意象的特質，並透過客家文化產業化與創意化的推動，才能達成「哈客旋風效應」，提升客家經濟文化的產值。

【關鍵詞】客家、文化、創意化、產業化、文化產業

壹、前 言

文化的價值與可貴在於多元化的豐富性，單一文化乃是貧瘠的文化，台灣正因有多種文化，如閩南文化、原住民文化、客家文化、平埔族文化、新住民文化、外省文化等，才構成今日豐富的多元文化。而台灣之客家文化，是台灣獨特的文化內涵之一。客家這一漢族民系，過去在中國大陸，主要散佈在華中和華南各省，尤以閩粵贛三省交界地區為集中。客家的先祖們，經歷前年的遷徙，其特徵早已引起世界廣泛的重視和多方面研究，客家民系在其社會宗法制度、文化生活習俗、信仰崇拜、風水信仰等方面，都具有獨特性。客家人在向台灣的遷移過程中，一方面由於遷入地人口及經濟發展狀況的不同，另一方面也由於其大本營向台灣遷移的路線的差異，從而導致其在台灣各地的分布及形成村落的時間也不盡相同。然而客家族群千百年來墾拓遷移，無論環境如何險惡，客家的語言與文化依舊「硬頸」的傳承與堅持著。客家人為尋求生活環境的安定，長期下來鍛鍊出堅忍的毅力與硬頸的精神，來向大自然生存法則挑戰。

然而在台灣，客家人常被稱為社會中的隱形人，在很多人的印象裡，客家人是一個不具備族群自主意識的族群。造成近代台灣客家人族群身分認同隱而不顯的現象，有許多內外在的因素，使得客家族群在台灣面臨了文化斷層、語言流失的滅絕危機。就產業而言，台灣本有豐富而又多元的產業文化風貌，各族群各有其產業文化與特色經濟產業。自從進入現代化之後，台灣的產業面臨著升級與轉型的情境，傳統產業若能不升級，就難與國際競爭，加上國內若無保護措施，久而久之，可能成為夕陽工業，面臨淘汰的命運。

就台灣地區客家產業而言，客家意識覺醒之際，客家人發現客家文化產業日趨式微。「振興客家文化產業」之問題，也就浮出檯面。客家文化本既是台灣文化的重要內涵，客家產業亦是台灣傳統產業的主要成份，在全球化、民主化與在地化之下，客家文化創意產業的發展，將可帶動客家地區經濟的繁榮，並帶動國內的休閒與觀光旅遊人潮，提升台灣人之文化視野，更可將台灣客家文化與產業帶向國際社會，促使台灣成為全球客家文化創意產業的重鎮，成為台灣邁向全球化的一項利基。

自政府成了立客委會後，推動並制定了客家政策，為客家文化的復興而不斷努力。客委會基於落實族群公平正義，塑造快樂、希望、自信、有尊嚴的客家公民社會，先後訂立了「新客家運動—活動客庄、再現客庄」的總體目標，擬定了客家「語言復甦及傳播計劃」、客家「文化環境營造知識體系發展計畫」、客家「文化設施興建計畫」、「海內外客家合作交流第一期計畫」、客家「社團發展與人才培育計畫」，即有關客家產業的「客家特色文化加值產業發展計畫」等六項施政計畫。其中，發展「客家特色文化加值產業」，其目的即在於提振客家具有文化產值與地方特色的產業，提升客家地區的經濟水平。吾人認為，客家產業政策，必須結合地方特色，加上文化創意，注重品牌行銷，有宏觀與微觀的視野，才能建構二十一世界台灣客家文化創意產業發展的正確方向。

貳、台灣客家傳統文化產業主要內涵

台灣客家文化社會在產業經濟的特質上，如果從客家族群過去所居住的地區及所具有的社會經濟特質來看，過去台灣客家人從事農業、牧業、林業、礦業的百分比，高於閩南人；而閩南人在漁業、商業的百分比則高於客家人。客家人偏重在農，閩南人偏重在商，即使是一樣從事市場商業活動，客家則偏重在生產製造，閩南偏重在貿易和販賣（黃毅志、張維安，2000：305-338）。再從客家族群居住地區的環境，歷史與經濟活動的發展等角度來看，台灣客家文化產業的發展因為工業化歷程，使得年輕人往都市發展而離開農業，造成客家文化產業的式微。

探討客家傳統產業文化，必須了解客家人居住地區的經濟特質與客家社會經濟的面向，以及過去客家社會文化在台灣的情形。客家文化在台灣所面臨的困境，不只是語言的弱勢，更嚴重的是，整個社會結構的變動與發展，也牽動著更多客家人離開家鄉到都市謀生與發展。長時期以來，對客家地區的人來說，追求發展就是意味著必須離開家鄉。

台灣自1950年代工業化以來，客家農村的人口大量的外移，客家人從山邊、農村，遷徙到都市，與客家故鄉背離，失去了與土地的聯繫，在精神上脫離了客家原鄉的文化臍帶與共同的集體記憶。加上全球化資本主義在台灣的發展，也帶來大量摧殘自然面貌與土地，改變、轉化了原來客家人傳統的生產及生活方式（徐正光，1999：5-7）。

研究全球化概念的學者，A.Amin和W.C.H.Yeung認為，全球化是資本主義世界經濟的跨國企業、行政組織與制度、意識型態與文化霸權等，所主導的一個多面向全球整合過程。全球化也是世界系統中，各個不同國家與社會之間互動的過程中，相互關聯與交互連結的一種跨空間的多面向發展（Amin, A.，1997：123-137）。紀登斯（Anthony Giddens）認為，全球化是一種「現代性（modernity）的後果，可以從國際勞動分工等方向去綜合理解（田禾， 2000：61-68）。P.L.Knox則把全球化分為產業的全球化、金融的全球化和文化流動的全球化等三方面（Knox, 1995：28-35）。

從上述學者的觀點可知， 台灣在全球化影響之下，許多客家人的生活必須從鄉下搬遷到都市，造成多數人的生活方式漸漸與其傳統的文化產業產生失聯的現象。過去客家是優秀的族群，有燦爛的文化，客家文化之所以能夠延續和發展，更是因為不斷拋棄糟粕，推陳出新。台灣的客家文化發展在新世紀的起跑線上，與世界接軌，與全球化接軌；客家應主動適應全球化，積極參與全球化，再造客家輝煌的歷史。

全球化促使更多的客家人思考和關注台灣客家文化與產業如何適應與發展，如何適應世界經濟發展潮流，如何適應全球化，讓客家文化與產業有新的出路。畢竟客家人勤奮、節儉，是適應全球化的人文基礎，勤勞、節儉的高尚品德應為未來全球化的文化價值核心之一。勤勞、勇敢是客家人的本性，客家人特別提倡奉獻精神。節儉是傳統美德，也是客家文化的美德，而節儉是在物質財富尚不豐富的經濟環境下原始資本積累的一種方式，可以帶動經濟發展〈沈清松，1991：60-62〉。全球一億多的客家人以及客家文化發展的潛力，將使客家在全球化進程中扮演重要角色。審視今天全球化趨勢，絕不能忽視客家地區新經濟活動的推展與客家文化產業之振興。

叁、客家文化創意產業的提出

聯合國教科文組織（UNESCO）曾提出對「文化產業」（Cultural Industries）的定義：「結合創作、生產與商業的內容，同時這內容的本質，具有文化資產與文化概念的特性，並獲得智慧財產權的保護，而以產品或服務的形式呈現；從內容上來看，文化產業可以被視為是創意產業，包含書報雜誌、音樂、影片、多媒體、觀光，及其他靠創意生產的產業。」〈沈揮勝，2006〉。從上述定義可知，所謂文化產業其實可以被視為與創意結合的「文化創意產業」。台灣在2000年提出「文化創意產業」的構想，當時最初的口號是「文化產業化，產業文化化」，政府開始宣揚此一理念。

本來「文化」一詞，有其不同的定義。文化是人類在時間中發展而成的，具有歷史性(historicity)，也具有主體際性(inter-subjectivity)。「文化」是一個生活團體表現其創造力的歷程和結果。創造力是指一個團體和個人在時間之中的實踐，由潛能走向實現狀態的動力。由潛能到實現，是為「歷程」；既已實現則為「結果」。創造力是產生一切文化的動力根源，此一動力能再由已有的結果出發，開發新的潛能，實現新的結果。文化的創造力既有潛能又有實現；既有傳承、又有創新（沈清松，1984：

25-26）。據此而言，客家文化不但要能延續已有的文化成果，而且要能創造新的文化成果。如果只有延續而無創新，客家文化必致衰微，如果只有創新而無延續，客家文化亦不能辨識出在時間中的同一延續性，失去傳承客家文化的意義。

「文化產業化，產業文化化」的口號，起初對於一般人或社區居民來說，是一個既陌生又不了解的事物，不過隨著台灣社區總體營造的推動，配合文建會「文化產業化，產業文化化」的策略，台灣各社區居民已逐漸開始思考文化創意產業相關之發展問題。台灣每一客家社區領導菁英，開始秉持「針對自己的條件，營造自己的特色」的社造理念，思考自身社區的哪些產業，可以轉型成為文化創意產業，配合區域經濟作物的特性與產期，營造產業文化活動，規劃客家文化創意產業特色，邁進「文化產業化，產業文化化」的文化創意產業的潮流中，找尋出一條適合傳統產業創新發展的道路。同時，希望能夠探討一個與文化創意產業結合的社區營造模式，既能保留原有的產業，又能發揮客家文化特色，結合社區的居民的參與，配合社區景觀的改造，朝向營造社區文化特色與客家文化創意產業結合的發展方向。

文化與產業是一體之兩面，產業成長的目的是為提昇人民生活品質，文化發展的目的是為了厚植地方產業內涵及提升生活品質。台灣在二十世紀末期加入WTO之後，傳統產業漸趨沒落，精神生活的成長欠缺深度經營。就客家地區而言，應如何發展地方文化特色，營造適合居住且宜人的客家新文化環境與發展客家文化創意產業，是所有客家人應共同思考的課題。

營造客家文化創意產業的發展，必須以客家文化產業為主體，包括靜態及動態的發展型態及社區居民生活之客家要素三種。(1)靜態發展（實質文化），包括：文化展演設施、歷史文化資產、自然生態資源等。(2)動態發展活動（非實質文化），包括：產業活動、遊憩活動、慶典活動等。(3)居民生活之客家要素，即居民食、衣、住、行、育、樂等各層面生活特質，都能保存傳統之客家風采。因此，要評估與發展台灣客家地區之文化創業，必須先蒐集各地客家文化、歷史背景、人文生態之相關研究，了解目前客家產業文化活動、現況或策略作分析，再進行歸納分析，進而做各地區產業文獻調查，以評估產業之客家要素、發展及文化產業資訊，探討客家傳統文化產業創新再現的可能方向，檢視客家文化產業發展的優點、缺點、潛力與威脅。

在新世紀讓客家文化與產業走出去，是積極適應全球化發展的一項重要方向，客家相關文化產業之創意發展，才能真正復興客家產業。在全球化的浪潮下，台灣客家文化傳承與發展，雖然面臨著危機，卻也出現了轉機；台灣客家文化創意產業可以發揮它的「在地優勢」，以適當、有效的方式，展開在地全球化的工程，向國人乃至外國人展現，傳播客家深厚的文化內涵。

如前所述，台灣客家運動產生的背景，是在台灣的政治解嚴、本土文化的振興與新興社會運動之蓬勃發展下發生的。客家文藝復興運動，其方向是重視客家產業文化之振興，特別是地方產業的塑造。近年來「以文化從事地方建設」已經成為台灣各級地方政府的重要政策宣示。文化創意可以變成是地方政府「點石成金」的依據，經由文化創意的效果，提昇地方經濟競爭力、推動產業升級、創造就業機會、提高生活品質、建立品牌身分認同，改善環境生態等地方發展目標都將得以達成。客家文化創意產業帶動客家經濟的繁榮與發展，也將扮演一個重要的角色。客家文化創意產業是將客家傳統文化作為包裝商品或產業加值的資源，重新建構新的商品形式，展現商品的客家文化傳統。

例如油桐花屬於許多客家地區客家族群的共同記憶，但是工業化後有許多客家人，已經無此經驗、無此記憶。通過客家桐花祭之營造，可以重新喚醒與傳遞客家人的共同記憶，把客家人過去勤儉樸實之精神，及其他客家傳統文化之內涵，經過創意與詮釋，作為包裝商品或產業加值的資源。前有許多桐花意象商品，已經帶來豐富之經濟收益。例如，將油桐花式樣印在陶瓷碗筷或其他商品上，製造客家桐花花布，再將桐花布製作成窗簾、花裙或桌巾等。這些文化創意產業產品的建構中，展現客家文化內涵與哲學，是一個重要的發展客家產業文化之道，也是增加客家經濟活動的附加價值之來源。在新經濟活動的創造過程中，過去的客家意象，變成了創新的依據與根源，客家文化傳統經由創造的轉化，成為今日新式商品的附加價值，各種標示有客家文化的活動或產品，可以通過不同的方式在客家庄重新誕生，將傳統客家文化經由創新與創意，轉化為「被創新的傳統」（黃煜文，2004：34-44）。

文化的傳承與發展必須藉由「文化產業」的方式來進行，這種文化產業的方式，完全依賴創意、個別性，也就是產品的個性、地方的傳統性與特殊性。甚至是工匠或藝術家的獨創性，強調的是產品的生活性和精神價值內涵（陳其南， 1998：4）。更詳細地說，這種文化產業必須是以自主性、自發性為動機，以創意、本土特色為訴求，以詮釋傳統、尊重環境關懷的文化事業。文化若能轉化成產業則能帶動經濟錢潮，為客家地區帶來新的經濟與商業生機，今日只靠政府政策支持客家文化設施或活動以保存與發揚客家文化是不夠的，如果將客家文化資產產業化，將可帶動經濟發展，成為有實質經濟收益的文化產業，定有助於客家文化之保存與發揚。

換言之，把文化與產業結合進行，一方面是「文化產業化」，把文化當作一種產業來看待，既是產業，當然就要著重包裝、行銷、賣點等。例如藉由研發、創新等過程，來重建或開發獨特性的文化產品，透過適度的包裝與行銷手段，把消費者吸引過來，再經過良性的互動、貼心的解說，創造新的產業生機。另一方面「產業文化化」，也即把平常客家的社會、經濟活動，結合文化意識，或配合辦理文化活動，使消費者在購買、使用這些產品時，同時也體驗了客家鄉土、懷舊、尋根、新奇的感覺（馮久玲，2002：21-27；葉智魁，2002：15-20）。也就是說要結合創意與文化產業，成為文化創意產業，在地球化的時代，創意是非常重要的，努力生產文化創意產品，才是客家文化生存發展之道。創意意味著改變傳統，傳統或固定的思考方式難有新意，因而很難有創意，只有新思維，才能有創意，新思維與創意結出智慧的果實，可以創新傳統。創意是觀念上的更新，是不拘泥於過往的形式、想法，甚至考量逆向式思考，創意須具備智慧、思考力的基礎，創意的意涵包含人文與傳統哲學觀念。

因此，本文即以聯園藝文工作室產品，結合客家文化要素為例，說明客家文化創意產業之實例。

肆、葉昌玉與聯園藝文工作室

一、葉昌玉遇見紙浮雕畫[1]

葉昌玉遇見紙浮雕畫是一個非常非常偶然且不可思議的機緣，因為她知道自己是一個非常沒有藝術細胞而且很不會做手工的人。1999年她在台北迪化街的一銀大稻埕分行上班時，一個偶然的機會，在大稻埕一銀分行行慶時，她同事的紙雕老師舉辦了一場靜態的展覽。當時，她以一篇『大稻埕的四月天』文章，敘述了展覽之盛況，也因此而認識了紙浮雕教師。紙浮雕教師認為葉昌玉住的宿舍距離工作室很近，就鼓勵她就近去體驗紙雕藝術之趣味。誰知道這麼一去，竟然造就了葉昌玉學習紙浮雕的因緣。其實，立體紙浮雕藝術之學習，起初與起步都不困難，一個人可以獨自又安靜的享受工作與完成作品。葉昌玉就這樣慢慢地走進了紙浮雕美妙之藝術與創意設計境界，從平面剪紙到立體紙浮雕，賦予作品生命。

學習是成長的過程，每個人成長的過程或不一樣，葉昌玉很確定每走一步都比別人付出更多的學習時間，那是因為她對任何事物的感覺都有些遲鈍。比如，人家學唱一首歌需學二、三遍，同樣一首歌她大概要學個十

1 葉昌玉女士，世居苗栗，取得美雅士浮雕美術館及瑪格莉特手工坊之紙浮雕合格講師證書多年。

幾遍，還唱到五音不全。因此，她從小就培養出超人的毅力，也就是說她要擁有與別人相同的能力就要『非常努力』。尤其，台灣光復初期，女生頂多接受基本教育，能接受高中教育的女生，應該算是少有的，特別是客家家庭之女子！她家為老小少七口之家，父親負責家中經濟，母親則幫忙家計，身為客家人家庭大姐的葉昌玉，能讀到高中畢業，算是非常幸運的了。雖然那時候他父親是銀行的經理，但由於她有二個弟弟、二個妹妹在學，他父親設的條件是女兒可以讀到高中，兒子可以讀到大學。於是，她就讀省立苗中高中，畢業後參加銀行考試，進了第一銀行工作。

二、歐式立體紙浮雕的沿革

歐式立體紙浮雕起源於17世紀，是一種由平民而貴族，由西方而東方的特殊紙藝，在西方國家是一種非常風行的藝術，而在東方國家仍有賴大力推廣。在台灣藝術界近年來才起步，然而在醉心於紙浮雕藝術者努力下，目前台灣各地之社團、學校、社區大學大力推廣研習者已不在少數。

歐式立體紙浮雕作品之重點，在於經由圖材之分解、造型、黏貼、亮漆、裱褙，讓一幅藝術畫由平面到立體，使畫中之情境再現，呈現出來的乃是一幅動人的浮雕藝術畫。所以說它不是平面的畫作，而是立體又多層次的畫作。紙浮雕之做法是，由同樣平面的畫圖，加以剪裁，雕刻、重疊、黏著，使之成為立體圖案，再加以標框起來。製作過程中，手工非常精細、細緻，往往要完善地製成一幅好成品，需要用掉二十多張同樣的平面圖案紙。

三、歐式紙蕾絲

「歐式紙蕾絲」顧名思義就是紙做的紙蕾絲。它的原文是“Parchment Craft”，Parchment的意思是羊皮紙，羊皮紙工藝為較正確的翻譯。Parchment Craft的起源，一般認為是源自西班牙、法國的修道院，當時修女們必須在削薄加工後的羊皮或豬皮上抄寫經文，繪製圖案並做經文邊緣的裝飾；日經月累，使之成為一種手藝。後來隨著西班牙發動殖民戰爭而流傳開來，在德國、比利時、西班牙、荷蘭等信仰天主教的國家，起初都是以具有宗教意味的宣教圖片，流傳在上層社會。後來才漸漸的轉變為問候卡片，而普及於一般民間。

Parchment Craft歷經數世紀的演變，隨著造紙技術的發達，描圖紙已取代了昔日的羊皮紙，因為以紙張加工之成本很高。傳到台灣後，台灣人習慣使用高雅細緻的紙蕾絲，因而在台灣以「紙蕾絲」三字為名。現在紙蕾絲的作品已擺脫以往宗教的模式，呈現活潑、浪漫的氣息。在南美洲，凡遇到重要的日子，人們均習慣自製紙蕾絲卡片，送給親朋好友，藉以表達最誠摯的祝福。

四、祝福卡片

祝福卡片，就是以紙浮雕藝術及紙蕾絲技巧配合簡易工具，用熱情雙手之技藝，完成一張張滿滿祝福的卡片。葉昌玉學習立體紙浮雕，又學習紙蕾絲，她從家庭工作室開始，一直到現在擁有一間可供作品常年陳列展示的教室—「聯園藝文工作室」，一共走了十年。聯園藝文工作室的產品，常常獲得各地藝文館參展的機會。葉昌玉亦因為紙藝精湛，又熱於無償開班授徒，因而多次獲得官方表揚。她記得，有一回得獎上台分享時，她特別說：台上分享十分鐘，台下已是十年功。

伍、紙藝文化與客家意象之創意結合

要將客家文化意象，結合創意與新思維，不能不拘泥於過往的形式，創意須具備智慧、思考力的基礎，創意的意涵包含人文與傳統哲學觀念。因此，葉昌玉想到將歐式立體紙浮雕與桐花意象相結合；她構思如何製作客家環境意象之產品，設法生產有客家意象的新式童玩，為客家工藝產品帶來新的商機。

一、懷舊童玩

2006年客委會舉辦好客博覽會時，聯園藝文工作室把握了這場盛會，將紙浮雕技藝，帶向生產手工藝時尚之產品，並將有客家特色之桐花布，設計成為懷舊童玩－桐花布沙包，結果此類產品竟然大受歡迎。其特色是：

(1)外布：桐花布，代表客家特色。

(2)內裝：綠豆，為種子，代表客家語言文化傳承。

(3)純手工：由客家人親手一針一線縫出舊時童玩的回憶，並讓玩過舊時童玩的的人回味無窮，亦讓沒玩過的人體會當時沒有玩具的時代，童年有怎麼的童玩。

(4)文化要素：懷舊童玩，邊玩邊念口訣

- 「一放雞」：抛起兩個沙包，放下一粒沙包
- 「二放鴨」：抛起一個沙包，放下另一粒沙包，第一個沙包緊靠一起
- 「三分開」：抛起沙包，將緊靠的兩個沙包分開
- 「四相疊」：抛起沙包，將分開的兩個沙包緊靠
- 「五搭胸」：抛起沙包，並用抛沙包的手拍胸膛
- 「六拍手」：抛起沙包，雙手互拍
- 「七圍牆」：抛起沙包，雙手圍在胸前如一道牆
- 「八摸鼻」：抛起沙包，用抛沙包的手摸鼻子
- 「九揪耳」：抛起沙包，用抛沙包的手揪另一邊的耳朵
- 「十拾起」：抛起沙包，拾起桌面上的兩粒沙包

(5)文化意涵：每個人都有童年，在小孩的生活中，若沒有童謠來哼哼

唱唱，是枯燥乏味的。童玩與童謠是孩童生活上的一種樂趣、一種享受，可以幫助孩子們在快樂中成長。

童玩與童謠在每個族群中都存在著，它是小朋友時代的最愛，更是大朋友在成長中的重要記憶，不會隨著時間的流逝而退化，只會歷久不衰。客家懷舊童玩，不僅有助於兒童學會客語正確發音，亦能夠從遊戲中認識客家文化之美。兒童在學前教育前，邊玩桐花沙布包，邊玩邊朗誦口訣，富有客語學習及遊戲的意義。由於，客家童謠的詞句一定要用客語來唸，它的韻味才會出現；而且童謠沒有所謂正確的版本，只要和韻或合於節奏，能表現其意趣就可以〈徐運德，1996〉。客家懷舊童玩或客家童謠，表現出客家文化的兩個面向：山的文化特色和客家人的耕讀文化〈鍾榮富，1999：124-140〉。

二、懷舊紀念品

2007年桐花飄飄季節，客委會依往例舉了客家桐花祭之系列活動，聯園藝文工作室葉昌玉與其它學生，共同為桐花祭設計出新的紀念品，即是紙蕾絲桐花鑰匙圈之紀念品。桐花鑰匙圈之設計樣品一出現，立刻與桐花沙布包一起成為各地舉辦桐花祭DIY之活動時之最佳商品選擇，此一商品之熱賣，迅速為客家手工藝帶來新的商機。

三、桐花立體紙浮雕

聯園藝文工作室除了創作出許多圖案式樣之紙浮雕作品之外，又花費了三個月的時間，創作出富有客家油桐花式樣的紙浮雕作品。這些新思維，新創意，以客家婦女所擁有的一技之長，再與客家文化產業密切結合，讓傳統與時尚相因應，讓客家要素與文化結合，其作品更成為客家文化創意產業之產品，可以行銷客家文化之美。葉昌玉被邀請到苗栗佛光山分會創辦之大明社區大學，開班授課，教導一群高智慧，超勤勞的客家朋友，學習歐式立體紙浮雕與紙蕾絲優雅創作技巧，創作出不同風格之產品，引領更優質、更富文化內涵之生活。

四、翠玉白菜的啟示

創意是靠團體之集思廣益，也要靠個人創意金頭腦之發揮。聯園藝文工作室在2007年，以台灣國寶級故宮博物院珍藏之翠玉白菜圖案為樣式，經過故宮授權，將翠玉白菜圖案，結合中秋月餅，創造出新的手工藝品式樣，為國寶創新手工藝產品之新意境，為台灣文化創意產業，增添了成功之新案例。

葉昌玉發揮創意，將台灣國寶級青翠白玉菜，創作成「幾可亂真」的紙浮雕作品，並將玲瓏剔透、綠意動人的立體紙浮雕翠玉白菜，崁入中秋節月餅木製禮盒中，讓中秋月餅禮盒成為秀色可餐，同時又具有值得觀賞與收藏之藝術品。由於葉昌玉先美雅士浮雕美術館學習紙浮雕有成之後，即致力於紙浮雕的教學與創作，培養出多位紙浮雕創作的頂尖藝術工作匠師。當林口美雅士浮雕美術館獲得故宮授權，將國寶級「清—翠玉白菜」創作成「幾可亂真」的紙浮雕，當作中秋月餅禮盒上之飾物。美雅士浮雕美術館委託葉昌玉率領其他匠師，領軍製作，透過創作故宮國寶的高難度挑戰，證明文化藝術與手工藝相結合，進而成為商品之產業化，達到行銷文化與增加經濟收益之效果。

「國寶臻藏月餅禮盒」產品，是由奇華月餅公司與故宮簽約授權限量2000個製作權，產品有故宮授權條碼為準。其中的國寶「清—翠玉白菜」立體紙浮雕，其製作過程歷經創意發揮、原創授權、創新造型、模組生產等一連串嚴謹的紙浮雕製作流程所完成，讓台灣舉世無雙的國寶及珍藏，在現今嶄新面貌，達到藝術領域的高境界。其中文化創意之發揮、靈感之迴盪、枯腸力竭的創作過程，是聯園工作室主持人葉昌玉啟動一群師資級的紙藝工匠師共同完成，也是創意的頭腦展現。聯園工作室之文化創意產品，是讓藝術進入生活化、平民化，創意產品量產化，以帶來經濟商機。

文化創意需要創意加技藝，葉昌玉一向主張「手敢動、心感動！」，聯結各種技藝，實現夢想的園地，讓聯園工作室之每一成員都成為文化創意的一顆種子，以傳承技藝為唯一的指標。手工藝品提升生產能量的方法，需要發揮團隊創意頭腦。葉昌玉先透過學員網絡，挑選出手藝較精湛的紙浮雕技師8人，參加2小時之生產講習與訓練，使之成為工藝產品生產者，再利用晚上與週末假日之業餘時間，在一個月內全力生產與製作800顆翠玉白菜紙浮雕。

五、聯園藝文工作室文化創意推廣方式

藝文工作是理念需要推廣，葉昌玉之文化創業推展方式是以下列數種方式推廣：

(1)以工作室方式，進行精緻教學。在工作室以精製教學推廣創意。
(2)不斷培訓「種子師資」。
(3)協助發展社團藝文活動。
(4)與工藝教育及推廣教育單位合作。
(5) 與客家休閒事業、藝文界等策略聯盟。例如與客家文化產業協進會合作，舉辦客家藝文展演活動，於活動中推廣藝文產品。
(6)以圖、文結合方式出版簡易學習教材，不斷創新設計理念與樣式。

聯園藝文工作室之創意產品，結合新式樣、新材料，新的時尚，不斷的推出新的產品，迎合不同年齡層的需求。例如以木製燒絡方式，創新新產品，製作青少年喜愛的手機吊飾、耳環、項鍊、鑰匙圈，把產品生活化，擴大產品商機。又如用桐花布製作成名片套與女性用小化妝套、桐花紙蕾絲鑰匙圈、桐花頭巾、桐花手巾等。

六、永續經營之模式（business model）——紙藝產品客家意象之結合

文化創意產品要能永續經營，需要不斷的創新。聯園藝文工作室之產品，是將客家文化意象，透過繪者畫筆的紀錄，留下了珍貴而美好的畫面，再透過立體紙浮雕的製作與推廣，將客家意象與藝術文化，結合手工藝，成為一幀幀生動有趣的作品，更在製作的同時展現紙藝文化采風，讓「紙」工藝能夠重現客家人的工藝文化技巧。

七、聯園工作室在文化創意產業舞台扮演的角色

藝術生命有如花籃，需要花妝扮。聯園工作室培訓一批批的「種子」人才，聯結各式各樣創意，創作新穎，跳脫傳統框囿，不斷推陳出新大眾化生活工藝產品，而且結合客家意象，讓創意變成有經濟價值的生意，帶動客家創意產品的生機。2008年8月，葉昌玉參加聯合大學主辦之「創意經理人才培訓班」活動，該活動是行政院客委會所指導。客委會官員特別要求工作室，提供相關產品參加「2009年客家博覽會」，現場出售許多工作室製作之產品，把客家文化創意產業行銷到國內外去。

八、聯園藝文工作展覽成績

「藝術家要死後才成名」，這句話並不正確。葉昌玉一向主張「手敢動，心感動」的成功方法，並有強烈的信心與力量去實現理念。手敢動，心才會感動；而且，凡走過必留下足跡。聯園藝文工作室在葉昌玉發揮創意之下，努力多年，創造了亮麗的成績單，這些持續努力所創的成績單，讓她的生活一直是熱鬧而且燦爛。她與工作室其他夥伴，每年的都有締造成果發表會，也贏得許多獎項：

(一)歷年展覽

- 2001年9月苗栗縣文化局師生聯展。
- 2002年12月苗栗市藝文中心師生聯展。
- 2003年12月頭份鎮公所中心師生聯展。
- 2004年3月苗栗縣文化局師生聯展。
- 2005年7月西湖鄉吳濁流藝文師生聯展。
- 2005年9月國立聯合大學蓮荷藝文空間展。
- 2006年9月西湖鄉吳濁流藝文師生聯展。
- 2007年7月苗栗縣文化局師生聯展。客家藝術全國巡迴展。清溪藝文展。
- 2008年4月苗栗市公所展覽

(二)獲頒獎項

- 2003年度苗栗縣美展自由媒材組第一名。
- 2006年客家特色產業人才培訓班產業企劃第一名。

(三)其他得獎作品

- 花仙子系列，台灣生態鳥系列。
- 童話故事的再現：彼得兔系列、睡美人、白雲公主與七矮人、快樂小熊等。
- 中國風系列：丹荔、紅梅、四季蔬果、九如圖等。
- 特殊圖材系列作品。
- 優雅之紙蕾絲系列。
- DIY紙蕾絲鑰匙圈。

從以上聯園藝文工作室客家文化創意產品展覽成績，可以看出聯園藝文工作室產品已經獲得肯定。客委會經常在辦理各種客家活動時，要求聯園藝文工作室提供產品參展，甚至提供產品出售。例如懷舊童玩之客家桐花布沙包，以一組6個，各以不同顏色與圖案的桐花布包裝，每包賣300元，既便宜又實惠，而且提供客家童諺文化要素：一放雞、二放鴨、三分開、四相疊、五搭胸、六拍手、七圍牆、八摸鼻、九揪耳、十拾起等之童諺，有傳承客家語言之功用。

聯園藝文工作室近年來，致力於推動「客家古漢文書研習班」之免費研習活動，由苗栗客家耆老吳萬隆，[2]免費教讀客家「增廣昔時賢文」、「四言雜字」澄漢文教材，而且為「增廣昔時賢文」灌製四縣腔錄音帶，推廣客語認證工作。目前為止，總共開設了八梯次，培育了120多位學員。此外，也響應客委會所推動的「中級暨中高級客語能力認證考試」，免費教讀客語聽、說、讀、寫，鼓勵學員踴躍應考，取得客語中高級能力證書。

陸、結 論

文化若能轉化成產業則能帶動經濟，為傳統產業帶來一線生機。客家文化創意產業之發展，光靠政府政策性的支持是不夠的；將客家文化資產產業化、創意化，成為可帶動經濟、有實質經濟收益的產業行為，有助於客家文化之保存與發揚。以聯園藝文工作室產品為例，說明結合客家要素，創意發展成新式文化產品，已經造成「哈客旋風效應」，讓所謂的「哈客旋風效應」，透過客家文化產業化與創意化的推動，使客家文化產

2 吳萬隆老師，為葉昌玉老師之先生。吳老師為苗栗縣政府教育局退休，從事教育工作二十五年。精通客家四縣與海陸腔股和文書正音讀法，義務推廣客語多年，曾擔任苗栗文化廣播電台客家文化探討節目主播（FM91.7）多年。現任聯園藝文工作室班主任，聯合大學苗栗學研究中心諮詢顧問、 全球客家研究中心顧問、聯園學苑漢文(客語、國語)研修講師。

業化，創意化、生意化。

客家文化產業化若要可消費，行銷包裝就很重要，除產品本身文化價值外，甚至包裝袋亦可做整體形象包裝，加上宣傳行銷策略，例如透過媒體報導、或網路資訊的建構，應該可以精緻化，形塑完全的客家氛圍。如同桐花祭的營造，讓百年前，油桐樹只是路邊不被大家重視的樹，油桐花散落滿地，也無人注意。但現在各地舉辦的油桐花祭，已經吸引了大批來看四月雪的觀光客，在導覽人員解說客家故事氣氛下，導入客家文化的情境中。在油桐花氛圍下喝客家茶或現代咖啡，既可以身歷其境的體驗客家風味，有可以增進客家地區之經濟收益。客家文化產業需要創意，也需要情境導入，從客家文化創意產業產品的經營，創造行銷客家文化創意產品的機會，讓客家傳統文化之內涵，經過創意與詮釋，增進包裝商品或產業加值的資源，展現客家文化內涵與哲學，是二十一世紀一個重要的發展客家文化創意產業之道。

總之，從聯園藝文工作室產品結合客家意象之啟示，探求客家文化創意產業之發展，我們發現：結合文化與產業概念，提倡客家文化創意產業的行銷觀念是非常重要的。今日針對台灣各客家地區地方文化產業特色，發展加值產業，必須輔導成立產品產銷管道，加強產銷軟硬體服務。同時，發覺與培養客家文化產業創作人才，鼓勵作品創新，以有系統的培育計畫，培養產業創作與銷售人才，深入客家文化元素，以創意詮釋客家文化，展現客家傳統文化之內涵，才能協助客家文化產業之振興。

【參考書目】

一、中文專書

田禾譯（Anthony Giddens 著）（2000），《現代性的後果》，南京：譯林出版社。

沈清松（1997），《傳統的再生》，台北：業強出版社。

沈清松（1984），《解決世界魔咒——科技對文化的衝擊與展望》，台北：時報出版公司。

徐運（1996），《客家童謠》，苗栗：中原週刊社。

馮久玲（2002），《文化是好生意》，台北：臉譜出版社。

黃毅志、張維安（2000），〈台灣閩南與客家的社會階層之比較分析〉，收於《台灣客家族群史產經篇》，南投：台灣史文獻會。

曾金玉（2003），〈台灣客家運動之研究（1987-2000）〉，收於《國立台灣師範大學公民訓育研究所博士論文》，台北：國立台灣師範大學。

劉維公（2003），〈台北市文化經濟之初探〉，收於《東吳社會學報》，台北：東吳大學。

鍾榮富（1994），〈客家童謠的文化觀〉，收於《客家文化研討會論文集》，台北：行政院文化建設委員會。

戴肇洋（1999），〈台灣地方特色善業發展與問題探討〉，台北：經濟部中小企業處。

翁徐得（1993），〈地域振興〉，文化產業研討會。

黃煜文譯（Eric Hobsbawm 著）（2004），《論歷史》，台北：麥田出版。

羅秀芝譯（Ruth Rentschler 編）（2003），〈面對變革的策略——豐富多元〉，收於《文化新形象——藝術與娛樂管理》，台北：五觀藝術管理。

二、期刊、論文與報紙

陳其南（1998），〈文化產業與原住民部落振興〉，台北：原住民文化與觀光休閒發展研討會論文。

陳貴霖（1995），〈由地方特色文化產業輔導經驗漫談其生存與發展〉，文化產業研討會。

葉維廉（1990），〈殖民主義、文化工業與消費慾望〉，《當代》，第52期。

葉智魁（2002），〈發展的迷思與危機~文化產業與契機〉，《哲學雜誌》，第38期。

潘罡（2006），〈文化創意產業　台灣空轉　大陸火紅〉，（A11調查周報），台北；中國時報。

陳板（2003），〈客家特色與在地文化創造以台灣客家運動的經驗為中心的文化創造經驗〉，（2003年全球客家文化會議）。

陳其南（2003），〈地方文化與地區發展〉，《地方文化與區域發展研討會論文集》，台北：文建會。

三、英文專書

Amin, A.(1997) "Placing globalization, Theory," *Culture & Society* 14(2).

Yenng, Henry W.C. (1998) "Capitals, state and space: contesting the borderless world, in Transactim Institute of British Geographers." 23.

Knox, L. P. (1995) "World cities in a World-system," in P. L. Knox & Taylor, P. J. (eds), *World Cities on a World-system*, Cambridge, UK: The Cambridge Univ. Press.)

第八章

日治時期都市地區日人神社與漢人主廟之空間特性比較

■陳鸞鳳　國立新竹教育大學
環境與文化資源學系副教授

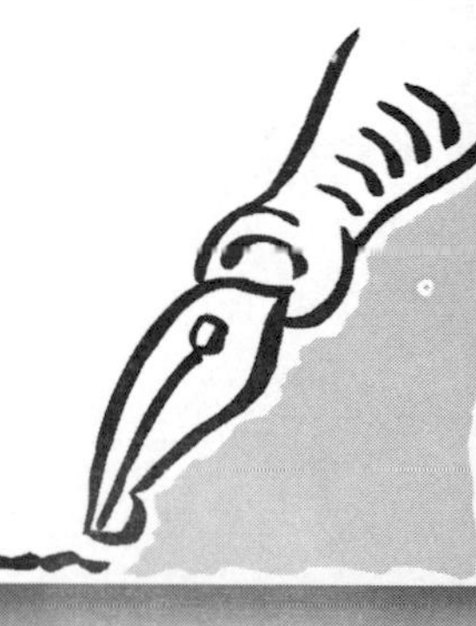

摘要

日本治台過程中，宗教政策以惟一「神道」對台灣百姓的信仰和民族文化進行改換，政治力介入神道信仰使之成為「國家神道」，神社與建位址的空間考量，需與國家統治結合，造成神社的空間位置有其特殊性。

日治時期台灣地區約有200處的神社與社祠（其中68處為神社，餘為建築空間較小、結構較為簡單的社祠），調查許多神社與社祠，發現神社位址的空間要素通常包括：一、不在都市的舊市區內，乃在遠離俗民之地；二、在都市的北方或偏北方；三、神社方位可以「面南」；四、「神社社域」十分廣大，或佔有整個街廓，或山丘中腹廣大地區；五、面向市區，和守護都市街庄的意義和目的有關。

漢人在都市聚落中興建的主廟則空間位置常位在整個聚落的中心地帶，都市聚落由這一個主廟向四方發展，主廟也成為整個聚落向心凝聚的核心。漢人主廟之於都市聚落，猶如正廳之於宅屋，以主廟為神聖中心而發展出安居的都市聚落空間，是台灣都市聚落發展的主要型式，這也是日人統治台灣時期的神社和漢人主廟在都市聚落中空間位置上最大的不同；此外，都市聚落中漢人的主廟所在地也常常成為都市聚落的市街網路中心。

【關鍵字】神道、神社、主廟

Abstract

During the period when Taiwan is under the Japanese authority, Jintou（神道）is the only permitted belief and Taiwan people are forced to learn Japanese culture. Even political force is stepping in to make Jintou centralized. The spatial element of a Jinja（神社）should be correspondent to a country’ s ruling policy; therefore, Jinja’ s location has become much more significant.

There are about 200 Jinjas and Shrines in Taiwan area. This research focuses on the ones that still exist currently (68 of 200 are actually Jinjas, and the rest are shrines which are built smaller and simpler in structure).Analyzing the Jinjas and shrines which can be reached via literatures, Maps or field trips The elements in space for Jinja are including：1. Built at some where far away from the citizens 2. Set in the north of a city; 3. Face the north mostly; 4. Rivers or ponds lie in front of a Jinja, Or seas in the front, 5. Face cities, meaning to guard them.

The main temple built by Chinese people is always located at the centre of a city, and the rest of a city is constructed from the temple, just like a spider web. And the main temple is the core that makes every citizen centripetal, so this kind of development has become the most important pattern in Taiwan cities. Basically, where a Jinja locates and where Chinese temple locates is very different when Taiwan is under Japanese governance, their spatial elements are interestingly unlike from each other.

【keyword】Jintou、Jinja、main temple

壹、前 言

關於「宗教空間」的研究，國內學者潘朝陽曾說：『宗教是屬於人類文明的一種產物，它本身是一種「精神之物」，但是也必須落實而成為一種圖騰、寺廟、教堂等形態，遂在地表上有其景觀可尋，而成為一種「形態之物」，所以便會產生分布狀態、區域特色、人地關係或空間結構之種種現象，因此……也是地理學者值得去努力研究的一個課題。』[1]又說：『依據空間理論，可對民俗宗教的空間結構、傳播擴散等現象進行研究；依據人地理論，可從民俗宗教中探討其環境視覺或認知；……』[2]

日本民族特有的神道信仰，在1868年明治維新之後，因王政復古與軍國主義之興起，演變成「國家神道」，在第二次世界大戰前後更隨著向海外的積極侵略，而大量移植到海外殖民地，做為思想改換、教化殖民地百姓的重要工具。

馬關條約中將台、澎割讓給日本後，神社也開始出現，最早為1897年台南的「開山神社」，乃由「延平郡王祠」變更而來，1901建設的「台灣神社」後來成為台灣地區社格最高、社域面積最大、最重要的神社[3]。1945年日本投降，在台灣的大小神社與社祠的總數已超過200處（其中68處為神社，餘為建築空間較小、結構較為簡單的社祠）。

本研究分析台灣地區之都市神社興建的「空間要素」，並且與漢人在

---

1 潘朝陽（1980）。〈宗教‧寺廟‧後龍溪谷地通俗信仰的區域特色〉，《師大地理教育》，第6期。頁79-93。

2 潘朝陽（1986）。〈台灣民俗宗教分布的意義〉，《師大地理研究報告》第12期，頁143-178。

3 1944年（昭和19年）年6月17日增設天照大神後，正式升格成為台灣神宮。明治於1871年後社格的制定，5月由太政官佈告，將全國神社分為官社及諸社。官社分為官幣社、國幣社；諸社分為府社、藩社、縣社及鄉社。官社由神祇官管轄，神祇官主祭官幣社，地方官主祭國幣社。官、國幣社又各分大中小三等。

台灣傳統都市聚落中的主廟之空間位置作比較，以瞭解日治時期都市地區的日人神社和台灣漢人主廟二者在都市內的空間位置有哪些差異，亦即二個民族在都市聚落中，宗教神聖空間配置上的不同。

貳、日治時期台灣地區都市的日人神社

本研究僅分析分布於都市聚落的神社空間配置，因此規模較小、結構較簡的社祠，並非本研究的分析對象，所以將之排除在外。想要瞭解日治時期台灣地區都市聚落中的神社，被興建於怎樣的空間位置上，可以從神社建築的法令規定《台灣總督府公文類纂、史料稿本》（1895-1945），和都市地圖中實際被劃定的區域加以觀察分析。

一、神社建築的重要法令

大正十三年（1924）四月二十八日總內第一一三二號的「神社及社處理的相關要件」對於神社選址有如下規定：

附件

一、神社或社創設的地點要遠離原來舊有的市街地，選址時不必顧慮參拜的不便，只要留意選定可以成為公眾參拜的位置。

二、社域要選定清靜地，不論是高地或是平地，都要在社域的周圍栽培常盤木，以便他日能成為森嚴的社域。……（以下略）。

昭和九年（1934）九月十八日文社第五〇四號「神社建設要項相關要件」為了防止神社及社的濫設，有「　街庄　社」的規範出現，部分規定內容如下：

神社建設要項

一、要旨：在全島樞要地區建設神社，使島民有敬神崇祖、報本返始之誠，使神社能兼作社會教化的中心。

二、布置：在各街庄創建神社。一街庄一社，不可濫設。未置街庄的地域，以前二項為準則。

三、設備：社域

四、五千坪以上

昭和十年（1935）文社第六五四號之一「神社創建相關要件」中，第一條規定「當選定境內地時，盡量留意本殿要面向南方」。

以上法令，可歸納出幾個與神社空間位置有關的要點：(1)要使神社成為「社會教化的中心」；(2)神社建立的地點要遠離舊有的市街地，不可與民宅混雜；(3)社域要選清靜地，高地、平地皆可，且廣植常盤木，養成森嚴氣氛；(4)要在全島樞要地區建立神社，才能使島民有敬神崇祖、報本返始之誠；(5)一街庄一社；(6)社域面積四、五千坪為宜；(7)拜殿要面向南方。（建築物本身有南面稱王之意，日本的本土又正好位在北方，百姓們參拜必須要向北方）

這些法令成為其後在各地建造神社時，空間位置選擇的重要指標，為達到敬信教化、神社中心的目標，神社的空間設計與規劃，自然成為日人治台時期的「都市計畫」裡，建設中重要的項目之一（黃蘭翔，1996）。

二、1936年之前「市區改正計畫」時期的神社空間

南天書局與國史館台灣文獻館在2006年合作出版的《日治時期台灣都市發展地圖集，1895-1945》，將總督府檔案中的市區改正地圖和都市計畫地圖加以考證，得出昭和12年（1937）4月1日「台灣都市計畫令」實施之前，均以「市區改正」稱之，之後則依計畫令法定名詞，稱為「都市計畫」[4]。本研究即以這一套南天書局和國史館台灣文獻館合作出版的地

4 黃武達編著。魏德文發行（2006）。《日治時期台灣都市發展地圖集，1895-1945》。台北：南天書局‧國史館台灣文獻館合作出版。

圖集為基礎，分別選取二個時期內的部分圖本，討論日人神社建築在這二個時期中的都市聚落裡，空間配置的實況到底如何？首先選取的是在1936年之前的部分「市區改正計畫」圖，討論該都市街庄的「神社」空間特性。

(一)台中市區改正計畫圖

「台中神社」於大正1年（1912）10月27日鎮座，次年5月29日列格「縣社」，昭和17年（1942）升格為「國幣小社」。

台中市從1899年就有第一次的市區改正計畫圖，之後因著日本殖民政府一直是以「台灣的地理中心」積極規劃台中地區，所以台中市的市區改正計畫圖頗為頻密，有1899、1910、1911、1913、1916、1926、1928、1938年數次，這在台灣都市裡是十分少見的。尤其在1910年之後，大正橋通以南的大片土地，幾乎為台中廳、法院、學校、醫院、監獄、官舍……等重要衙署、公共設施和官舍所佔據，這意味著台中市是中部地區最重要的地方（賴志彰，1994a）。之後台中市成為日本人大量移入的地方，統治初期的10年內移入的日本人已經超過萬人，快和原有台島人口接近了。都市就在日本人的住宅、生活需要和日本人帶來的特殊文化中，加快了台中市的市區規劃的腳步。

1916的《台中市區改正圖》裡已經將1912年鎮座的「台中神社」位置繪出，新的台中市區是以台中州廳為市中心；神社與公園在舊市區外的東北角，台中廳在舊市區外的西南邊，形成宗教中心與行政中心在市區兩端遙遙相對的模式，周圍並以重要而寬闊的街道，連結並包圍這兩個位於舊都市兩端的空間，形成另一種特殊的空間型態。1926的《台中市區改正圖》，市役所已經移至台中州廳所在的同一個街區裡，行政中心的功能加強了。台中驛的位置確定於東南方，交通的功能也加強了。「台中神社」因著公園的包圍，也增加了神聖的氣氛。（見**圖8.1**）

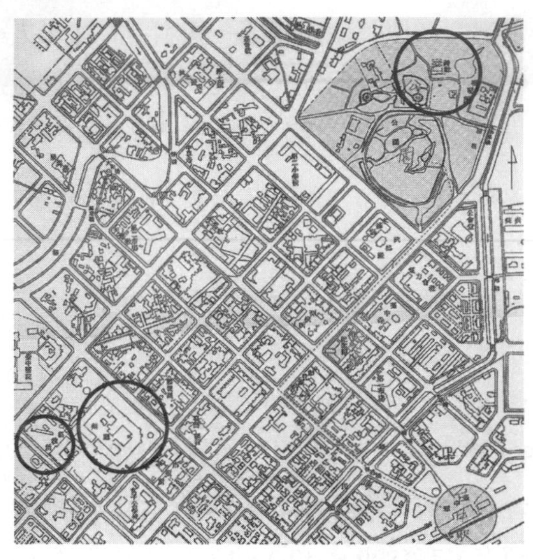

圖8.1 台中市區改正圖（1926），南天書局；局部圖

(二)嘉義市市區改正計畫圖

「嘉義神社」於1915年10月28日鎮座，1917年10月23日列格「縣社」，1942年11月27日升格為「國幣小社」。

嘉義市的市區改正計畫圖有1906（城內和城外分開）、1909、1913、1931、1932、1933、1938年的繪製，而在1931年的《嘉義市街實測圖》裡，才看到嘉義神社的位置（見**圖8.2**）。

1913年的《嘉義市街圖》裡市區改正計劃顯然受到地形因素影響，等高線由市中心向南、東逐漸加密，顯示地形逐漸向這二個方向增高，市區則為地形最低平之地。市街規劃有二大特點：1.新市區西以鐵道為界，東則受地形限制，以山仔頂山麓為界。2.市區的中心是圓環。主要街道由圓環向東放射出去。東側的山仔頂丘地規劃為公園，已經有學校規劃在舊城區的南方，有公學校和小學校。

到了1931年的《嘉義市街實測圖》，嘉義市役所在市中心的西方，

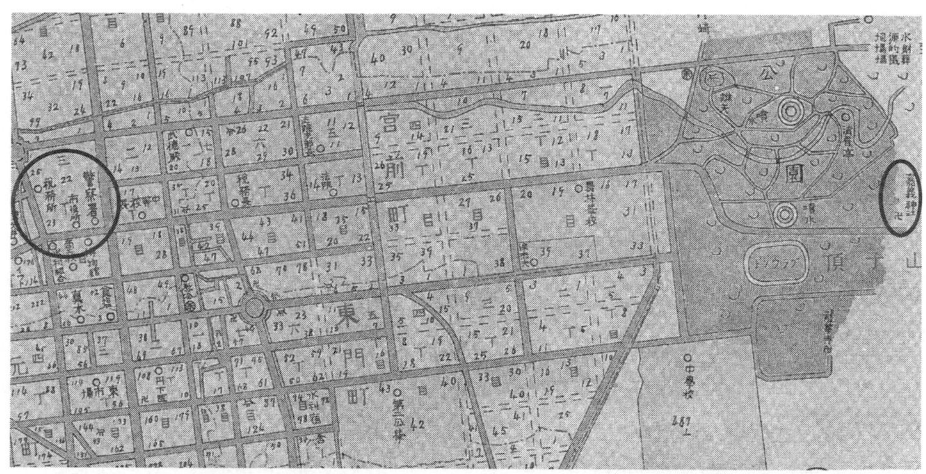

圖8.2 嘉義市街實測圖(1931)，國史館台灣文獻館藏；局部圖

與警察署、稅務所在同一個街區中（嘉義市役所今為市政府所在地）。東側的山仔頂丘地規劃為公園，最東邊是「嘉義神社」社地，為了使嘉義神社能夠俯瞰嘉義市，使神社的神祇能鎮護嘉義市民，神社坐向特別設計為坐東朝西，這是比較罕見的坐向。此圖的嘉義神社附近規劃的學校，公園西側為農林學校，公園南方為中學校。從嘉義市役所有寬闊的街道與嘉義神社直接相連，也是一個行政中心在西方，宗教中心在東方，二者遙遙相望，但是有重要幹道直接相連結的一種空間型態。

到了1932年的《嘉義市區計畫平面圖》（見**圖8.3**），從等高線可以看出嘉義市的地形，市區東側的地形向東逐漸升高，至嘉義神社附近，等高線最密集，嘉義神社在嘉義市東方的山仔頂山坡上，也是一個林木茂密的山丘地，加上西側廣大的公園地，參拜神社時走過林木扶疏的公園，再低頭步上許多層階梯的丘地參拜道；這一大片林木塑造的神聖地域和氣氛，確實可以滌靜身心。從嘉義神社位置西望，市區盡在眼底。

(三)屏東市區改正計畫圖

「屏東神社」原名「阿緱神社」，於大正8年（1919）10月4日鎮座，

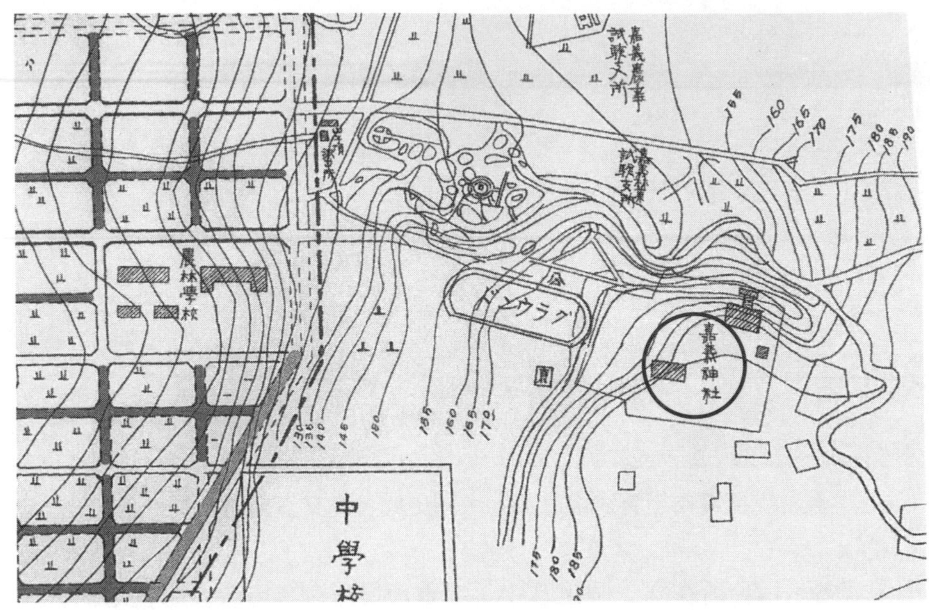

圖8.3 嘉義市區計畫平面圖(1932)，國史館台灣文獻館藏；局部圖

大正15年（1926）年列格「縣社」。屏東市在1912年有過「阿緱街平面圖」和「阿緱街市區改正圖」，圖上都還沒有「阿緱神社」。

1930年的《屏東街市區改正計畫圖》(1930)，圖裡的「阿緱神社」佔地面積非常廣大，座落在都市的北方，以略為接近「坐北朝南」的姿態，面向屏東市；神社社域周圍，規劃有佔地更廣大的公園綠地，與神社社域面積相當的女子公學校也在神社東側，學校教育是教化百姓最佳的場所和工具，再以學校配合神社參拜和神社勞動（神社除草、清潔、打掃），是對百姓進行精神教化的有力手段（**圖8.4**）。

(四)豐原街市區改正計畫圖

「豐原神社」1936年3月27日鎮座，列格「鄉社」。豐原的市區改正計畫圖只有在1935年繪製，名為《豐原街市區改正計畫平面圖》（又名：昭和十年度施工　市區改正工事設計圖），因此神社還沒有動工興建，圖

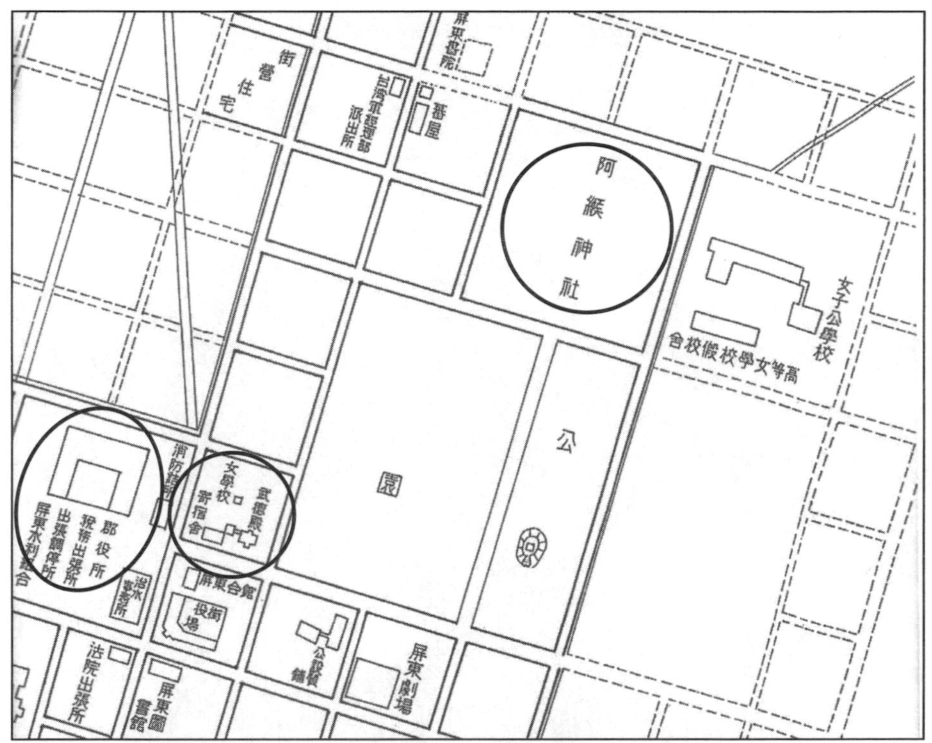

圖8.4　屏東街市區改正計畫圖(1930)，國史館台灣文獻館藏；局部圖

上沒有「豐原神社」，但是已經有豐原神社的「敷地」規劃在圖面的右下方，亦即在豐原市的東南方，也是一個遠離舊街區，並且需跨越鐵軌才可到達的地方（見**圖8.5**）。整個圖面上，很少標示出建築物的名稱，只有豐原驛、街役場、郡役所、豐原神社敷地、營林所出張所；沒有標示出公園，沒有標示出學校。由此可知，神社在這一個市區改正計畫中，已經凸顯出它特殊的地位和重要性。

「郡役所」在市區的西端，神社在市區的東南端，二者遙遙相望；「街役場」則在舊街區當中，是新市區的偏東之處。以郡役所和神社的位置而言，在都市空間設計中，屬於在市區兩端遙遙相對的空間模式。

這一張圖上彩色的街路，就是昭和十年（1935）繪圖當年要施工的重要街路，而街道都被編上號碼，其中No.1為今之省道，貫穿市區中央。

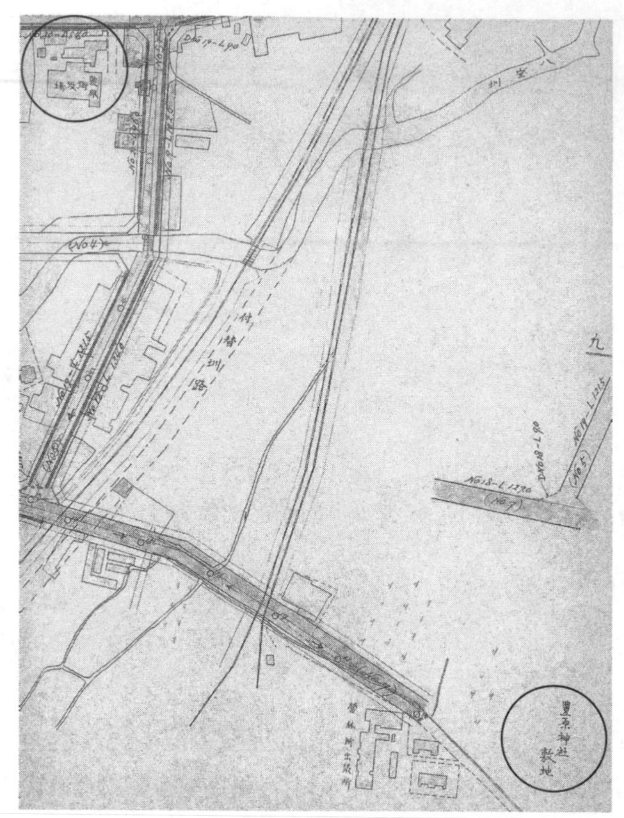

圖8.5　豐原街市區改正計畫平面圖(1935)，國史館台灣文獻館藏；局部圖

三、1936年之後「都市計畫」時期的神社空間

這一節要分析1936年「台灣都市計畫令」頒布後的「都市計畫圖」裡，「神社」在都市空間規劃上是如何。

(一)虎尾都市計畫圖

糖業神社「五間厝神社」，鎮座於大正五年（1916）五月二十五日（**圖8.6**的左下方），列為無格社，因為是企業神社（糖業神社），所以是位在大日本製糖工廠的西側的糖廠職工宿舍區內，所以神社社域面積看

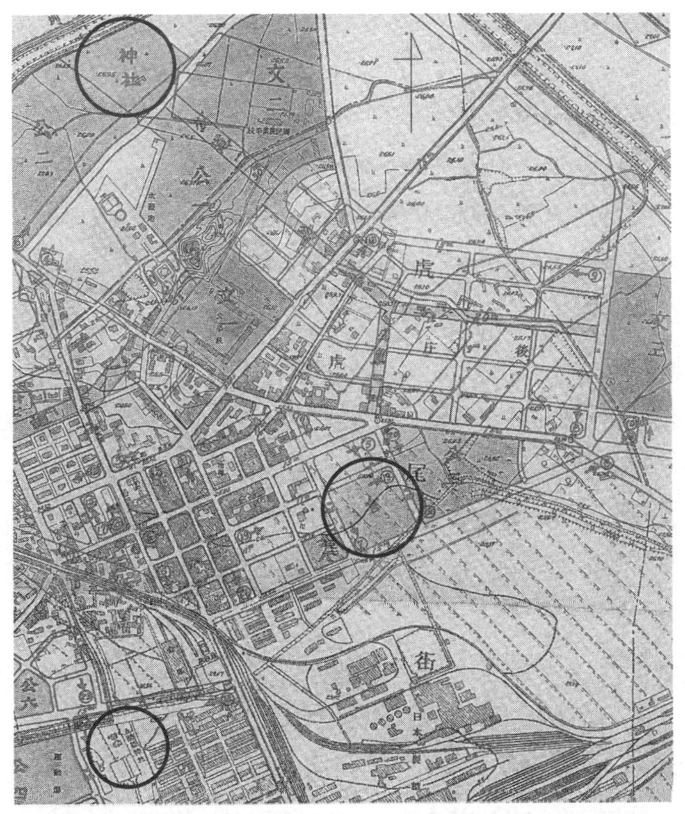

圖8.6　虎尾都市計畫圖(1938)，私人收藏；局部圖

來不大。神社西側有公園區，公園內還有運動場，可供糖場內的日本員工休閒。而官署預定地在大日本製糖工廠的正北面，以製糖所的地理位置而言，官署在其北，神社在其西。神社的建立是為著製糖工廠的日本內地人的精神慰藉。

但在1938年虎尾這幅首次的都市計畫圖裡（之前亦無市區改正圖），在新的虎尾地區市區的正北方，計畫再興建一座大型的神社，所以規劃出一大片街廓，作為神社興建用地。新神社應是屬於街庄的神社，社址選於都市北方的街區，所以新神社很有可能是「面南」，以便鎮護虎尾街庄，那麼新神社的座向即為坐北朝南，和在都市中心位置的官署相望，一北一中，是虎尾重要的統治中心。

(二)東港都市計畫圖

「東港神社」建於日本昭和10年(1935)，10月18日舉行鎮座祭典，列格「鄉社」，當時的總工程費為三萬二千圓，而隔年建了佳冬神社，花費九千八百圓，可看出東港神社的規模和造價，三倍多於佳冬神社，當年經費的來源幾乎是由地方仕紳和一些公司行號所認捐[5]。東港的都市計畫圖只有1939年的《東港都市計畫圖》，由此可知是在「東港神社」鎮座並列格之後才繪製，所以並不影響東港神社的興建。

當時還是日據時代的時期，日本人為建設南進基地，即海軍水上航空隊，疏浚了大鵬灣域的淤泥，所抽出的泥沙就用來填平附近的魚塭，填出一個社區，在日本人的規劃下，興建大片的日式房屋，以作為航空隊軍眷住宅之用[6]。「東港神社」就是為著這裡的官兵眷屬精神的慰藉之需所建造，後來則成為皇民化的神社崇敬、皇民鍊成的重要場所。

神社的手水舍右後方，還有座紀念石碑，碑銘「軍艦海門乘組將兵殉職紀念碑」，是在第二次世界大戰時，日本軍艦被聯軍擊沉，殉職的將兵，在東港這濱海的神社設立紀念碑以供追悼。

「東港神社」位於東港街的最西方，是在一片海埔新生地上建造起來的，連地基都是就地取材用珊瑚礁砌起來的。正殿的設計是面向內陸，也是面向大鵬灣的海軍水上基地，而背向茫茫的大海，因此神社成為坐西北向東南的坐向。並且東港神社為了使其正殿的地勢抬高，從第一鳥居進入神域後，走過長長的參拜道進入第二鳥居和第三鳥居時，地基即逐層加高，好使本殿中的祀神也可俯望所有的參拜者。

5 蔡誌山（1992）。〈東港神社〉，《東港采風》，第12期。屏東縣東港鎮文史學會，頁2-5。

6 李坤昌（2001）。〈東港采風：大鵬灣畔——眷村的故事〉，《屏東縣東港鎮文史學會》，第8期季刊，頁6-7。

東港新的官公署預定地在市區最東方，中間是東港漁村的舊市區，二者都在舊市區之外，行政中心和宗教中心一東一西互相呼應，這是東港市區二個統治地標的空間模式。（**圖8.7**）

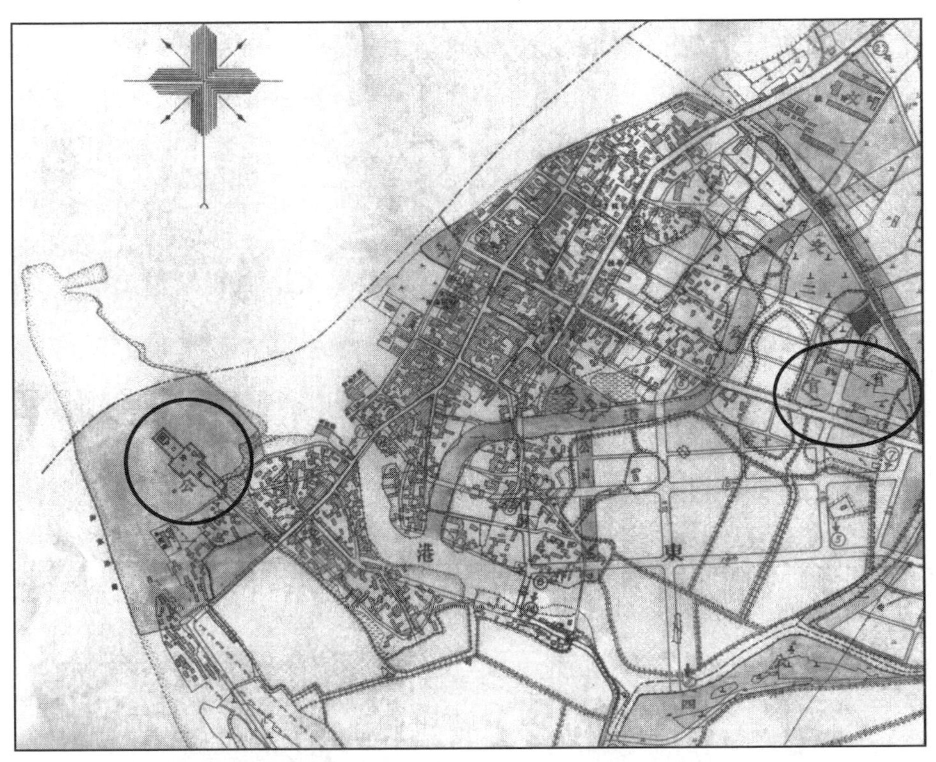

圖8.7　《東港都市計畫圖》（1939），私人收藏；局部圖

(三)旗山都市計畫圖

旗山在1938年的《旗山都市計畫圖》（旗山街第一次的都市計畫圖）顯示旗山鎮是一個沿著山麓發展的都市，市區向南北延伸成狹長形。

「旗山神社」是1923年鎮坐，列為「無格社」，在《旗山都市計畫圖》的圖面上可以看到「旗山神社」在市區的西方，這也是神社先建，之後才有都市計畫圖的例子，神社的坐向是坐西朝東；從等高線分布即可知道它位在山腰地區，是屬於可從高處俯瞰街區的神社之一。從一個坡地上整平一片土地，運上材料蓋造神社，再修建步步登高的參拜道，加上佈置其神域，確實是一件大工程。「旗山神社」也選擇遠離俗世煩囂的市區，營造崇敬氣氛的神域，讓旗山市街的居民上山參拜。（見圖8.8）

神社的中軸線也正對市區，並且幾乎是正對郡役所；所以神社參拜道正下方可直達「旗山郡役所」，郡役所在狹長形山街舊市區的中段，從神社不但能直接俯望郡役所，視野一覽無遺，而且以一條街道直達，這種神聖中心直通行政中心的做法，也是少見的例子；這是一個行政中心與宗教中心各在市區的一側，一東一西相互呼應，而中間有重要幹道相連的空間模式。參拜道下方的街道兩側，是公學校和運動場，這樣的設計也和其他許多都市的計劃一樣，學校教育和神社崇敬的場所二者毗鄰，有改造下一代思想和傳統文化，並灌輸國家神道信仰的目的在內，是屬於神社和教育設施毗鄰的一種規劃型態。

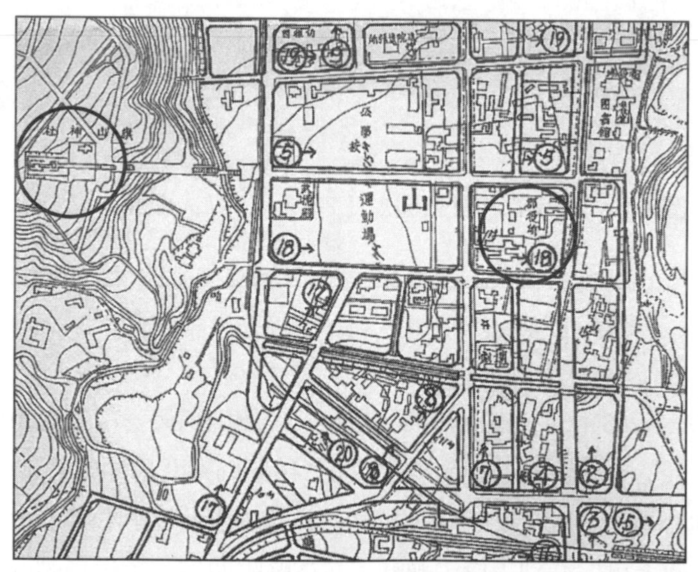

圖8.8 旗山都市計畫圖(1938)，南天書局提供；局部圖

四、小 結

以上所挑選的1936年之前的市區改正圖和1936年之後的都市計畫圖，包括官幣社、國幣社、縣社、鄉社，其神社空間位置的規劃，都有幾個相同的特徵，即是神社的空間位置是：一、「不在都市的舊市區內，需在遠離俗民之地」；二、面向市區，和守護都市街庄的意義和目的有關；三、多在「在都市的北方或偏北方」，嘉義與東港例外；四、神社方位可以「面南」，嘉義與東港例外，但此二者均面向市區，一樣表示鎮護市區；五、「和行政中心遙遙相望」；六、「神社社域」十分廣大，或佔有整個街廓，或山丘中腹廣大地區；社域廣大則可廣植常盤木，以增添神域的神聖氣氛；神社若在「山丘上」或在「山丘的中腹」，俯瞰則可以將都市盡納眼底，統御之意不言可喻。

叁、日治時期台灣地區都市的台人主廟

潘朝陽在《出離與歸返—淨土空間論》（2001）一書中，從段義孚的神聖、神秘之「存在空間」的闡釋出發，論及人的存有和意義凝聚的主要空間中心一家，再從「在家安居」的「屋宅之家」之空間聖化，談到漢人的屋宇、台灣的傳統家宅，依「廳堂」為「神聖中心」而建構安居的家之存在空間；進而擴及討論「聚落之家」的「空間聖化」，聚落必有一個「神聖化的空間中心」，作為全聚落的向心與凝聚核心，聚落中的社群透過這樣的神聖空間中心，才擁有「在世存有」與「在家安居」的共同意識。中國大地上的聚落，以風水之五行五方宇宙觀建構基本的存在空間，須有環抱的自然地形，且必須在空間關鍵存有點--「穴」之上建構空間的中心[7]。

7 參見潘朝陽（2001）。《出離與歸返——淨土空間論》。台北：國立台灣師範大學地理學系，頁19-44。

台人於移民初期，為安全與防禦之需而群居，除以血緣關係互相照應之外，更多以地緣關係（祖籍之同州或同府）成為聚落，並供奉同一祖籍之特有神明，且共同出資為神明興建廟宇，其廟宇自然而然成為同一祖籍移民的團結象徵和生活的中心[8]，周圍逐漸形成市集，住宅區也圍繞著廟宇逐漸擴大，因此這大廟就成為地緣聚落的神聖中心。廟宇成為聚落中重要的建築物和地標，信徒和群眾進行祭典、敬拜、娛樂之外，也是集會與議事的公共場所。因此在莊芳榮的博士論文《台灣地區寺廟發展之研究》中說到早期的台灣寺廟有以下九種社會功能：(1)促進聚落的形成與地區的繁榮；(2)促進地方安定與團結；(3)是自治防衛的中心；(4)交商的聚集場所；(5)反映民意的象徵性機構；(6)祭典的多重社會功能；(7)民俗醫療的功能；(8)文化藝術的保存與傳承；(9)其他社會功能。

清代中葉後，移民社會意識經過長時間的改變而逐漸土著化，也經過祖籍分類意識階段逐漸發展出新的地緣團體，建立新的社群秩序，有些廟宇從村落的祭祀中心演變成超村落的祭祀中心。

台灣傳統都市聚落中，主廟位居都市聚落中心，商業與街道發展由此擴展出去的例子並不少見，例如澎湖（天后宮，**圖8.9**）、基隆市（慶安宮）、桃園市（景福宮）、宜蘭頭城鎮（慶元宮）、楊梅鎮（錫福宮，**圖8.10**）、新竹市（城隍廟）、新竹縣北埔鄉（慈天宮）、台中東勢大茅埔莊（三山國王廟）、南投竹山鎮（連興宮）、台中豐原（慈濟宮，**圖8.11**）、雲林北港鎮（朝天宮-媽祖廟）、嘉義太保鄉新埤莊（桃花宮）、台南善化鎮（慶安宮）、高雄旗津（天后宮）、屏東市（慈鳳宮）、屏東潮州鎮（三山國王廟，**圖8.12**）、屏東東港鎮（東隆宮—溫府千歲）……。

8 參見孫全文（1992）。《台灣傳統都市空間之研究》。台南：國立成功大學建築研究所，頁5-6。例如漳州人多奉祀開漳聖王，泉州三邑人多奉祀觀音佛祖，同安人多奉祀保生大帝，安溪人多奉祀清水祖師，客家人多奉祀三山國王。

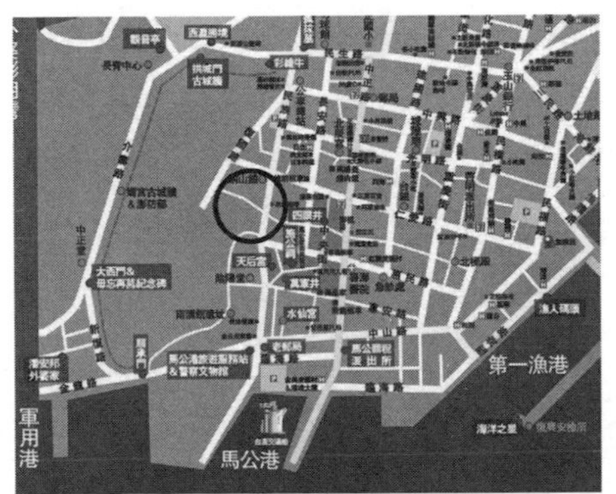

圖8.9 澎湖天后宮位置圖

地圖來源：http://www.magong.com.tw/images1/graphic/98/006/0805230008.jpg

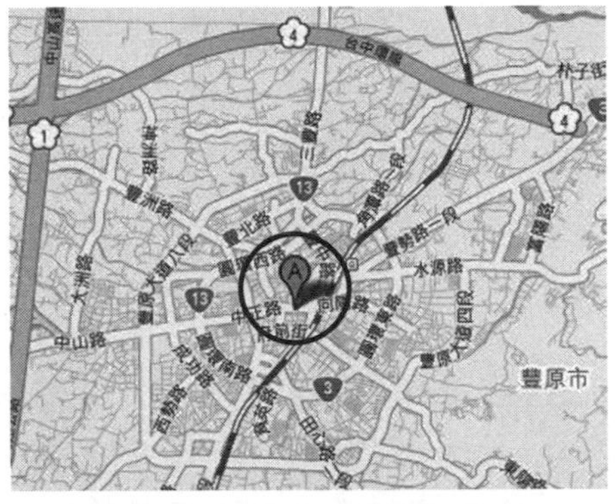

圖8.10 豐原慈濟宮位置圖

地圖來源：http://maps.google.com.tw/

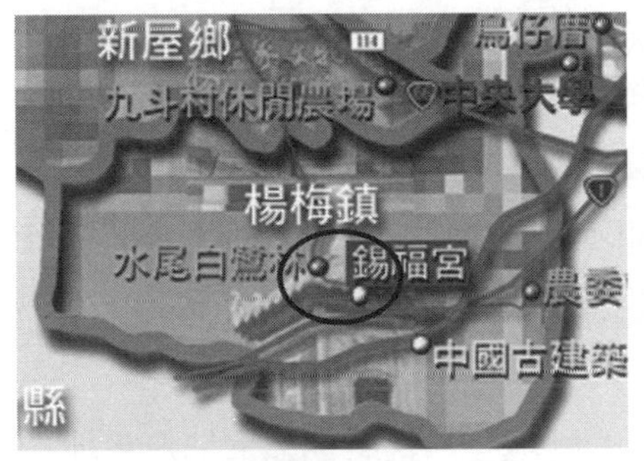

圖8.11 楊梅鎮錫福宮

http://web.hakka.gov.tw/a/map1.asp?id1=13

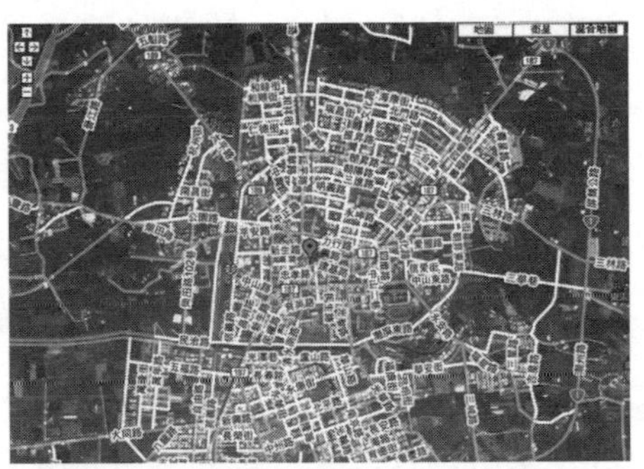

圖8.12 潮州三山國王廟位置圖

地圖來源：http://maps.yahoo.com/

其中的宜蘭頭城鎮，聚落以慶元宮為中心，向兩側發展市街，並在街的兩端建有土地公廟作為領域之界定，是屬於線狀的市街組織（孫全文，1992）；桃園市是以景福宮（嘉慶十五年建，漳州人）為中心，先形成橫街，再形成縱街，交接於人廟口，成為都市之骨幹，景福宮也成為東西南北多向道路的交會處，市街組織屬於放射狀；北港以港口都市發跡，移民主要信奉保護航海安全的媽祖，所以媽祖廟--朝天宮成為市街的中心，向東西南北發展出大街，也形成放射狀市街。

由於廟埕甚少以圍牆封閉，常和市街、巷道有密切聯繫，是群眾集會和社交禮儀的中心，是都市喧囂生活中尋求心靈為界的避難所；重要節慶之時，廟宇又成為豐富祭典和娛樂的場所，其與都市聚落的群眾生活密不可分，最常形成都市聚落中心的節點廣場（孫全文，1992）。今儘舉上述都市聚落的其中三例詳細說明如下：

(一)屏東縣東港鎮——東隆宮

東港鎮300年前原為平埔族居住地，後來福建漳、泉人來台後，在此地靠海捕魚維生而形成漁村，居民於清乾隆年間興建「東隆宮」，奉祀溫府王爺，成為東港鎮的信仰中心，市街則以東隆宮為中心向各個方向發展出去，到了日治時期，東港鎮已經成為南部重要的漁港（**圖8.13**）。

在**圖8.14**、**圖8.15**中也可看出東隆宮已經成為市區交通網路的重要節點，而東隆宮與其廟埕所涵蓋的範圍，甚至成為獨立的街廓，以街道和其他相鄰的街廓完全隔離開來。所以東隆宮這一個傳統的都市主廟，不但具有位於都市中心的空間特性，同時也具有交通網路之重要節點的空間特性。

東港神社（如前述，並見**圖8.7**）的社地在日治時期為海埔新生地，光復後的神社社地經過不同的接管過程，如今有三個不同的單位負責管理，包括「財政部國有財產局」、「屏東縣政府」、「東港海濱國小」（陳鸞鳳，2007：281-285），後來於廣大的神社社地上興建東港海濱國小，神社主殿中的祀神早已不在，但是在校長蔡誌山的努力保存並加以經營後，已經變成東港鎮重要的孔子廟（**圖8.13**）。日治時期的海埔新生地的神社社地，如今已經陸化，外側擴大的部分，也已經多了一所學校：東港水產學校。因此若將東隆宮所涵蓋的土地面積若和日本神社社地比較，顯然後者的土地面積要廣大許多。

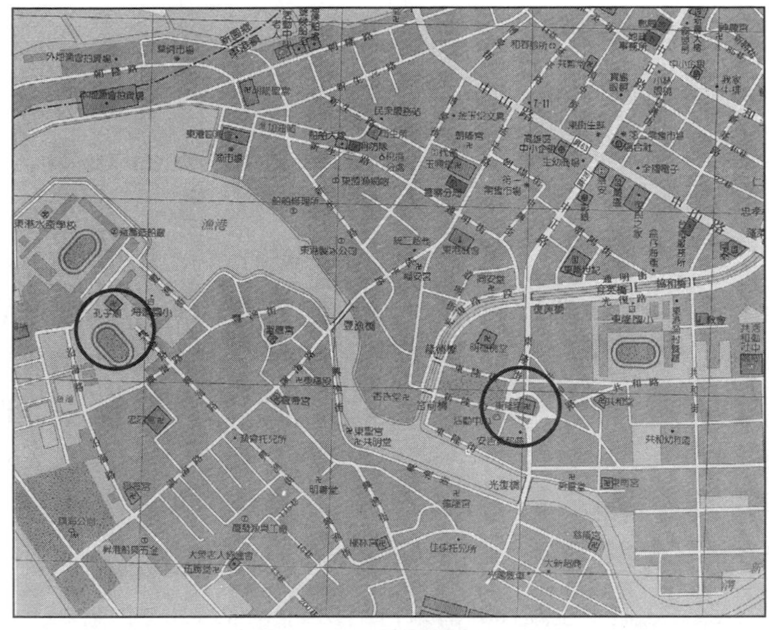

圖8.13　《東港導覽圖》局部

圖片來源：蕭瑤友主編（1999）。《汽車旅遊熱點 完全導遊》。台北：戶外生活圖書公司。238頁。

註：左側圈出的是日治時期東港神社所在地（神社主殿已被改為今日的「孔子廟」），右側圈出的是東隆宮位置。

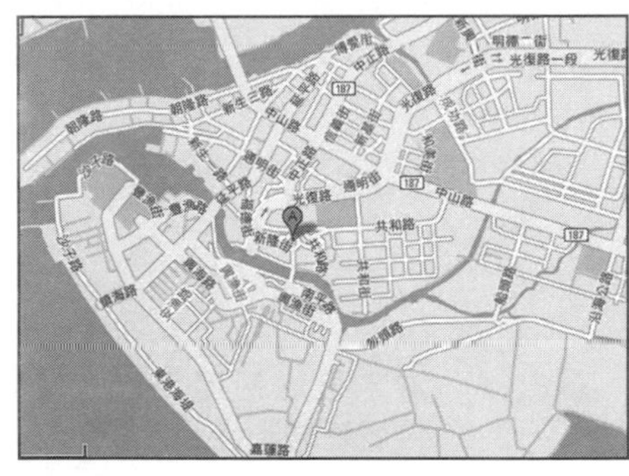

圖8.14　東港東隆宮位置圖

地圖來源：http://maps.google.com.tw/

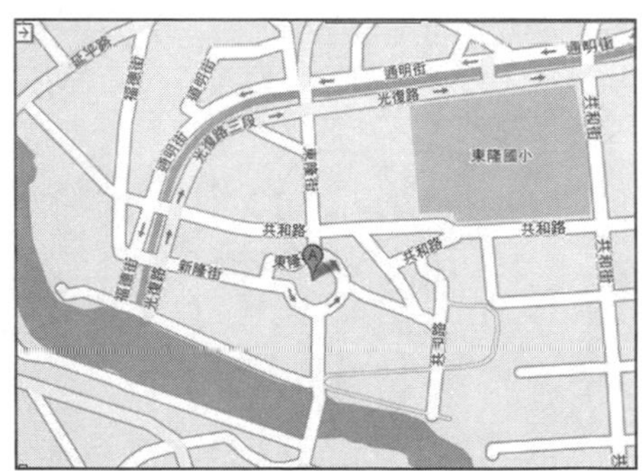

圖8.15　東港東隆宮獨立街廓圖

地圖來源：http://maps.google.com.tw/

(二)新竹──城隍廟

自從康熙50年（1711）左右，王世傑率親族百餘人入墾竹塹，乾隆13年（1748）城隍廟即興建完成。城隍之城原指城郭，隍原指護城河，有水的稱池，故與城合稱城池，無水稱隍，所以城隍原指城郭及乾的護城河而言，是人為的建築物。由其轉成為城池守護神，再由保城之神轉變為各省、府、州、縣官民崇拜的地方神，變成傳說中日理陽、夜理陰的地方父母官(神)。（《續修新竹市志》，卷二《土地志》，p.302）城隍信仰是民間通俗信仰中很重要的一環，祂也成為教化群黎，弭平閩、客界限的地方父母神（官）。（《續修新竹市志》，卷二《土地志》，p.309）新竹城隍廟原為「縣」級城隍，乾隆13年同知曾日瑛倡建；光緒4至5年間，新設台北府知府曾假淡水同知署辦公，45位地方士紳即藉此機會將「縣」城隍升格為「都」城隍。在圖16的清末日治初期（1899）《竹塹城土地利用圖》、圖8.17的新竹市城隍廟位置圖觀察，城隍廟的空間位置近乎新竹城的中心，這一個大廟長久以來影響新竹城人心的發展非常深遠。

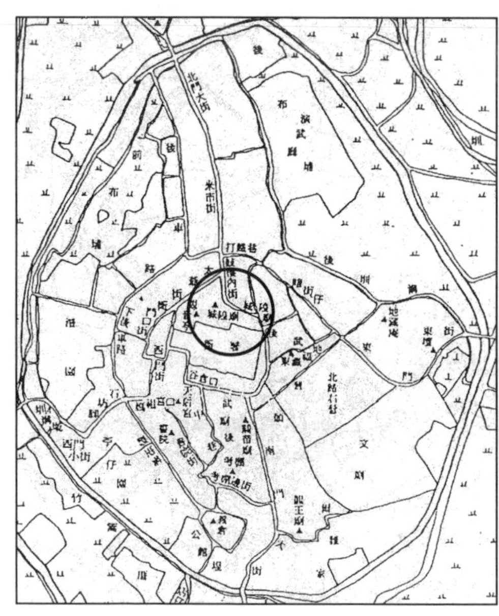

圖8.16　清末日治初期（1899）《竹塹城土地利用圖》

地圖來源：竹塹古地圖調查研究（2003，p.101）

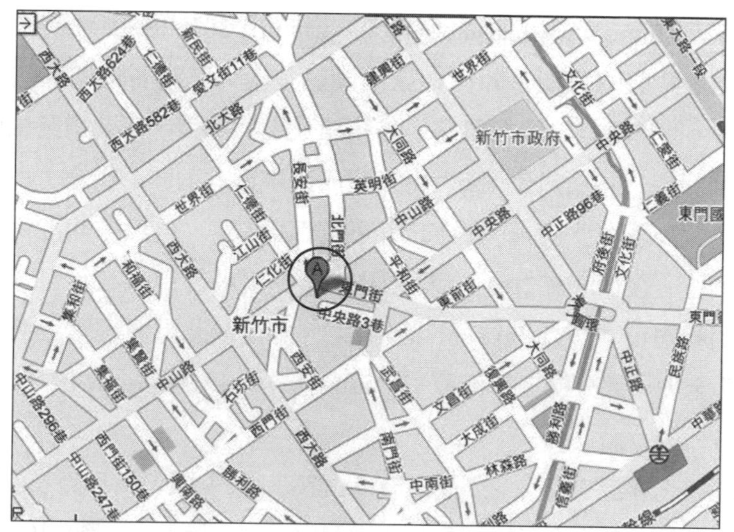

圖8.17 新竹市城隍廟位置圖二

地圖來源：http://maps.google.com.tw/（2008/09/15）

(三)北港──朝天宮（媽祖廟）

北港舊為笨港的一部分，因在港之北，故名北港。由於此處是以港口都市發跡，所以移民渡台之初主要的信仰就是具有保護航海安全的海神—媽祖。

康熙三十三年(1694)，佛教臨濟宗第三十四代禪師樹璧奉湄洲天后宮神像來台，在諸羅海口笨港登入。當時台灣荒地初闢，人口日增，笨港扼海交通要衝，人口增加很快，當地主要居民均來自福建，看見禪師奉神像來到，即建議禪師主持香火，只是當時只能以陋屋暫時供奉。至康熙三十九年時，有福建省同安鄉人陳立勳捐獻廟地，始建廟宇（即今北港朝天宮），為笨港地區最早建立之媽祖廟宇。笨港在雍正年間日益繁榮，在雍正八年（西元1730年）時，壕金重建，成為笨港重要的信仰中心，廟宇建在北港鎮中山路末端，空間位置適在聚落的中央。（蔡相煇，1995；北

港朝天宮誌，http://www.matsu.org.tw/03_1.html，2008/09/15）

北港最興盛的時期，郊行林立，商船往返大陸、香港與北港之間，通其有無，百貨駢集，貿易興盛。光緒年代之北港街，主要道路由朝天宮向東、西、南、北各伸出一條大街，略成十字形放射狀的街網，而以琍仔街、宮口街為最主要街道。宮口街兩側商店林立，可說是北港街商務最繁榮的鬧區。後於光緒20年的大火毀去大半笨港街肆，次年日據台灣，貿易由閩轉向日本，北港貿易一落千丈，光復後北港溪經常氾濫，內港功能幾乎全失（部分摘自笨港歷史，http://www.matsu.org.tw/02_01.html，2008/09/15）。

北港這一座歷史悠久之朝天宮，為國家二級古蹟，每年仍吸引數以百萬計的觀光客，由此可知朝天宮在北港的重要性。**圖8.18**、**圖8.19**、**圖8.20**中，北港朝天宮的空間位置在北港最重要的市區道路—中山路上，北港的市街皆由此放射出去，使朝天宮廟埕所在之處成為主要交通網路上的重要節點；並且朝天宮與其廟埕，佔地廣大，成為獨立的街廓，這亦是台灣傳統聚落發展的特性，地方大廟在聚落中心，市街由此向四方發展出去。

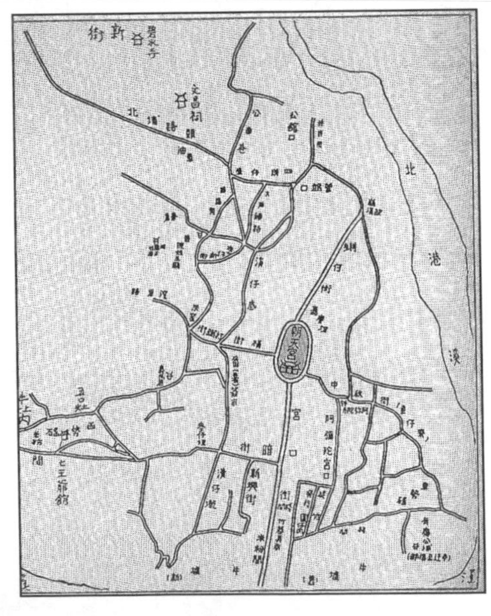

圖8.18　清末北港主要街肆略圖

地圖來源（蔡相煇，1995；頁98-1）

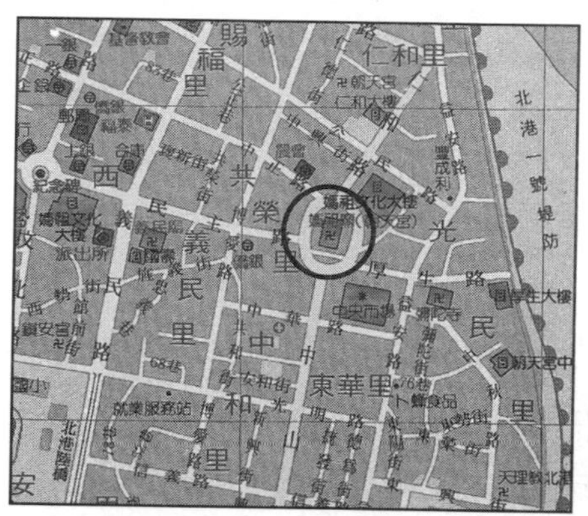

圖8.19 北港朝天宮位置圖一

地圖來源：台灣60個都會街道圖（戶外圖書公司，2001，p.183）

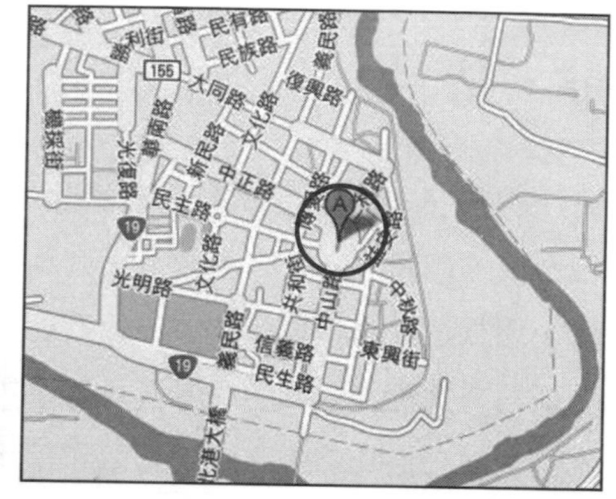

圖8.20 北港朝天宮位置圖二

地圖來源：http://maps.google.com.tw/（2008/09/15）

(四)小結

由以上的分析觀之，台人都市聚落中的主廟常是傳統都市聚落中最具象徵性與紀念性的元素，瞭解主廟和都市聚落發展之間的關係，可以觀察到台灣傳統都市聚落的空間構成特性（孫全文，1992）。

觀察以上幾處在台灣傳統都市聚落中的台人主廟之空間位置，可以發現它們有二個共同的重要空間特徵，一是都市聚落的主廟多位於都市聚落的中心位置，二是它們不但沒有遠離塵囂，反而位在聚落的煩囂之處，與居民的生活有密切關係，三是都市聚落的市街往往以主廟為中心而向周圍地區發展，主廟所在的地區常因此成為交通網路上的重要節點。

其第四個特徵是，主廟前往往有廟埕廣場，成為民眾預備進香、活動、交誼的廣場，有些主廟前的廟埕廣場面積較大，會直接影響都市的市街結構。

肆、結 論

分析日治時期台灣的都市聚落地區，日人的信仰中心—「神社」，和台人的信仰中心—「主廟」（大廟），二者在空間配置上有相當大的差異，因為日本的神道教在台灣的發展是屬於殖民式、外來的宗教，以國家神道的方式置入台灣社會的傳統聚落中，並且有總督府的法令統一管理。本研究從日治時期的市區改正圖和都市計畫中選取數個例子觀察的結果，可以發現日人信仰中心的「神社」在都市裡的空間配置要素包括：一、「不在都市的舊市區內，需在遠離俗民之地」；二、面向市區，和守護都市街庄的意義和目的有關；三、多在「在都市的北方或偏北方」，嘉義與東港例外；四、神社方位可以「面南」，嘉義與東港例外，但此二者均面向市區，一樣表示鎮護市區；五、「和行政中心遙遙相望」；六、「神社社域」十分廣大，或佔有整個街廓，或山丘中腹廣大地區；社域廣大可廣植常盤木，以增添神域的神聖氣氛；神社若在「山丘上」或在「山丘的中腹」，俯瞰則可以將都市盡納眼底，統御之意不言可喻。

台人的主廟（大廟）在都市聚落內的空間特性，則和台人自己的都市聚落形成與發展有深切的關係，是屬於移民社會到土著社會發展的信仰，所以其在都市聚落中的空間配置顯然與日人的神社大大的不同。重要的不同點包括：一、台人的主廟常成為聚落發生的地點、市街即以主廟為中心而向東西南北各方向發展出去，因此主廟所在地後來就成為都市聚落的中心；二、都市聚落的主廟不但沒有遠離塵囂，反而位在都市聚落的煩囂之處，成為居民最頻繁的生活空間；三、佔地面積沒有像神社那樣廣大，但是仍有廟埕成為居民預備祭祀、舉辦廟會……等相關活動的地方；四、主廟所在的地區，其廟埕廣場常成為市街交通網的節點，會直接影響都市市街的結構與都市的發展。

因為日本神道信仰是隨著日本殖民而進入台灣的，雖然在1937年後因為總督府實行「皇民化」政策而更積極實行，昭和13年（1938年）12月8日全島內務部長、廳庶務課長於總督府召開整理方針，認定「寺廟屬於淫祠邪教」，是台灣人的迷信；且是「支那的信仰」，必須「一掃支那的色彩」[9]，於是進行「寺廟整理」、「寺廟神升天」，在全島大肆進行寺廟的合併、拆除，撤除、燒毀神像，甚至總督府定下的方針之一有「新豐郡率先實行、在各庄營造神社、全郡下的寺廟全廢」。

但是神道信仰卻在戰後隨著新政府的去日本化和百姓傳統信仰的復甦而迅速消失，國民政府行政長官公署要將接收來的護國神社改為省級的忠烈祠，並飭令各縣市將轄內原有的神社擇一改為縣或市忠烈祠，以奉祀本省有功黨國之烈士。因此國民政府在 1945年二中全會中決議，在全國各地建立忠烈祠，並在1945年11月8日以禮字第1257號函請各省政府督促縣市限期一律籌設完成。於是1946年台灣省行政長官公署就發布署民字第2272號令，要各縣市就接管的神社中，擇一改建為忠烈祠[10]。於是各縣市就將轄內接收的日本神社，擇一改成中華民國的忠烈祠，祭神換成台灣抗日英雄和中華民國抗日烈士。當時成為市級忠烈祠的包括有基隆、台中、台南、高雄神社等；縣級的忠烈祠有淡水、宜蘭、桃園、苗栗、員林、嘉義、新營、阿緱、花蓮港、台東、澎湖神社等，而台灣護國神社成為台北市忠烈祠[11]（阿緱、新營、台南的忠烈祠後來則都另覓他處重建），成為

---

9 蔡錦堂(1990)。《日本帝国主義下台灣の宗教政策》。筑波大學大學院歷史人類學研究科博士論文（1994，東京：同成社），頁231-243。

10 台灣省行政長官公署編印（1946）。《台灣省行政長官公署施政報告─台灣省參議會第一屆大二次大會》，頁184。

11 參見（1）陳玲蓉（1992）。《日據時期神道統治下的台灣宗教政策》。自立晚報社文化出版部。頁212-215。（2）何鳳嬌。（2004）。〈戰後神社土地的接收與處理〉。《台灣風物》第54卷2期。台北：台灣風物雜誌社。頁127-128。（3）黃士娟 (1998)。《日治時期台灣宗教政策下之神社建築》。中原大學建築研究所碩士論文。頁194-201。（4）蔡榮任（2001）。《一種傳科權力技術的歷史性建構─從台灣日治時期神社到戰後忠烈祠》。國立成功大學建築學系碩士論文。頁4與附錄一。

忠烈祠的神社共有十多處。各縣市的忠烈祠除了台北縣的淡水神社為無格社之外，其他都是縣社以上的層級。因為神社社地面積廣大，因此社地分別被作為幾種用途，其中將近有20個神社的社地已經成為學校用地慷。

【參考文獻】

北港朝天宮誌。http://www.matsu.org.tw/03_1.html。2008/09/15。

地圖來源：豐原慈濟宮、東港東隆宮、北港朝天宮、新竹城隍廟：http://maps.google.com.tw/；

何鳳嬌（2004）。〈戰後神社土地的接收與處理〉，《台灣風物》，第54卷2期。台北：台灣風物雜誌社。

李坤昌（2001）。〈東港采風：大鵬灣畔——眷村的故事〉，《屏東縣東港鎮文史學會》，第8期季刊，頁6-7。

孫全文（1992）。《台灣傳統都市空間之研究》。台南：國立成功大學建築研究所。

馬路灣主編（2001）。《台灣60個都會街道圖》。台北：戶外生活圖書公司。

張永堂總編纂（2005）。《續修新竹市志》卷二《土地志》。新竹：新竹市政府。

笨港歷史。http://www.matsu.org.tw/02_01.html。2008/09/15。

莊芳榮（1987）。《台灣地區寺廟發展之研究》。台北：文化大學史學研究所博士論文。

陳玲蓉（1992）。《日據時期神道統治下的台灣宗教政策》。自立晚報社文化出版部。

陳鸞鳳（2007）。《日治時期台灣地區神社的空間特性研究》。台北：國立台灣師範大學地理系博士論文。

黃蘭翔（1996）。〈台灣、日本、朝鮮、關東州都市計劃法令之比較研究—1936年「台灣都市計劃令」的特徵--〉，《台大建築與城鄉研究所學報》第8期，頁87-97。

楊梅錫福宮：http://web.hakka.gov.tw/a/map1.asp?id1=13

台灣省行政長官公署編印（1946）。《台灣省行政長官公署施政報告——

台灣省參議會第一屆大二次大會》。

台灣總督府（1895-1945）。《台灣總督府公文類纂、史料稿本》。國史館台灣文獻館收藏。

潮州三山國王廟：http://maps.yahoo.com/；

澎湖天后宮：http://www.magong.com.tw/images1/graphic/98/006/0805230008.jpg

潘朝陽（1980）。〈宗教・寺廟・後龍溪谷地通俗信仰的區域特色〉，《師大地理教育》，第6期。頁79-93。

潘朝陽（1986）。〈台灣民俗宗教分布的意義〉，《師大地理研究報告》，第12期，頁143-178。

潘朝陽（2001）。《出離與歸返——淨土空間論》。台北：國立台灣師範大學地理學系。

蔡相煇（1995）。《北港朝天宮志》。北港：北港朝天宮董事會。

蔡榮任（2001）。《一種傅科權力技術的歷史性建構一從台灣日治時期神社到戰後忠烈祠》。國立成功大學建築學系碩士論文。

蔡誌山（1992）。〈東港神社〉，《東港采風》，第12期。屏東縣東港鎮文史學會，頁2-5。

蔡錦堂(1990)。《日本帝国主義下台灣の宗教政策》。筑波大學大學院歷史人類學研究科博士論文。（1994，東京：同成社）。

蕭瑤友主編（1999）。《汽車旅遊熱點完全導遊》。台北：戶外生活圖書公司。頁238。

賴志彰、魏德文、高傳棋（2003）。《竹塹古地圖調查研究》。新竹：新竹市政府。

黃士娟（1998）。《日治時期台灣宗教政策下之神社建築》。中原大學建築研究所碩士論文。

黃武達（2006）。《日治時期台灣都市發展地圖集》。台北：南天書局與國史館台灣文獻館合作出版。

第九章

日治時期的大南社：馴服與同化

■謝政道　國立屏東科技大學通識教育中心教授

摘 要

本文乃筆者執行95年國科會「大南社」專書寫作計畫的部分內容。主要是以位於台東縣卑南鄉之大南社為研究對象，並以日治時期大南社戶籍資料為主，再輔以部落遺址的實地探勘和部落耆老的深度訪談等方式來探討日治時期日本殖民政府對大南社進行馴服與同化的歷史變遷過程。

【關鍵字】魯凱族、卑南鄉、大南社

壹、前 言

「大南社」（該族自稱為「達魯瑪克」）現今被學界歸屬於魯凱族東魯凱群，目前部落隸屬台東縣卑南鄉東興村。根據日籍學者淺井惠倫在1936年一篇關於雅美族語言研究的論文（A Study of the Yami Language；Asia）中把魯凱族（Rukai）分為Rukai Proper、Taromak、Toruluka-Kogadvanu與Mantaulan四個地方群。1939年日籍學者鹿野忠雄則以地理的分佈以及群體自我意識為分類基礎，把魯凱族分為三個地方群：(1)下三社群；(2)西魯凱群；(3)東魯凱群。目前，下三社群位處高雄縣茂林鄉，西魯凱群位處屏東縣霧台鄉，東魯凱群則位處台東縣卑南鄉大南村（石磊，1956）。

本研究期以傅柯（Michel Foucault）所提出的空間理論作為基礎，來研究大南社所建構出來的權力／空間的基本秩序。蓋空間是任何公共生活形式的基礎，也是任何權力運作的基礎。空間是觀察權力關係運作的最佳場所，空間是權力展現的場域。所以，透過社會空間的系統來可以清楚了解權力關係彼此間的影響。此外，本文亦旨在透過廣泛蒐集文獻和田野調查，企圖了解當時日本殖民政府是透過何種手段，而逐漸將國家權力系統滲進大南社傳統的社會權力空間（Geertz, 1973）。

貳、大南社的歷史沿革

根據部落所流傳的開社傳說，大南社的祖先源自Tiadigul（小鬼湖、巴油湖，Bayu湖）北方、Daloaringa（大鬼湖）南方的kaliala。後來由於原居住地發生洪水，導致族人大量死亡，最後僅剩一對兄（ataliu, tsaidiv）妹（mutokotoke, modokaudokan），二人並在「肯都爾山」（kindoor）繁衍他們的後代。後來部落又沿著大南溪向東遷徙到「嘎自嘎剌」（katsikela），但由於「嘎自嘎剌」發生天花（kulakula）、霍亂（vikaton）等傳染病，造成人口銳減，為防止鄰近的排灣、卑南、阿美等族群的侵略，乃從卡阿魯灣社（kaaluwan）（今金峰鄉嘉蘭）、霧台（在屏東縣）招募與其有婚姻關係的排灣人、西魯凱人前來共同開墾，因而產生了ataiin與onasi兩個小社。ataiin是由與大南社貴族有親戚關係的排灣族kaarlua社（目前位處台東縣金峰鄉嘉蘭村）人遷來所組成的，包括kaarua社的貴族及平民。他們的住地是由大南社的larulena貴族，從其獵場中分給他們的。anasi是由屏東縣霧台鄉的魯凱族平民階級所組成，因為他們所屬的貴族與大南社貴族有親戚關係才能遷來。大南社後來陸續由「嘎自嘎剌」遷到「達茅魯會紮」（tamalullutsa）、「マドルドル」（madoludolu）、「チクル」（tikulu）等地，但因為交通不便之故，乃遷回距離「嘎自嘎剌」很近的「卡巴利瓦」（kapaliua）。當然，在「卡巴利瓦」之前的部落遷移傳說仍有待遺址考證，方能成為可靠的史實。

1931年（昭和6年）4月18日，馬淵東一在台東廳台東支廳對Taromak社的Lavarius家的Rataungu（男，50歲，大南社大頭目）和Ladumaradat家的Lavorao（部落耆老，男，40到50歲左右）進行訪談，並由O-Laaavalo擔任翻譯。並根據兩人的祖譜記誦，而往上追溯17代（移川子之藏，1935）。如以每個世代25年來計算的話，那麼大南社較為可信的歷史至少可回溯至1506年。如以每個世代20年來計算的話，那麼大南社較為可信的歷史至少可回溯至1591年。目前最為肯定的資料則為荷蘭人於1650年對大南社的歷史記載。

叁、卡巴利瓦時期的大南社

魯凱語的kabaliua（卡巴利瓦）是指「匯集之地」的意思，即「真正屬於自己的聚落」（夏黎明等撰，1999）。乃魯凱族東魯凱群大南社目前可證實的最初舊社遺址，其地理位置在台東縣卑南鄉東興村西北面約10公里的一處標高約550到650公尺的山地保留區。

根據謝繼昌（1965）在1964年於台東進行田野調查時，曾根據耆老訪談，繪出卡里瓦的家屋分布圖，且卡巴利瓦時期的大南社共分為五個區域：paliu、tatasi、taipulen、lulon和likilikiia。此外，週遭又有onasi與ataiin二個小社和tatelaa一個聚落（**圖9.1**）。

當時大南社乃由數個貴族家系與所有平民所組成的一個傳統部落，部落本身不但是一個地域界限完整分明的單位，還是一個共同祭祀體，以及結合政治、經濟與軍事的聯合防禦體。在社會階層體系的規範下，每個成員依與生俱來的血緣關係世襲原則，而被區分為貴族（talyiyalralray）、士族（`arabolroa）與平民（kawkawlr）。然而，在各部落中卻也存在著另一套依個人特殊能力的表現，而享有政治、宗教或經濟上特權的法則，原則上此種特權不能世襲。換言之，部落中的貴族（尤其是大頭目），在其社

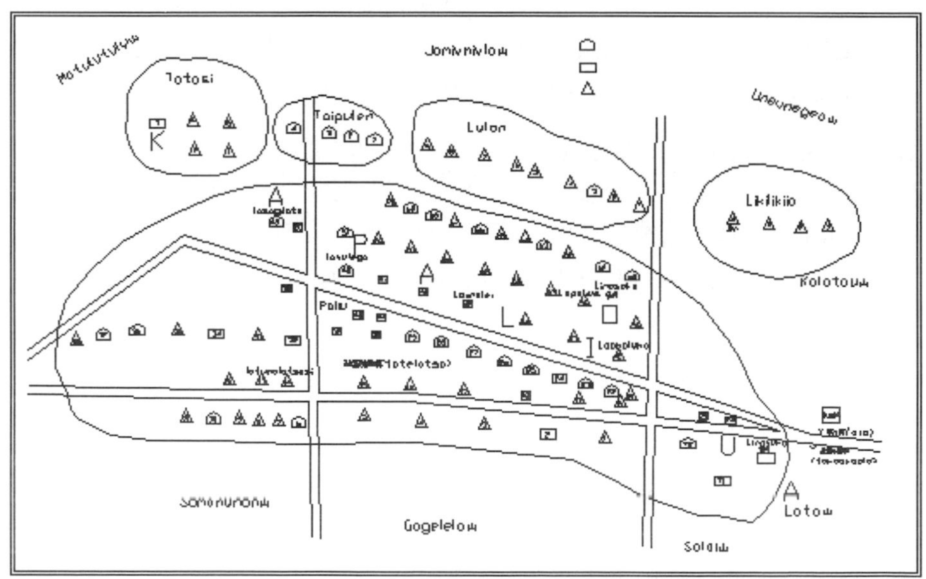

圖9.1　卡巴利瓦時期的大南社家屋分布圖

資料來源：改繪自學者謝繼昌碩士論文的手繪圖。

會中所享有的多為經濟上與儀式上的特權，至於部落政治權力的運作上，則未必享有絕對的權力。因此，任何一個部落的居民都擁有著社會上與政治上的兩種主要身分，前者表現在世襲的社會階層身分（貴族或平民），後者表現在非世襲的政治領導身分（領導者或被領導者）。簡言之，傳統大南社部落的政治權力並非全由貴族系統控制一切，而是讓有能力的平民透過「會所制度」（arakowa）這樣的組織來參與部落中的政治與軍事事務（謝政道，2006）。

2005年1月26日，筆者首次前往探勘時已有產業道路可達，由東興村到卡巴利瓦的車行時間約40分鐘。卡巴利瓦遺址寬約130公尺，長300公尺，當時遺址現場因遭濫墾而遭到嚴重的破壞。2007年1月22日到25日，筆者帶領呂智雄、林韋成、黃宏洋、蔡惠羽等人前往卡巴利瓦進行遺址測繪，希望藉由較為精細的測量方式來保存部落遺址現況（**圖9.2**）。

分析日本殖民政府對卡巴利瓦時期的大南社開始進行統治行為應始於1896年（明治29年）5月25日。當時日軍組東部討伐隊於卑南登陸，成員之中也包括了所謂的「民政官吏」66人的小組（大園市藏，1920）。5月28日，大南社的大頭目北塞率同社幾位頭目、眾族人向日軍歸順（王學新譯，1998）。此外，日軍亦完成由卑南至鳳山之道路調查（**圖9.3**）：

(1)自卑南至阿里港：華里不詳但約四日左右路程。

(2)沿路首先由卑南至呂家社，過籐橋至大南社，由該社至西南山上為止：四十五華里。

(3)自此下山一宿，翌日經一整日而至山上，有一大潭，其實三五里，長十餘里。

(4)由大南社出發，出大路關，里程未詳。但若晴天則為四日左右路程。

(5)自大路關至阿里港：二十華里。

(6)自阿里港至鳳山：四十華里。

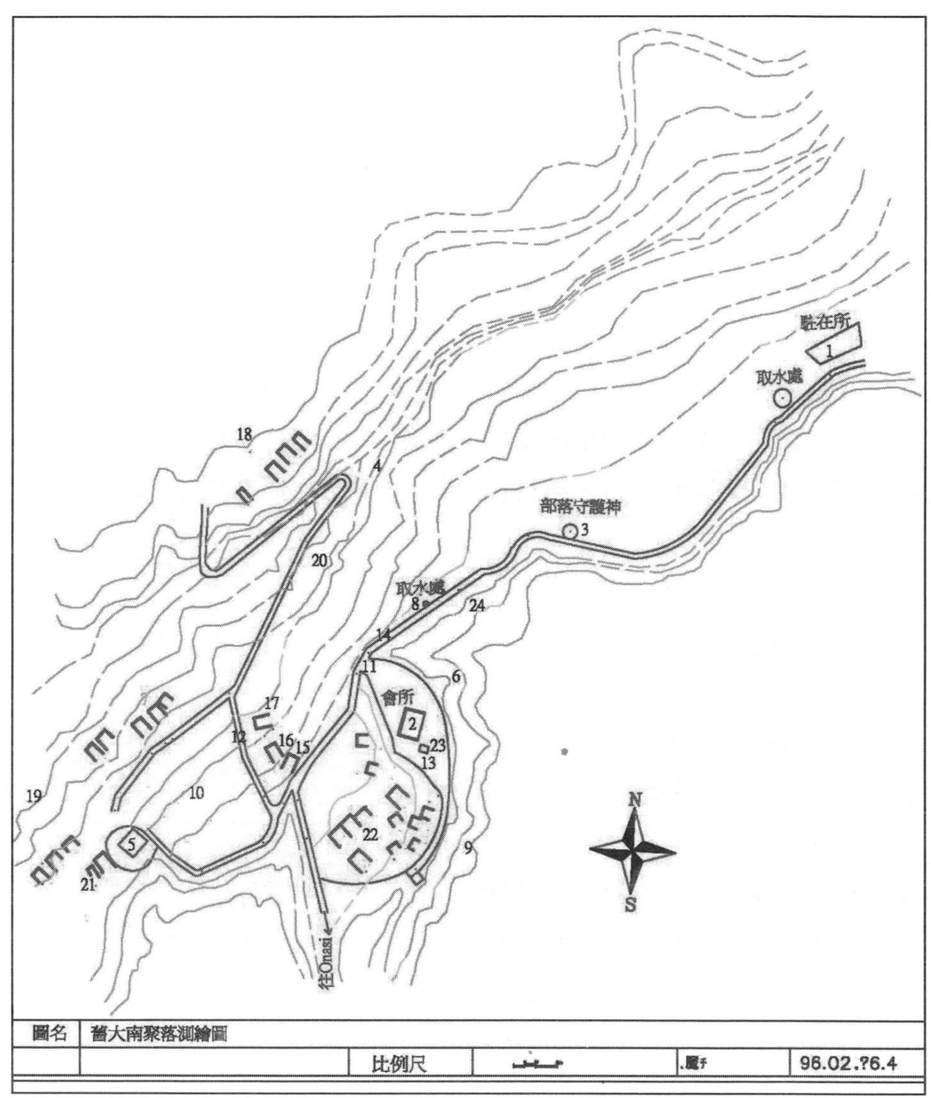

圖9.2 大南社卡巴利瓦遺址測繪圖

資料來源：呂智雄、許光廷、林韋成、黃宏洋、蔡惠羽繪製。

1896年（明治29年），根據田代安定為台灣總督府民政部殖產課所對清末東部地區聚落人口所作的調查，當時大南社（被歸類為卑南族）有169戶。1897年（明治30年）3月22日，台東支廳公布總通事、通事、社長、副社長之職責及章程（台灣總督府警務局編，1995；王學新譯，1998），以作為台東理蕃的指導方針，分析其內容乃由撫墾署每三個月召集全轄區內之蕃社社長、通事，進行必要之訓誡，以教導啟發，並詳細詢問社內情況及陳述其希望，進而講求漸次改進之策。並且社長、通事之選任，則依照實施命令情況及該人稱職與否，來行任免。

1897年（明治30年）3月24日，大南八段前社等二社通事1名、社長、副社長5名到台東撫墾署報到，由日人交付其人事命令、月津貼及赤布，並給予諭示（王學新譯，1998）。1897年（明治30年）9月12日，台東撫墾署召見大南社通事謝白毛（漢人）及大南社總頭目北塞及該社分社社長等5人。此時，大南社被歸屬為大南蕃（卑南與排灣混合之種族），並下分為大南八段前社、中社與郎阿什后社三社，合計169戶，847人（男452人，女395人）。當時，台東撫墾署對大南社的描述是「性情剽悍，貪慾心旺，智識極為發達，頗能奉行社長命令，橫行山嶽間」（王學新譯，1998）。

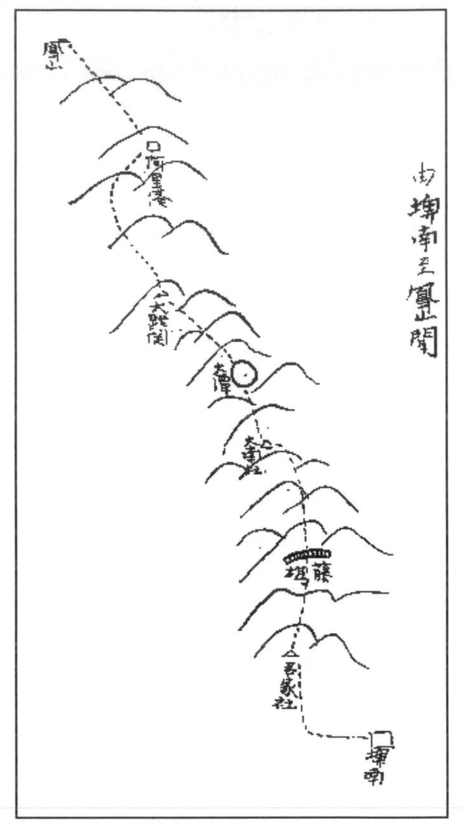

圖9.3　日方手繪卑南到鳳山圖

資料來源：王學新譯，1998。

1900年（明治33年）1月8日，台東廳派遣江夏技手和黑葛原屬兩名，勘查自大南社闖關通往蕃薯寮道路的可能路線。途中在中央山脈發現7個管轄官廳未明的村社：即rapuan社（現居屏東縣霧台鄉大武村）、kinura

社（現居屏東縣霧台鄉吉露村）、tamarakau社（現居屏東縣三地門鄉青葉村）、buudai社（現居屏東縣霧台鄉霧台村）、pakarurai社（不詳）、adrru社（現居屏東縣霧台鄉阿禮村）、kosapogan社（現居屏東縣霧台鄉好茶村），其後並將七社頭目、副頭目帶回本廳。除分發頭目派令，贈與禮品外，亦下令其常來廳報到（王學新譯，1998）。

1904年（明治37年），台東廳長相良長綱在任內去世，台東廳長改由恆春廳長森尾茂助兼任，並一改相良長綱時期的安撫政策，改以積極手段威服「蕃」人，大量增設警察派出所，使蕃政由安撫走向管制取締。1905（明治38年），「蕃」務移歸「警務課」掌管，從此警察成為「蕃」地的主宰，除了維持治安外，還負責教育、授產與衛生等事務。並且根據「蕃地管理規則」，任何人出入「蕃」地應得警察官署的允許，並禁止漢人以任何名義佔有或使用「蕃」地，使「蕃」地成為孤立的區域，一切唯警察之命是從。同年，台灣總督府公布「有關台東廳槍械彈藥供應管理辦法」，此一辦法的目地在使各社相互牽制，並控制其槍彈來源，最後則是要徹底拔除原住民的武力（台灣總督府警務局編，1995；藤井志津枝，1997）。

1906年（明治39年），佐久間佐馬太出任台灣總督，實施「五年理蕃計畫」，全台理「蕃」政策改變。4月14日，台灣總督府發布訓令第81號，公布警察本署增設「蕃務課」，掌理蕃人蕃地及隘勇事務。此時，台東廳為配合佐久間總督的「五年理蕃計畫」，亦開始以武力鎮壓轄內桀傲不馴的蕃社。於是自1906年（明治39年）7月起，陸續爆發蕃變。同年，台東廳在大南社創設「警察官吏駐在所」（施添福等編修，2001）。

1907年（明治40年），台東廳開始施行「蕃社特別行政制度」，以為日後將原住民部落劃入一般行政區做準備。其方式是以各社原有的習慣為原則，在地方官（警察）的監督下，成立「蕃社役場」（鄉公所）。以各社頭目為首長，社中長老組成協議會，協助頭目處理社中事務。各地派出所每二個月舉行一次各社頭目例會，由該地警官主持。社內的一般教育，勸業及土木等機關，由該管地派出所兼理。「蕃社行政制度」使熟「蕃」各社成為廳下一般行政的一部分，但警察在其中仍扮演主導的角色（台灣總督府警務局編，1995）。1月6日，總督府決定自1907年（明治40年）起，蕃地經營費增列五十萬圓。其運用方針以製腦、造林、採礦等利源較多的「北蕃」為主；「南蕃」則採漸進撫育方式，即設置「撫蕃官吏駐在所」於各社內，推行撫育事務。9月1日，大南社之「警察官吏派出所」改稱「蕃務官吏駐在所」（施添福等編修，2001）。

1914年（大正3年）8月1日，台灣總督府開始執行「理蕃事業五年計畫」，實施「南蕃」銃器押收。9月，台東廳配合「理蕃五年計畫」，開始收繳大南社與新武路一帶布農族各社的槍械。10月3日，南蕃銃器押收，台東方面搜索隊長松山隆治下達行動命令，於10月4日下午6時，以一部分人員，自卑南出發，向大南社出發，主力則向新武路移動，其中砲隊、電話班和負責渡河設備部隊，於10月4日上午7時自卑南出發，前進新武路。新武路渡河設備完成前，松山隊長坐鎮大南社。10月7日至9日，日軍連續以12公分大砲與機關槍做威力式射擊，加上銃器押收搜索隊長勸諭和威嚇下，迫使大南社繳出各式槍械204枝（大南社估計擁有銃器約250挺）（台灣總督府警務局編，1995；藤井志津枝，1997；施添福等編修，2001）。同年，台灣總督府公布「蕃地交易規則」。隔年，台東廳內即設「大南蕃地交易所」。

1916年（大正5年）8月，總督府以訓令第77號，公布「警手及隘勇規則」以取代1904年（明治37年）7月訓令第112號「隘勇傭使規程」和1913年（大正2年）5月訓令第101號「警手規程」。旨在以警手和隘勇擔任「蕃地」警備、搜索、討伐，及其他勤務。警手乃任用年齡20至45歲的日本人，而隘勇則任用17至45歲的本島人，警手地位高於隘勇伍長（台灣總督府警務局編，1995；施添福等編修，2001）。11月17日，台東廳所直轄的大南社（當時被歸類於排灣族）設立「大南蕃童教育所」；28日，在台東廳直轄大南駐在所設置「甲種蕃童教育所」，並自當日起開始授課。蕃童教育所由當地駐在所警察充任教師，計分3級，共有學生66人（男28，女38），就學率達98.55。修業年限最初為6年，1917年（大正6年）以後改為4年，一直到日本人戰敗回國，山地原住民所就讀的學校（教育所）仍然是由警務局負責（台東廳，1930；台灣總督府警務局編，1944；台灣總督府警務局編，1995；施添福等編修，2001）。

1917年（大正6年）8月31日，台東廳於當天召集轄區內之蕃族頭目赴廳慶祝「天長節」（日本天皇生日），並給予諸般訓示後，設宴招待並贈送物品。大南社出席頭目為36歲的拉曾 （台灣總督府警務局編，1995）。1921年（大正10年）4月1日，大南警察官吏駐在所的警力配置為：警部1名、巡查部長1名、甲種巡查8名、乙種巡查1名（台灣本島人）、警手6名，合計17名（台東廳，1921）。4月20日，台東廳發布「台灣總督府地方警察配置及勤務規程施行細則」，以作為警方行政依據（台東廳，1921）。10月2日，台東廳台東支廳查知大南社與呂家社原住民之間交易槍身，予以沒收（台灣總督府警務局編，1995）。1922年（大正11年）9月，殖產局在大南社設立養蠶指導所。1923年（大正12年）大南社的醫療機構由施藥所改為療養所（台灣總督府警務局編，1995）。

肆、比利良時期的大南社

1925年（大正14年），大南社原住民有50戶接受日本政府勸導而集體遷往呂家溪見張所（哨所）附近，並由原本的山田燒墾進入水田稻作。10月2日，台東支廳大南交易所亦移往呂家溪見張所（台灣總督府警務局編，1995）。10月15日，大南警察官吏駐在所的警力配置為：巡查部長1名、甲種巡查7名、乙種巡查2名（台灣本島人）、警手6名，合計16名（台東廳，1924）。1926年（大正15年；昭和元年）11月3日，大南蕃童教育所全部的16名學童前往台東小學參加聯合運動會，並參觀台東街。同年，台東廳為陸續由卡巴利瓦搬遷到比利良的大南社興建以下公共設施（台灣總督府警務局編，1995）：

(1)建造水圳：為使遷到比利良的大南社民能順利開墾呂家溪見張所附近二十餘甲的土地，乃將呂家社的灌溉用水圳延長四町長。

(2)建造住屋：對於率先遷移下來的50戶大南社民，提供其建屋材料。

(3)建造自來水設施：特別為遷到比利良的大南社民埋設一吋寬的自來水鐵管。

1928年（昭和3年）3月30日，位於卡巴利瓦（kabaliua）的大南社（總計有128戶，555人）全數移住到比利良（ilila），此乃日本殖民政府於1925年（大正14年）起，開始實施的「山地原住民集團移住政策」成功

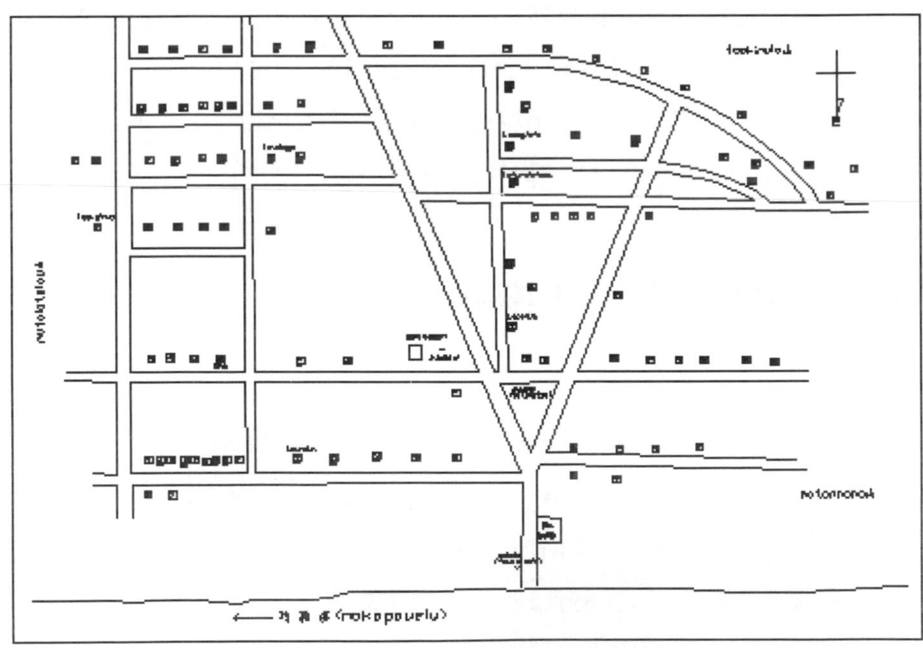

圖9.4 比利良時期的大南社家屋分布圖

資料來源：改繪自謝繼昌的手繪圖。

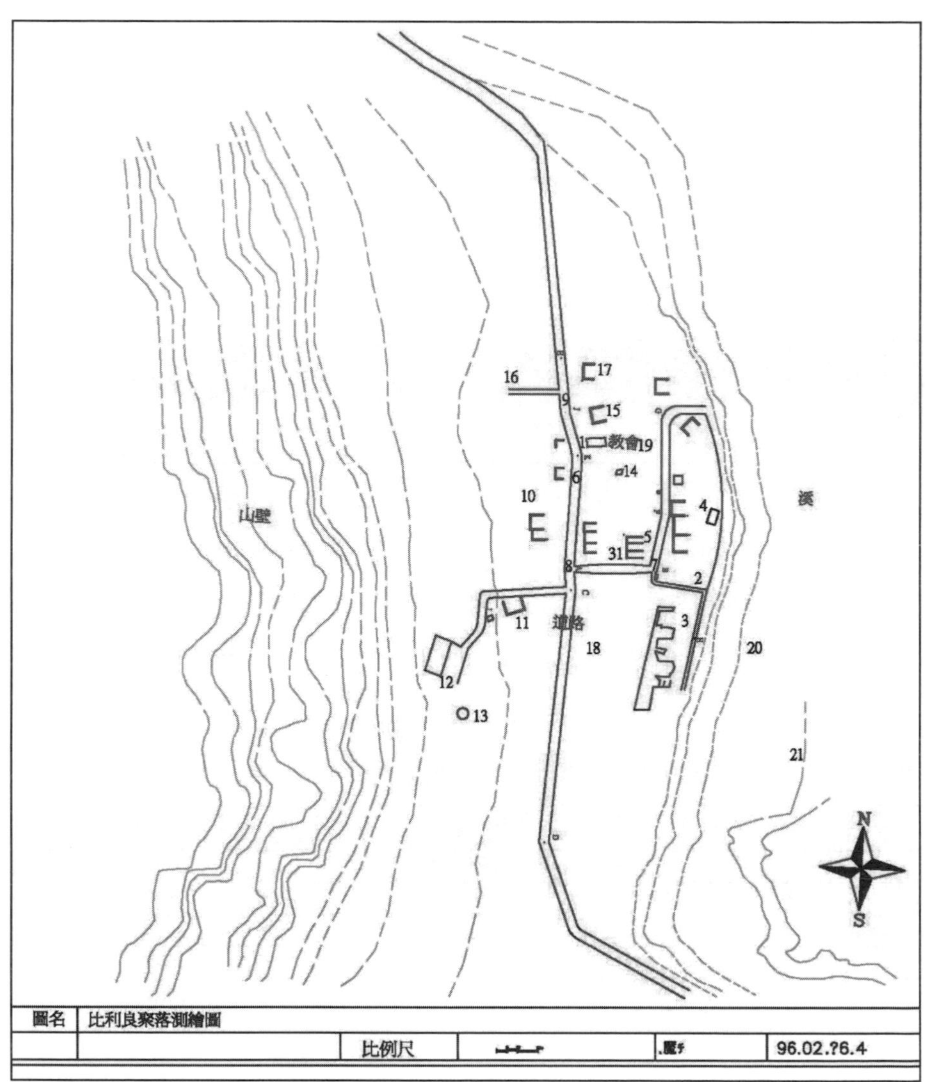

圖9.5 大南社比利良遺址測繪圖

資料來源：呂智雄、許光廷、林韋成、黃宏洋、蔡惠羽繪製。

的落實在大南社的結果（施添福等編修，2001）。根據謝繼昌（1965）在1964年於台東進行田野調查時，曾根據耆老訪談，繪出比利良的家屋分布圖（**圖9.4**）。2007年1月22日到25日，筆者亦曾於比利良遺址現況進行測繪（**圖9.5**）。

1929年（昭和4年），大南社青年古家良保自台東公學校高等科畢業後，獲保送台南師範學校就讀，為當時大南社學歷最高者（趙川明，2001）。同年，根據台東廳庶務課的資料顯示，大南社在比利良所進行的水田耕作收穫如**表9.1**所示。

表9.1 大南社水田耕作情形

支廳別	指導姓名	昭和1年		昭和2年		昭和3年		摘要
		面積	收穫高	面積	收穫高	面積	收穫高	
台東支廳	大南			3^{甲},646	15^{石},900	6^{甲},820	62^{石},700	1、2期作

資料來源：台東廳庶務課編，1929。

1932年（昭和7年），古家良保自台南師範學校畢業後，原預定任教職，因其為山地原住民，日人勸其擔任警察，乃返鄉任大南警察駐在所巡查，同時兼大南教育所教師。此外，根據資料顯示，當時大南駐在所的警力編制如**表9.2**所示。

表9.2 1932年（昭和7年）大南駐在所警員資料

官階	姓名	出生地
巡查部長	河野藤雄	愛媛
巡查	春田義正	廣島
巡查	吉村榮次	郎潟
巡查	佐分利政雄	台東
巡查	古屋（家）良保	台東

資料來源：筒井太郎編，1932。

1932年（昭和7年）9月，台東支廳大南社廢除室內葬慣習（施添福，2001）。1933年（昭和8年），古家良保又籌組「禁酒會」，自任會長，以教育所畢業學生為會員，宣導族人戒酒，提升族人經濟力（趙川明，2001）。8月25日，台東廳蕃地教育講習會會員與講師，前往大南教育所，在該所舉辦示範教學研討會。由出身該所，畢業於台南師範之古家良保擔任講習員，講授國語、算數、複式教學法，頗受佳評。9月18日，大武支廳「噶媽社」教育所補習科兒童10名和台東支廳大南教育所補習科兒童11名，自即日起至21日，赴花蓮港廳各地修學旅行（趙川明，2001；施添福，2001）。12月，台東支廳大南社由駐在所巡查古家良保擔任大南社「青年團」（台東廳庶務課編，1935年）團長，並指導族人於青年集會所設置共同浴室（趙川明，2001；施添福，2001）。同年，日本政府撥用蕃人授產費3,200多元，由大南社人無償出役，修築大南土圳。戰後年久失修，大南社族人孟田榮乃爭取將大南圳納入台東農田水利會系統，改建為水泥圳（趙川明，2001）。1934年（昭和9年）4月1日，台東支廳大南社，去年五月創立禁酒會，以尚無飲酒習慣年約50名為會員。嚴格遵守禁酒規約1年後，會員增至男45名、女34名，同一期間，台東廳蕃地實施瘧疾防遏方法的地域除舊有的大南、武陵等7處外，再增5處，共計12處。6月17日，總督府理蕃當局於始政紀念日，舉行第二回山地自助團體及國語普及會表揚式，並頒發助成金。台東接受表揚的團體有：大南青年會等20個團體，大南社且被選為台灣八大模範番社（施添福，2001）。1935年（昭和10年）10月，古家良保被選派參加首屆全島高砂族青年團幹部懇談會，為32名代表之一（趙川明，2001）。10月7日，大南社動工建設國語普及夜學會場；11月27日竣工，該日夜學會開課。會場建地19.25坪，建設所需人力，全部由大南社負擔。夜學會場旨在供國語普及會使用，致力於國語教學，往後使大南社國語普及率躍居台東廳蕃社第一名，很多族中青年更得因而就讀「台東農林學校」。

表9.3　1935年（昭和10年）大南社人的耕作地

支廳	蕃社名	高砂族耕作地及農產物（昭和10年）			
台東支廳	大南	現耕作地面積		休耕地面積	
		田	畑	田	畑
		6.02甲	0.08甲	0	0

資料來源：台東廳警務課，1936。

表9.4　1935年（昭和10年）大南社人的農產物收穫

支廳	蕃社名	年中收獲高						
台東支廳	大南	水稻（石）	陸稻（石）	粟（石）	蕃薯（斤）	豆類（石）	里芊（斤）	雜穀類（石）
		286.31	193.00	49.60	80.000	6.00	10.000	0

資料來源：台東廳警務課，1936。

表9.5　1935年（昭和10年）大南社交易所及交換所別交易額

支廳	交換所名	本年中		前年中	
		供給額	搬出額		
台東支廳	大南交易所	物品	物品	供給額	搬出額
		3,428.48	6,492.77	2,983.30	4,202.09

資料來源：台東廳警務課，1936。

1936年（昭和11年）3月1日，台東支廳大南社，為求徹底發揮教化功能，特制定「蕃社規約」共17條，自即日起實施。7月23日，台東支廳大南社，在青年集會所召開「蕃社會議」，決議廢除平民必須向貴族繳納粟租、獵租、祭祀租等舊慣。此外，亦逐漸改良縮短「小米收穫祭」日期，從青年團報到、進住會所（活動中心）集訓、報佳音、婦女採籐、立秋千、「買沙呼嚕」（maisahulu）、到收穫祭之完成，約七至十天，其間最後第二天開放，供外界參加（謝政道，2006；謝政道、蔡金仁，2006）。12月25日，台東支廳大南社一對男女青年，在大南神社舉行結婚祠前結婚，此為大南社首例（施添福，2001）。

1938年（昭和13年）1月29日，台東廳在台東小學校大講堂，舉辦第六回高砂族國語演習會，大南社獲得兒童教育所與國語講習所甲部生的優良團體。12月10日，台東郡在大南社，舉辦高砂族牛耕競技會。該年，大南社被選為台灣八大模範蕃社。1939年（昭和14年）4月1日，大南社被列為台東廳「蕃地」實施瘧疾防遏方法的地域。10月22日，台東廳在台東郡大南教育所，舉辦第二回「蕃地教育研究會」，為期三日。10月23日，台東廳在台東郡大南教育所，召開「山地教育所教育研究會」，為期二日。11月1日，內務省警察講習所教授兼內務事務官溝淵增己，訪問大南社。

1940年（昭和15年）5月，台東廳在台東郡大南社，舉辦第二回「山地青年指導者講習會」，為期14日，講習員50名。課程包括：訓育、蕃社自治訓練、公民、修身、青年團經營法、青年修養、一般農業、經濟、體操、歌唱等（施添福，2001）。

1941年（昭和16年），台東支廳大南社駐在所的巡查計有：西村憲治、古家良保、東田尚利、永吉忠夫四人（鍾若石，1941）。4月28日，古家良保過世。7月22日，台東廳在台東郡大南社設置「高砂族青年道場」，以推動高砂族皇民化運動。該道場建築工程竣工，並舉行盛大落成式。7月23日，台東廳在台東郡大南社新建高砂族青年道場，舉辦「青年團指導講習會」，為期5日，講習員23名。12月27日，在台東郡大南社高砂族青年鍊成所，舉辦「高砂族青年幹部鍊成會」，為期8日。主要課程包括：訓育、青年本務、執銃訓練，徒手、器具操法等。1942年（昭和17年）1月25日，台東郡大南社在台東劇場，舉辦第10回山地高砂族國語演習會。演習會議山地監督區為單位（施添福，2001）。

伍、結論

大南社搬遷到比利良（ilila）可說是日本殖民政府勵行全台灣的「山地原住民集團移住政策」的結果。該政策純就當時日本統治者希望能將位處偏遠山地的原住民部落遷移至平地或交通較為方便的山地有關，其用意就在於有效管轄這些原住民部落（鎮壓與同化方便），進一步充分掌控台灣山地資源（如樟腦、木材等）。曾任警務局長的川崎卓吉就主張恩威並行手段，其中關於「恩」的部分，就是讓原住民從事農耕；讓原住民學童接受日本教育，學習實用的農工技藝；利用宗教來改變原住民傳統慣俗；提供原住民產品的交易中心，俾改善其生活；提供原住民醫療設備。前述之所有重心就在於徹底改變其傳統生活習慣，進而達到同化的最終目的

（川崎卓吉，1921）。

前述可陸續見於1907年（明治40年），台東廳開始施行「蕃社特別行政制度」看出端倪。其方式是以各社原有的習慣為原則，在地方官（警察）的監督下，成立「蕃社役場」（鄉公所）。以各社頭目為首長，社中長老組成協議會，協助頭目處理社中事務。各地派出所每二個月舉行一次各社頭目例會，由該地警官主持。社內的一般教育，勸業及土木等機關，由該管地派出所兼理。「蕃社行政制度」使熟「蕃」各社成為廳下一般行政的一部分，但警察在其中仍扮演主導的角色（台灣總督府警務局編，1995）。1907年（明治40年）起，更設置「撫蕃官吏駐在所」於各社內，推行撫育事務。接著，1908年（明治41年）3月13日，台灣總督府訂出「山地官吏駐在所教育蕃童標準」、「蕃童教育綱要」及「蕃童教育經費標準」等法令（台灣總督府警務局編，1995；許進發編，2004），並將此「標準」和「綱要」通告管轄蕃地之各廳廳長，而確立蕃地教育制度。凡有獨立設備以教育蕃童者，稱為「甲種教育所」；凡只以蕃務官吏駐在所之一隅充作教育場所者，稱為「乙種教育所」。該年規定教育所的設置需由廳長向總督申請，其主要教育目的在逐漸培養原住民日本的風俗習慣。學校教材教具、通學生午餐及寄宿生膳費等，皆由官方供給。每班學生以40人為準，每月上課約20天，每天上課5小時，其中耕作、種藝、手工占一半以上的時間。日語教學只限片假名，簡易會話及讀寫。倫理教育為忠君、孝順、敬畏、家人有愛、朋友有信、辭讓、公德心等，並教敬禮、讓路、用餐、進出門、物品授受等方法。耕作種藝在改良原住民耕種法，有深耕、施肥、育種、接木、取木、產品加工、銷售管道等（台灣總督府警務局編，1995；施添福等編修，2001；台東廳，1915）。1911年（明治44年），台灣總督府鼓勵各地組織各種社會教化團體，像「國語夜學會」、「國語普及會」、「國語練習會」、「國語講習所」，又有「家長會」、「青年會」、「婦女會」、「主婦會」、「青年團」、「少年團」、「同風會」、「同化會」、「同光會」、「庚申會」、「振興會」等，各地所用名稱不太一樣，然其目的大致相間，及促進日語的普及，兼及社會風俗的改良，衛生的改良等目的，此乃日本在統治初期，以公學校為中心，推行日語教育，然因公學校不多，入學者甚少，成效有限。故輔以各種的社會教育組織。當時，台東社會教化團體計有青年團、女子青年團、青年訓練所、女子青年訓練所、家長會、婦人會、國語講習所、少年團等。此外，家長會、主婦會、青年會等在原住民各部落裡，合稱為振興會。其活動內容有生活之改善、部落之美化、農事之改良、注意衛生、整修道路、勵行納稅義務，並勵行皇民化運動，包括慶典時的神社參拜、尊敬日本國旗、使用日本語、神宮大麻之奉祀等，其活動中心為各部落之集會所。日本政府利用原有部落組織及警察之力量以推行之，頗見成效（李雄揮等編修，2001）。1915年（大正4年）5月，佐久間佐馬太總督的「理蕃五年計畫」結束後，丸井圭治郎在台灣總督府的委託下提出「撫蕃意見書」，書中認為此後應採取「撫育」與「同化」同時並行政策來對待台灣的先住民。所謂「撫育」重點在於授產、蕃品交換等，企圖以改善生活條件使先住民主動順服於日本人。「授產」即是在山地設立各種農業指導所，教導先住民各種養殖技能，內容包括水田耕作、甘蔗耕作、牧牛、養豬等專業以增加生產，改善其生活條件，以謀求生活的安定。通常，授產會伴隨著「高山原住民族集團移住政策」的進行。「高山原住民族集團移住政策」的表面理由在於為先住民尋找較有利的生活空間，實則蘊含有控制的方便性。所謂「同化」方面則是透過教育，特別是對於孩童的教育，從小學習日語，灌輸日本文化，學習日本生活方式，準備將先住民的孩童教導成為「日本人」。在實施上，應透過警察以軟硬兼施的手段進行。因此，蕃地的「派出所」不僅是一個警備機關，還是集教育所、衛生醫療所、蕃品交易所與懲罰裁判所功能於一體的組織，使「蕃地」完全唯警察之命是從。隨後，安東貞美就任台灣總督，廢除「蕃務本署」，將理「蕃」事務再歸於警察掌理，各地「蕃務官吏駐在所」改為「警察官吏駐在所」（台東廳，1915），進一步落實了丸井圭治郎所提出「撫蕃意見書」的構想（藤井志津枝，1997）。所以，大南社遷移至比利良之後，日方的勢力在短時間內可謂全然滲透整個部落，這點可由日方所建置的完整戶籍資料看出（**表9.6**）。

表9.6 日治時期大南社歷年戶口統計資料

統計年份	廳	支聽	種族	部族	番社	戶數	人口			配偶數	壯丁數
							男	女	計		
1911 明治44年	台東	直轄	排灣	傀儡番	大南中社	60	139	123	262		
					大南阿塱什後社	30	77	71	148		
					大南後社	22	56	45	101		
					大南前社	33	57	66	123		
					合計	145	329	305	634		
1915 大正4年					大南中社	61	138	119	257		
					大南阿塱什後社	31	73	74	147		
					大南後社	21	57	48	105		
					大南前社	30	57	60	117		
					合計	143	325	301	626		
1917 大正6年	台東	直轄	排灣	傀儡番	大南社	146	334	307	641	130	162
1918 大正7年	台東	直轄	排灣	傀儡番	大南庄	141	323	313	636	125	167
1920 大正9年	台東	直轄	排灣	傀儡番	大南社	135	311	293	604	165	125
1921 大正10年	台東	直轄	排灣	傀儡番	大南社	135	310	289	599	163	138
1922 大正11年	台東	直轄	排灣	傀儡番	大南社	135	300	261	561	168	115

統計年份	廳	支聽	種族	部族	番社	戶數	人口			配偶數	壯丁數
							男	女	計		
1923 大正12年	台東	直轄	排灣	傀儡番	大南社	117	282	259	541	176	142
1924 大正13年	台東	台東	排灣	傀儡番	大南社	116	291	256	547	178	153
1925 大正14年	台東	台東	排灣	傀儡番	大南社	115	288	254	542	182	156
1926 昭和1年	台東	台東	排灣	傀儡番	大南社	119	288	257	545	190	161
1927 昭和2年	台東	台東	排灣	傀儡番	大南社	119	291	258	549	188	161
1928 昭和3年	台東	台東	排灣	傀儡番	大南社	121	284	251	535	186	157
1929 昭和4年	台東	台東	排灣	傀儡番	大南社	123	304	245	549	182	155
1930 昭和5年	台東	台東	排灣	傀儡番	大南社	119	267	250	526	159	148
1931 昭和6年	台東	台東	排灣	傀儡番	大南社	126	267	257	524	154	145
1932 昭和7年	台東	台東	排灣	傀儡番	大南社	127	287	244	531	92	128
1933 昭和8年	台東	台東	排灣	傀儡番	大南社	121	283	253	536	99	192
1934 昭和9年	台東	台東	排灣	傀儡番	大南社	123	257	258	533	93	173
1935 昭和10年	台東	台東	排灣	傀儡番	大南社	124	274	266	540	101	165
1936 昭和11年	台東	台東	排灣	傀儡番	大南社	135	281	257	538	107	164
1937 昭和12年	台東	台東	排灣	傀儡番	大南社	132	278	262	540	192	160
1938 昭和13年	台東	台東	排灣	傀儡番	大南社	120	283	267	550	196	164
1939 昭和14年	台東	台東	排灣	傀儡番	大南社	121	275	267	542	198	130
1940 昭和15年	台東	台東	排灣	傀儡番	大南社	121	281	263	544	98	143

統計年份	廳	支廳	種族	部族	番社	戶數	人口			配偶數	壯丁數
							男	女	計		
1941 昭和16年	台東	台東	排灣	傀儡番	大南社	127	288	262	550	206	146
1942 昭和17年	台東	台東	排灣	傀儡番	大南社	138	297	284	581	95	76

資料來源：整理自台灣總督府民政部警察本署所編的歷年番社戶口。

根據筆者對「日治時期大南社戶籍登記簿」所進行的初步統計分析顯示，實際登錄有案可查的戶籍只有125戶，其中部分戶口資料不見，其原因亦不可得知。再就完整的「大南社戶籍登記簿」進行分析，大南社人最早由原住民姓氏改為日本姓氏始自1933年（昭和8年），並且必須經台東廳長許可，並於1941年（昭和16年）達到高峰，這應與日本在台全面推動皇民化運動有關。且皇民化的結果便進一步的在「大南社戶籍登記簿」整理出1943年（昭和18年）大南社青年奉召入伍戰死名單（**表9.7**）。從而證明日本在台殖民政府透過馴服與同化的手段而將大南社人納入其權力統治範疇。

表9.7　1943年（昭和18年）大南社青年入伍戰死名單

戶籍編號	親屬關係	原住民名	日本姓名	出生年月日	死亡年月日	死亡原因
81	戶長之二男	タノバク	稻山光次	19190819	19430113	戰死
93	戶長之長男	ラボラス	杉谷興一	19180329	19430130	戰死
109	戶長之弟	バラビシ	木口松三	19210703	19430802	戰死

資料來源：整理自日治時期大南社戶籍登記簿。

【參考文獻】

Clifford Geertz.（1973）. *The Interpretation of Cultures.* New York：Basic Books.

大園市藏（1920）。《台灣事蹟綜覽》。台北廳：松浦屋。

川崎卓吉（1921年1月25日）。〈理蕃策ニ就テ〉，《台灣警察協會雜誌》，第44號。

王學新譯（1998）。〈日據初期台東廳的撫番政策〉，《日據時期東台灣地區原住民史料彙編與研究》。南投市：台灣省文獻委員會。

石磊（1956）。《台灣土著血族型親屬制度：魯凱排灣卑南三族群的比較研究》。台北：中央研究院民族所。

任先民（1956）。〈魯凱族大南社的會所〉，《民族學研究所集刊》，第1期。台北市：中央研究院民族學研究所。

李雄揮等編修（2001）。《台東縣史：文教篇》。台東市：台東縣政府。

施添福（2001）。《台東縣史大事篇：上冊》。台東市：台東縣政府。

夏黎明等撰（1999）。《台灣地名辭書（卷3）台東縣》。南投市：台灣省文獻會。

移川子之藏（1935）。《台灣高砂族系統所屬の研究：本篇、資料篇》。東京：刀江書院。

許進發編（2004）。《台灣重要歷史文件選編：1895-1945（第一冊）》。台北縣：國史館。

筒井太郎編（1932）。《東部台灣案內》。台東：東部台灣協會。

台東廳（1915年1月20日）。〈台東廳令第1號：番人公學校教授ノ程度及每週交受時數別表ノ通相定ム〉，《台東廳報》，第57號。

台東廳（1915年11月13日），〈台東廳告示第41號〉，《台東廳報》，第75號。

台東廳（1921年4月1日），〈台東廳訓令第6號〉，《台東廳報》，第238號。

台東廳（1921年4月20日），〈台東廳訓令第8號：台灣總督府地方警察配置及勤務規程施行細則〉，《台東廳報》，第241號。

台東廳（1924年10月15日）。〈台東廳訓令第17號〉，《台東廳報》，第468號。

台東廳（1930）。《教育要覽》。東京：台東廳庶務課。

台東廳庶務課編（1929年10月10日）。《台東廳管內概況及事務概要（二）》。台北市：印刷工場。

台東廳庶務課編（1935年1月3日）。《台東廳管內概況及事務概要（四）（昭和8年版）》。台東：中村活版社。

台東廳警務課（1936）。《台東廳警務要覽》。台東廳：中村印刷所。

台灣總督府警務局編（1944）。《高砂族の教育》。台北市：三合印刷所。

台灣總督府警務局編（1995）。《理蕃誌稿：第一卷（原著於1918）》。台北：南天。

台灣總督府警務局編（1995）。《理蕃誌稿：第三卷（原著於1932）》。台北：南天。

台灣總督府警務局編（1995）。《理蕃誌稿：第四卷（原著於1938）》。台北：南天。

趙川明（2001）。《台東縣史人物篇：古家良保（1905-1941）》。台東市：台東縣政府。

謝政道（2006）。〈大南社會所制度初探〉。《中台學報》，第17卷，第4期，頁147-172。

謝政道、蔡金仁（2006）。〈卡巴利瓦時期的大南社〉，《樹人學報》，第4期，頁35-60。

謝繼昌（1965）。〈台東縣大南村魯凱族社會組織〉，台大考古人類學研究所碩士論文。
鍾若石（1941）。《躍進東台灣》。台東廳：台灣公論社東部支部。
藤井志津枝（1997）。《日治時期台灣總督府理番政策》。台北市：文英堂出版社。

第十章

關懷烏坵一邊遠離島的自然視域與人文思維

■周德榮　國立聯合大學通識教育中心講師

摘 要

隸屬於中華民國現行統轄之下有許多離島，它們的人文和自然生態頗為特殊，也各具不同的地貌美景，但都共同面臨一些生活交通不便的問題。烏坵更是離島中的離島，編制上是屬於鄉的層級，有大坵、小坵兩個村。由金門縣代管，戰地色彩濃厚，各項設施均極落後，若非台電曾計劃將核廢料貯存場移至該地，幾乎不曾引起國人關注。其實烏坵和其他離島一樣，深具生態觀光潛力，本文即以陳述其自然及人文生態論烏坵未來生態觀光之可行性，同時以永續發展作為核心價值目標，意在結合自然的視域與人文的思惟，前瞻烏坵美好的未來，喚起國家政府的重視及研究者的後續關懷與行動。

【關鍵詞】島嶼性、離島、生態觀光、生態旅遊、永續發展、遊憩承載量

Abstract

There are many remote islands under the sovereignty of the Government. Each of them poses special landscape, ecology, and humanity. But one in common among them is the inconvenience of transportation. Wu-Chiu is the most outlying one among all these islands. It is a township, governed by Kinmen, and with two villages called Ta-Chiu and Hsiao-Chiu. Its facilities are backward, but rich in taste of war-zone. Nobody has ever paid attention to this backward island until Taipower plans it to be the site of nuclear waste storage. Frankly speaking Wu-Chiu, like other remote islands, has potential eco-tourism. This article interprets feasibility of eco-friendly sightseeing based on its nature and humanity, with the goal of substainable development. It tries to combine the natural visions and cultural thoughts to foresee the prosperous future of Wu-Chiu, and to call forth Government to make much of it and the follow-up concerns and activities from the scholars.

【Keywords】insularity, remote islands, ecotourism, ecological tourism. substainable development, recreational carrying capacity

壹、探討緣起

筆者有幸於近兩年內受離島地區教育及學校單位邀請演講，其中包括縣級的金門、澎湖、連江和鄉級的綠島、蘭嶼、利用餘暇也大略走訪當地，一方面是休閒，一方面感到興趣，這些離島有些在旺季吸引了許多的觀光客，例如澎湖和綠島；有的則以著名原住民文化，例如蘭嶼的達悟族，而為人類學者嚮往的田野調查理想地；有的則為戰地政務過渡期的見證，例如金門和連江。它們的自然是豐富的，人文是多采的，不過也都共同面臨一些問題，包括交通不便，居民離鄉，學校裁併撤廢，產業難發展等；於是某些離島興起設賭場之議（澎湖），近大陸屬福建的金門，連江則開放小三通，但比起本島生活圈，那個落差依舊是非常大，有時落差甚至超過本島山地的原住民居地。

為什麼筆者不曾去烏坵，卻會想探討它？當時因去蘭嶼，注意到居民至今仍憤怒抗議，耿耿於懷的核能廢料場址，便聯想到台電曾有將之移往烏坵之議，基於對離島多分關注想親身一探究竟，卻是不得其門而入，從資料上得知，烏坵是金門縣「代管」的轄區，訝異的是無論筆者如何查閱金門縣的各項行政規劃，烏坵根本就不被提及，坦言之，完全是刻意遺漏，最後始於網頁和非常稀少的資料中知道，這個有居民的「鄉」身世之特殊，它既不同於其他有居民的離島，也不同於只有海巡署部隊的東沙、太平諸島。

本文的形成是以筆者身為本島知識份子的關懷角度來看烏坵的，目前無緣往訪該地，但希望藉此引起更多人對它的關注，畢竟烏坵是中華民國的領土，台灣對當地居民和土地又豈能視而不見？

貳、烏坵史地引起的思考方向

烏坵鄉位於東經119度27分12秒，北緯21度57分，因地緣關係，分為兩個自然村：大坵與小坵，兩島距一千兩百公尺，島上遍佈烏黑礫石，為花岡片麻岩所組成的地質景觀，從空中鳥瞰，大坵像一隻烏龜，似一隻鱷魚左右相依，有如滄海一粟，春夏雨量較多，夏季炎熱，秋冬多強風，東距台灣新竹81浬，東北距馬祖86浬，南距澎湖93浬，西北距莆田鷺鷥島9浬，西南距金門72浬，西距湄洲島17浬，北距南日島12浬。大坵面積為1.08平方公里（最底潮算）東西長1500公尺，南北寬600公尺，最高潮面積為0.8平方公里，東西長1200公尺，南北寬400公尺，距海拔100公尺，地面積遍佈烏黑礫石，不宜耕牧。小坵面積為1.02平方公里（以最底潮算）東西長1250公尺，南北寬350公尺，最高潮面積為0.4平方公里，東西長1050公尺南北寬200公尺，距海拔32公尺，地形較為平坦。（楊瑞大、2005）

據島上居民相傳，烏坵的開發歷史，可能起於唐、宋兩代，只是沒有史料記載，無從查考。倒是近年考古研究單位，從探勘挖掘的古文物中發現了宋、元時期的瓷器，與明、清兩代的瓷陶殘片。如果依照歷史傳說與文物來看，烏坵的開發史最少也有300~400年。早期福建閩人渡海到台灣有5大航線，而烏坵位於福建興化灣與湄洲灣之東沿，剛好是興化府閩人到北台灣的必經航線。據傳說，明代嘉靖年間，福建海域的海盜相當猖獗，經常佔據小島為王，搶奪來往的商船，欺壓漁民，依照小坵嶼得天獨厚的海島位置，當時可能就是個海盜窩。再從小坵嶼「天上聖母廟」的興建歷史也可以得到佐證。据推測，福建莆田一帶的漁民，可能早在300多年前，就以烏坵嶼作為季節性捕魚休息的中途島。湄洲島漁民自媽祖的祖廟分香一尊媽祖，迎請到小坵嶼供奉，而當時季節性暫時居住的漁民，最多曾高達上千人，香火鼎盛；其建材大部分也是從福建運輸過來的，從前島民多的時候，還被當作私塾。据島上老人表示在捕魚旺季時期，也會吸

引部分人到島上暫居，賣些雜貨。（柯金源、葉怡君；2006）

由於烏坵位處國共戰爭時的前哨小島，地接大陸邊緣，扼興化灣與湄洲灣之進出口，與金馬成犄角之勢，為中華民國防衛台澎向前爭取戰略縱深最重要之一環。民國38年（1949）莆田縣湄洲島居民每年在漁汛期中，經常千餘人來此從事漁撈，旋因游擊部隊轉駐此地，人數日增，致給養困難，且大陸成立中共政權後，管制日嚴，返原藉者，自由受限，無法再來本島，部分漁民則依此情勢而長留本島，自民國43年（1954）奉命設治暫歸金門縣督政。（楊瑞大，2005）實際情形則是，金門縣對烏坵可謂完全放任不管，如同視之為國防部的直屬轄地一般，這也使得烏坵對絕大多數台灣民眾而言，是遙遠而陌生的。

以地理的位置來看，烏坵之所以被金門縣代管，是由於無論相距台灣本島或福建連江縣的距離都是更遠的，以金門及其主要島嶼的位置言實在也不算近，因此烏坵便會產生許多困境，是緣自於此。至於較遠的歷史暫且不論，近代的歷史說明它與海峽兩岸政治、戰爭的糾葛淵源極深。然綜合烏坵的史地，使吾人更應從現實面積尋找思考的方向，而不是乾脆把核廢料棄置島上，既破壞環保，又損害居民權益和浪費自然資源。筆者思考的兩個方向，一是生態觀光，二是永續經營，前者是方法或手段，後者是目的或目標。

叁、從烏坵的自然與人文生態論生態觀光

烏坵，非常明顯的是所謂的「島嶼」，根据國際海洋公約第八篇第21條之定義；「島嶼」是指「在自然狀況下四面環水，並且在最高潮線時仍露出水面的陸塊」。然而並非所有「四面環水的陸塊」都是島嶼，因為此處所規範的島嶼並不包括過小的礁石，而是「能夠提供人類居所或經濟活動，而規模比大陸地區小的區域。蔡慧敏1999）如果以自然視域和人文思

維兩種向度切入，就產生兩種不同的概念：「島嶼性」、「離島」。

「島嶼性」（insularity）是以生態的概念切入，「島嶼性」是評量島嶼的重要標準之一。島嶼性強調島嶼的生物種類，若是珍稀的原生品種，則代表其可能是獨立演化而成，少受外來影響；故從物種的演替來看，島嶼乃是孤立的演化區。演化的結果就是島嶼環境的縮影，物種的屬性除了記載空間中環境的特徵，更說明時間上環境的變遷。一般來說，島嶼由於長期處於一封閉系統，生態體系的鏈結與能量交換，在空間上頗受侷限，一旦遭受狂風、火山爆發、地震、海嘯、山崩、嚴重乾旱、火災等，可能對島嶼生態環境造成嚴重威脅時，就是重新形塑島嶼性生態系能的轉捩點。而島嶼性生物的最大問題，也就是當環境改變時，不能像大陸性生物有機會逃到他地，因而面臨嚴苛的淘汰與篩選。此外，島嶼性物種的族群通常很小，而一個族群的消失，通常也代表著一個物種的滅絕，不像大陸性生物僅僅損失一個族群而已；因此，島嶼生態體系有著高度的脆弱性，破壞容易，恢復極難。（倪進誠；2004）

「離島」：島嶼在面對行政輿論的向度時，常被視為「離島」（remoteislands）是一個相對於發展中心或行政中心的說法。「離」一字具有隔離、遠離、離開之意，是較具負面意涵的字眼。因此當「島嶼」等於「離島」時這種自然的隔離感也就伴隨著政治、社會、經濟的隔離感，成了政治經濟的邊陲地區，甚至是「落後地區」的代稱。（倪進誠2004）如何從負面弱勢的客觀局面用人為積極的方法經營，又不危害到島嶼性生態的脆弱，使得「離島」「離而不離」，不但是高度的自然與人文思維，更是展現「天、地、人」三合一的終極關懷，它是糅合了自然與人文兩種向度的藝術，也是兩種向度視域交融的哲學思考。

一、 烏坵的自然與人文生態

(一)自然生態

1.陸域植物

大坵小坵全區四季共計調查到維管束植物共58科147屬180種，其中包含了原生植物121種，栽培植物31種及歸化植物28種。

其中以草本植物所佔的比例最高，約佔全區植物名錄的68.89%（即124/180）。草本植物中大多為原生種（85種）或規化種（23種），屬自然生長的種類。木本植物除了魯花樹、銀合歡等灌木外，其餘多為人工栽種喬木，如小葉南洋衫，蘭嶼羅漢松、相思樹、水黃皮、九芎、黃槿、榕、凹葉柃木、山黃麻、龍柏、側柏琉球松、木瓜、木麻黃、耳荚相思樹，珊瑚刺桐、白雞油等，而且木本植物以大坵嶼南方數量較多，在大坵北方及小坵全區則罕有之植物種類多和台灣本島相似。（高丹華；2001）

若分群種討論，則可看出蕨類植物和裸子植物的變動最低，因為此區蕨類植物僅四種，即全綠貫眾蕨，闊片烏蕨、日本金粉蕨及傅氏鳳尾蕨，其中全綠貫眾蕨生長於大坵北方之石縫及小坵港口附近，本身特性即為耐風，耐鹽植物，故東北季風盛行時，該種植物仍然可存活。闊片烏蕨、日本金粉蕨及傅氏鳳尾蕨則僅分布於大坵嶼西南面，因該處有銀合歡和相思樹等生長，故冬季東北季風盛行時受到其保護。另外傅氏鳳尾蕨也分布東北面石縫中，冬季時僅葉面稍微枯黃。（高丹華；2001）

裸子植物則種植小坵港口及大坵南方及村落和指揮部南方，能存活只多因有建築物或島區阻擋東北季風，故四季之裸子植物種類變動不大。雙子葉植物中的木本植物（包含喬木及灌木）也是變動性較小的一群。喬木植物除夏季有些種類未發現之外，其餘三季皆為16種。這些植物主要分布在大坵嶼南面，且多非原生的種類。灌木植物則從冬季減少為12種，消失之種類主要為一些小灌木。（高丹華；2001）

其餘的植物（雙子葉植物草本及單子葉植物）則因為主要生長在草地上，故東北季風吹襲時僅有鹽地鼠栗數量較多，其餘多數為休眠或族群。（高丹華；2001）

2.陸域動物

自民國88年（1999）6月至89年（2000）5月止調查共發現鳥類31科128種。兩個調查區因幅員及植被組成與結構之不同，動物也顯示差異，大坵、小坵兩地的調查區範圍內，鳥類分別發現29科118種及20科63種。哺乳動物調查共發現3科4種，大小坵種數相似。兩棲類，大、小坵分別為2科4種及1科1種。蝶蛾類調查共發現8科32種， 各區分別為8科31種及6科10種。

表10.1

■鳥類（1）

分區 項目	小 坵	大 坵
總數	20科63種1714隻次	29科118種5486隻次
前10種 優勢鳥類	麻雀、黑尾鷗、紅尾伯勞、黑脊鷗、玄燕鷗、藍磯鶇、洋燕、樹鷚、黃鶺鴒、家燕	麻雀、黑尾鷗、紅尾伯勞、黑脊鷗、池鷺、洋燕、家燕、黃鶺鴒、灰澤鵟、黑臉巫
前10種鳥類 所佔比例	84.66%	68.22%
其餘 所佔比例	15.34%	31.78%
特有種	無	無
特有亞種	棕背伯勞	珠頸班鳩、金背鳩、領角鳥、大捲尾、白頭翁、鉛色水鶇、棕背伯勞、八哥

■鳥類（2）

分區 項目	小 坵	大 坵
共計	9種	18種
瀕臨絕種（1級）	無	無

珍貴稀有（2級）	灰面鷲、鷹、灰澤鵟、紅隼、玄燕鷗、小燕鷗、白眉燕鷗、蒼燕鷗（8種）	蒼鷹、雀鷹、赤腹鷹、灰面鷲、鵟、澤鵟、灰澤鵟、老鷹、燕隼、紅、玄燕鷗、白眉燕鷗、蒼燕鷗、領角鳥、黃鸝、紫綬帶鳥（16種）
其他應予保護（3級）	紅尾伯勞	鉛色水鶇、紅尾伯勞

二區列名於台灣野生動物保育法之保育類動物（鳥類）

■哺乳類（1）

總　計	3科4種（大、小坵共有種）
性　質	廣佈性種
保育種類	無
所獲隻數差異（最多）	5月；20隻（小坵）　3月；30隻（大坵）
所獲隻數差異（最少）	7月；4雙（小坵）　6月；9隻（大坵）

■哺乳類（2）

名　稱	分佈地
家　蝠	空中
鬼　鼠	草生地、樹林區、建物區
家　鼠	樹林區、溝渠、草生地、建物區
臭　鼬	樹林區、菜園、草生地、建物區、溝渠

■兩棲類

小　坵	盤古蟾蜍	分布於草生地，遍佈各種環境中
大　坵	盤古蟾蜍	分布於草生地、池塘、溝渠
	黑眶蟾蜍	分布於草生地、建物區、菜園、池塘、溝渠

■爬蟲類

大　坵	石龍子科、中國龍子	分布於草生地
	石龍子科之部分種類	分布於樹林區
	守宮科、褐虎	分布於建物區
	石龍子科之部分種類	分布於溝渠
小　坵	守宮科、褐虎	分布於建物區

■昆蟲類

大　坵	8科31種	均以小灰蝶科的沖繩小灰蝶為優勢種群	其次為小小灰蝶、荷氏黃蝶、迷你小灰蝶	均未發現小型昆蟲與土壤動物	台灣紋白蝶為特有種，其他均為廣佈性種，無保育種類
小　坵	6科10種				

資料來源：依據高丹華；2001製作。

3.附近海域的海底生態

珊瑚群聚覆蓋率在50%左右，並以柳珊湖及軟珊湖為主。（柯金源、葉怡君；2006）

(二)人文生態

1.廟宇

■小坵：（高丹華；2001）

A.天上聖母廟：位於小坵聚落內，口傳年代約300年，主祀媽祖、水泥建築。

B.寶三大人－王玉堂：位於小坵聚落內，民國62年（1973）防區戰士建立，相傳為紀念地方派系首領，水泥建築。

C.萬善祠：位於小坵碼頭西側上方高地，近年建立，水泥建築。

D.觀音大士祠：位於小坵碼頭西側上方高地向南的緩坡，民國77年（1988）建立，主祀觀音大士，為水泥建築。

E.吳老爹廟：位於小坵碼頭西側上方高地向南的緩坡，與觀音大士祠緊鄰，清光緒21年建立，主祀清代於海上遇難官員吳老爹，石砌建築。

■大坵

現有大、小廟宇四間，分別為觀音大士祠、天上聖母－湄洲媽祖廟、萬善同歸祠、自由僧廟。（楊瑞大；2005）（因尚缺詳細調查資料，無法知其位址，年代和建材）

2.燈塔

1841年間，英國人為了船隻航行安全，在大坵嶼修建了一座燈塔，塔高19.5公尺，光程18浬。到了1948年，二次大戰期間，燈塔頂部被炸毀；

經修復後約降了一層樓。但是軍方在1975年，以島嶼防禦需要為由借用，並將水晶燈座拆除，失去燈塔功能。（柯金源、葉怡君；2006）

3.遺址

■小坵中澳遺址

位於小坵中部偏東，小坵聚落東側，小坵碼頭北側。這個區域是小坵上較為低平的區域，目前有部分建築物與軍事設施，於民國89年（2000）6月14日調查發現，在地表發現相當數量硬陶、釉陶、青花瓷及大量貝殼。經仔細調查發現少量宋代瓷器，隨後又在稍北側－處軍事設施挖出的土層中發現較多的宋代瓷器，確認遺址的包含地層為原堆積。面積大約在50×40公尺左右。本遺址發現遺物包括宋元時期的青瓷、德化窯系的黑釉瓷明清二代青花瓷與釉陶硬陶等。器型主要為碗、盤、甕、缸等日常用具。從遺址顯示的堆積而言尚無法判斷為經常性居住或季性居住的場所。（高丹華，2001）

■大坵碼頭北側平台

目前為碼頭北泥地面與國軍哨站設施附近一帶，露土區域可採集到福建德化窯白瓷、清代晚期清瓷、近代漢人夾砂紅陶、褐色刻花硬陶等遺物。其他地點亦發現大量貝殼，並採集到近代漢人所使用的褐色硬陶與上釉彩繪草葉紋瓷器。（高丹華，2001）

4.人口資料

<table>
<tr><th colspan="2">年度
性別</th><th>民國45年
（1956）</th><th>民國66年
（1977）</th><th>民國82年
（1993）</th><td rowspan="6">福建省籍 95%
外省籍 5%</td></tr>
<tr><td rowspan="2">男</td><td>大坵</td><td>16</td><td>69</td><td>23</td></tr>
<tr><td>小坵</td><td>28</td><td>52</td><td>21</td></tr>
<tr><td rowspan="2">女</td><td>大坵</td><td>15</td><td>56</td><td>39</td></tr>
<tr><td>小坵</td><td>37</td><td>47</td><td>23</td></tr>
<tr><td colspan="2">合　計</td><td>96</td><td>224</td><td>106</td></tr>
</table>

二、從生態觀光的觀點看烏坵

生態觀光乃近年人們注意到生態保育的重要性，同時結合人有休閒需求的特性而有的論點。其中Honey整合了各界說法而提出七項生態觀光的特質：深入自然勝地的觀光、最小的衝擊、建立環境察覺、對保護提供直接的財政助益、對當地民眾提供經濟助益及救援、尊重當地文化及支持民眾權力及民主運動（Honey，M；2001）。張瓊婷認為生態旅遊涵蓋三項元素，一為遊客可藉此體驗自然之美、保育之鑰，其次可為當地帶來經濟利益，最後在開發及活動過程應盡可能降低當地自然和人文之衝擊（張瓊婷；2001）。洪慎憶、淩德麟指出生態旅遊為一種旅遊形式，在此種旅遊活動下，遊客並非僅是一個消費者，而是融合在原野自然的環境資源間；並透過人力雇用或其他方式，對當地保育活動及住民有所貢獻（洪慎憶、淩德麟；1995）。Languar提出居民可能受生存條件以及享有的優　與收入，影響其對休閒觀光發展之態度。但是，大部分生態旅遊地區的當地居民仍會以負責任的保育心態，保存當地原有文化、資源與產業活動、強化地方凝聚力，並維持適當的販售行為，避免由大規模的商業發展所取代（Languar，1993）。同時，為了使觀光發展得以永續，必須獲得地方居民的支持與參與，透過居民以更加瞭解當地的特性與所需，才能確實達到資源的延續（李素馨；1996）。Scheyvens也表示經由居民的參與，並且在發展與規劃的同一過程中使之擁有決策與主控權，將有助於達到長期的經濟、永續生態與強化文化的完整性（Scheyvens，R；1999）。

前文提及島嶼生態的脆弱性加上離島具有某些先天不利的因子，並不適合作大規模的開發與掠奪性產業的發展，從生態觀光的觀點看經營賭場已是敝多於利，安置核廢料更是大大違背當地居民意願，皆非所宜。烏坵雖為蕞爾小島，其實仍有獨特而豐富的自然與人文生態資源，如果能規劃得當，還是可以得到永續經營的目標，應儘早與國防部、金門縣政府和當地居民共同建立對話平台，先協助提供相關設施與完全基礎建設；再詳加評估培訓居民成為生態導覽人員，或為可行之方向。

肆、從烏坵居民生活反應論永續經營

烏坵早年生活困頓，民國38年（1949）後曾長期接受「中國大陸救濟總會」撥發大米、奶粉、食用油；自民國61年（1972）又由金門政委會增撥大米6000公斤作為戰備囤糧之用，除了防區倉庫9000公斤推陳換新外，餘3000公斤按戶自行儲存，以作週轉發大坵村1000公斤，小坵村2000公斤。因小坵交通不便多發1000公斤備用。至民國81年（1992）戰地政務解除後防區不負保管，致分發各戶自行儲用（楊瑞大；2005）。至於飲用水，本賴自鑿井泉水取用，但秋冬雨量較少，而人口增加大坵井泉水不敷使用，初期吃用水要去井邊排隊，每一戶要輪流等一小時，但一小時只能等到一擔水左右，這麼多水一家五、六個人吃用，用後的水還積起來澆菜，後採用輪流每戶按人口分配時間等水。大坵村於民國51年（1961）由農復會撥贈新台幣29萬元，請防區策劃兵工興建五噸量儲水池20個，一百噸乙個及引擎幫浦等，但多建在戰地部隊區內不便使用。當時發現村前左方石縫有泉水流出，發動人工挖井於「忠義樓」（軍方建築）前左方，由防區統一供應。小坵村則尚賴原有井泉及天然雨水食用（楊瑞大；2005）。至於用電，烏坵早期除了部隊指揮部和通訊單位都完全缺乏，居民使用煤油燈，到民國50年（1961）雖已有簡易發電，但規定晚上6到10點，才能開電燈，民國60年（1971）農復會補助而有一台10W的發電機，卻到民國70年（1981）才開始有人使用冰箱冷藏和收看電視（楊瑞大；2005）。由此看來，無論食物、飲水、用電都比台灣本島落後許多。

現在的烏坵已無學校存在,但在民國41年（1952）時曾有駐守島上的軍人兼任小學老師，民國49年（1960）甚至也引進專任老師，卻於81年

（1992）年因居民陸續遷離而遭廢校。醫療也只有一間軍方醫務所，沒有一般診所，遇較大或繁難疾病時，都會面臨診治的困難。交通唯一的依靠，是每10天一個來回航次的海軍運補艦，往返於台中港和烏坵之間，單程便需7小時，物資運補則有10天一個航次往返於高雄烏坵間，單程需10小時（柯金源；2006）。

如果要說烏坵有什麼特殊的產業，只有採收紫菜一項，紫菜季真正說來有三個月，而且銷路不佳，乏人問津，影響到居民採收的意願，也有副產品毛髮菜（芼苔），大約在九到十一月間比較多，大小坵共有二十八份紫菜地，近年因產品滯銷，漁民有拿去湄洲媽祖廟「朝拜進貢」的（楊瑞大；2005）。未能充分利用這項天然資源實在可惜，此與交通不便有必然的關係。

對於台電要在烏坵設核廢料儲存場，烏坵居民認為之前政府幾乎不曾關懷他們，也未徵詢他們意見，只因人口稀少要犧牲居民權益，因而引發了強烈的抗議（聯合報；1998）。但烏坵鄉民仍然感念民國90年（2001）文建會為他們舉辦一場名為「烏坵戰地文化夏令營」的活動，其中有文化尋根、耆老說故事、古蹟寫生……等活動單元設計，讓參與者產生愛惜島上歷史文化生態的情感，可謂難能可貴（自立晚報；2001）。

烏坵雖由金門縣政府「代管」；實則幾乎所有金門縣政規劃的藍圖都不提烏坵，其中包括非常重要的近幾年「金門縣推動地方永續發展策略規劃報告書」，雖然不提，但吾人實可借用「永續發展」這個概念，來為烏坵的未來作好規劃，找到維繫生存發展命脈的契機。

何謂「永續發展」？前提及生態觀光，只是永續發展可能採用的方法或手段，但永續發展是一直都要存在的目標，這個詞是1983年11月聯合國世界環境與發展委員會中<<我們共同未來>>之長篇報告所闡明的觀念，基本意義是「滿足當代的需要，同時不損及後代子孫滿足其本身需要的發展」（蕭新煌；1999），此報告經大會通過後，成為聯合國以及全世界環境變遷問題與經濟發展方面的最高指導原則。其重要觀察有三點：1、貧窮乃環境問題的一部分，要解決環境問題若不先考慮解決貧窮與不平等，無異於緣木求魚。2、為減輕貧窮壓力，不能不加速經濟發展與成長，但這種發展必須是能夠永續的，發展的計劃必須與環保和永續生產計劃合而為一。3、環境危機，發展危機以及能源危機，並不是個別互不關聯的，而是一個整體的危機，彼此的互動因果關係，交織成一張無縫的網。所有國家都應以永續發展為首要追求目標。造成危機的責任，不是任何國家的任何團體所能擔負（Lester W. Milbrath ；1994）。

1992年6月在巴西里約熱內盧召開的地球高峰會，所有參與國家簽署了多種重要文件，這些重要文件提出了對環境與發展所進行的綜合決策，將永續發展的思想及其目標，分解為達到目標的27條基本原則。內容原則主要包括：人類乃是永續發展的中心，人類必須與自然和諧相處；各國擁有開發本國自然資源的自主權利，並承擔其環境責任；公平對待今後世代在環境與發展方面的需要；縮小世界上大多數人生活水平上的差距；環境與發展領域的國際行動，應著眼於所有國家的利益和需要；為保存、保護和恢復地球生態系統的健康和完整，同時考慮到導致全球環境退化的各種不同因素，各國負有同中有異的責任；各國應當減少並消除違反永續發展原則的生產和消費方式，並且推行適當的人口政策；各國應制定有效的環境立法，環境標準，管理目標和優先次序；解決跨越國界或全球性環境問題的環境措施，應盡可能以國際協調一致為基礎；和平發展與保護環境是相互依存和不可分割的；各國應和平地按照<<聯合國憲章>>採取適當方法解決環境爭端；各國和人民應誠意地本著伙伴精神，合作實現本宣言所體現的各項原則，並促進永續發展方面國際法的進一步發展與完善等等（王傳中；1999）。

由以上歸納可以說：1980年代以後才領悟到，環境才是我們人類維生的基礎，永續發展是以環境資源為基礎，不是以政治或社會為中心，因而更注重人與環境、人與生態、人與空間的關係。永續發展的最根本意涵是回歸環境，其具體內涵是：1.從同代分享成長到跨代共享發展。2.從無極限到承載能力。3.從單純科技解決手段到整體策略轉變。此一概念對台灣未來發展的啟示有二：一是重新建立「海島」的生態認同，二是嚴肅建構適合海島特性的永續發展指標，並以之作為評估國家發展目標和策略的準則（蕭新煌；1999）。最後引申出我國永續發展內涵應有下列數端：1.永續發展要以保護自然環境為基礎。2.永續發展鼓勵經濟成長。3.永續發展以全面改善並提高生活品質為目的。亦即是說，生態、經濟和社會三方面的永續發展和協調均衡，乃是我國永續發展的三大要件，互為關聯不可分割。中央政府在2000年正式完成了我國的二十一世紀議程－中華民國永續發展策略，此重要文件中提出了以國人能世代享有「永續的生態」、「適意的環境」、「安全的社會」與「開放的經濟」作為我國永續發展的願景（黃世明；2003）。

地方社會所規畫體現永續發展要領，大體上有四個原則：1.發展是前提原則；2.協調性原則；3.質量原則；4.公平性原則。它可由以下四個基本部分組成：第一，可生存的自然環境：無論是現在還是將來，所有生命賴以生存的環境；第二，經濟發展的支持，充分發展的經濟可以為社區、國家乃至整個人類社會的可持續發展提供支持；第三，社區的發展：培育或引導建立能為所有人們提供認識社會，接受教育以及滿足人們精神需求機會的社區；第四，公平的政府管理體系：確保所有公民都能在收入、社會服務以及對政策的發言權等方面享有平等的權利（王傳中；1999）。以此來看烏坵的永續發展必須先大幅度改善基本民生需求的水、電、醫療、教育、交通等基礎設施，改善居民生活品質，而且一定要建立與金門縣及中央政府的對話平台，讓居民可公平的參與改善社區的建議與意見交流，在不妨礙整體生態均衡的前提下，試圖發展無污染的產業——生態觀光，一方面帶動烏坵有較佳的經濟環境，使人口可以回流；另一方面也增強與金門和台灣本島間更多互動，增加資訊文化，科技的流通，如此，才不會再有如同被台灣視作「棄嬰」的惡感，也才能轉化離島負面的因素成為正面的典範。

伍、試擬烏坵未來可行方向

綜上所述，筆者匯合了自然的視野和人文的思維，想提供一些具體可行的建議，作為烏坵未來可行方向的參考：

(1)改善大坵、小坵港口碼頭之工程設施，使一般船舶易於停靠，台中、烏坵間運補船鑑先逐步增加為每五日一個船班，同時既已轄屬金門縣，應至少每隔二日有金門往返烏坵之一個船班航次。

(2)大坵、小坵擇一興建「烏坵文史及生態博物館」展示烏坵豐富之人文及自然生態資產，於此之前應開放民間學術機構前往進行更詳細之田野調查、採集和整理工作，並責成定期提出報告。

(3)組建大、小坵之社區委員會，由居民共商討論提出需求，如媽媽教室、老人健康講座、醫療巡迴義診或其他文康活動，不足可由金門縣或本島提供支援系統。

(4)增設一般診所、圖書館、便利超商、市場、普通旅舍等以滿足當地居民及外來支援人員之基本生活所需，可由中央以專案方式補助完成，以免造成金門縣政府過大之負擔。

(5)當地駐軍作有限度之開放，軍方與居民應共商如何合理使用資源、共享資源。如評估與大陸並無立即威脅性之敵對態勢，可比照金門、連江小三通模式，開放與福建莆田縣間之來往。

(6)多鼓勵本島學術研究者、演講者、志工團體前往烏坵，協助當地之學習、資訊與服務，時時提供政府建言，直至居民都較滿意當地之生活品質，始終作為努力之目標。

(7)評估生態旅遊可行性及細節，對周遭海域作完善之管理培訓生態導覽及解說人員，開始分小組負責休閒、教育、農漁場生態型之工作組訓。

(8)責成金門縣政府，每次施政規劃時必須將烏坵列入，完全同等於其他金門縣之鄉鎮。為此，特將「金門縣永發展委員會」組織架構表列入參考（黃世明；2004）。

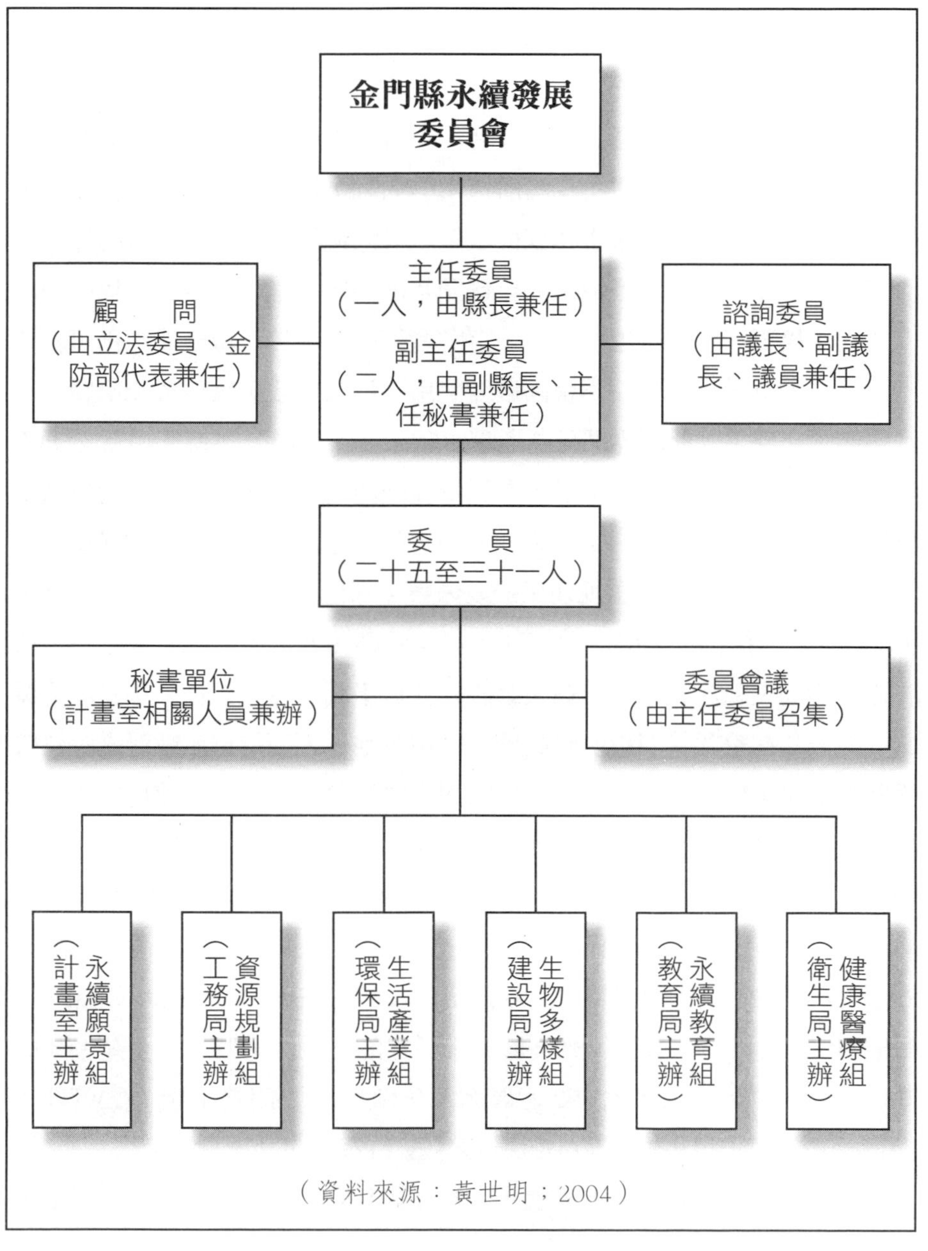

（資料來源：黃世明；2004）

以下仍按照生態觀光及永續發展議題討論烏坵之未來：

依前言，生態觀光所發展的生態旅遊是一種旅遊的形式，主要立基於當地自然、歷史以及傳統文化上。生態旅遊者以精神欣賞、參與和培養敏感度來跟低度開發地區產生互動，旅遊者扮演一種非消費者的角色，融合於野生動物及自然環境間，透過勞力或經濟方式，對當地保育和住民做出貢獻。因而在發展生態旅遊的同時，不可以不考慮「承載量」的問題，承載量原為生態學者或生物學者所採用的名詞，用以說明－環境維持一定品質與特性下，可容納某生物族群數量之最大極限；承載量想法的提出大約和環境運動同步，皆是從1960年代開始啟蒙，從這樣的觀念可以引申出「任何干擾對一個遊憩地區，在一定開發程度下，於一段時間內仍可維持一定水準的遊憩品質，而不會因過度使用，以致造成破壞環境或影響遊客遊憩體驗之現象，此臨界即稱為遊憩承載量」。故而其主旨要點為：(1)不降自然環境的品質，換句話說，在載量範圍內的使用行為，不會對自然環境造成無法接受的傷害。(2)不會減低遊客的遊憩體驗和參加者的滿意度。(3)不會對各類原生物和當地住民造成傷害（郭岱宜；1999）。除此之外，Boyd與Bulter指出完善的經營管理架構及原則，對於生態觀光言是不可或缺的。由於生態觀光地與一般大眾觀光性質不同，往往規模較小且地處偏遠，故認為在經營管理程度應高於一般旅遊地，因而提出生態觀光經營管理參與及決策架構。此架構說明生態觀光之經營管理與資源使用之決策，涉及生態觀光地所有的資金管理者，包含旅遊業者、資源導向業者、當地社區以及其他大眾與私人機構（Boyd, S.W.& Butler, R. W. 1996 “Managing ecotourismi an opportunity spectrum approach.” “Tonrism Management” 17 (8), 557~566）。Poon 則提出觀光生產系統（The Tourism Production System，簡稱TPS）的概念，認為觀光發展力求精進的方法，可將之以生產系統的方式表達，並且可以簡化成四個層面，分別為：(1)服務生產；(2)管理；(3)行銷、宣傳和銷售；以及(4)服務的傳遞（Poon. A, 2002）。

如果結合生態觀光和永續發展，Ross與Wall針對生態觀光提出三項可促成永續發展之策略，包含(1)積極的經營管理計畫：首先是年度資料的更新，如物種、棲地、遊客數量、生態旅遊地周圍社區統計資料等；再者為完善的使用分區規劃；(2)社區拓展企劃及社區參與計劃；以及(3)積極與消極解說及遊客管理（控制遊客活動、參與團體大小、遊客數量的控制、以及遊客行為控制等）（Ross, S & Wall, G, 1999）。因而對烏坵生態觀光發展策略評估層級構可彙整為：1.環境資源管理：(1)定期資源評估與監測；(2)視覺資源管理；(3)設施維護管理。2.社區參與管理：(1)輔導就業與合作；(2)建立教育訓練機制；(3)利益分配與環境改善。3.遊客經營管理：(1)遊客安全管理；(2)解說計畫管理；(3)資訊網絡管理；(4)收費與捐獻管理。4.服務系統管理：(1)使用權限管理；(2)環境衛生管理；(3)危險管理；(4)解說導覽服務管理；(5)行銷推廣。5.開發建設管理：(1)制定發展條例與法規；(2)基地細部遊憩設施規劃；(3)遵循生態工法（陳桓敦、鍾政偉；2007.3）。

最後並以比照「永續金門架構圖」建立「永續烏坵架構圖」。

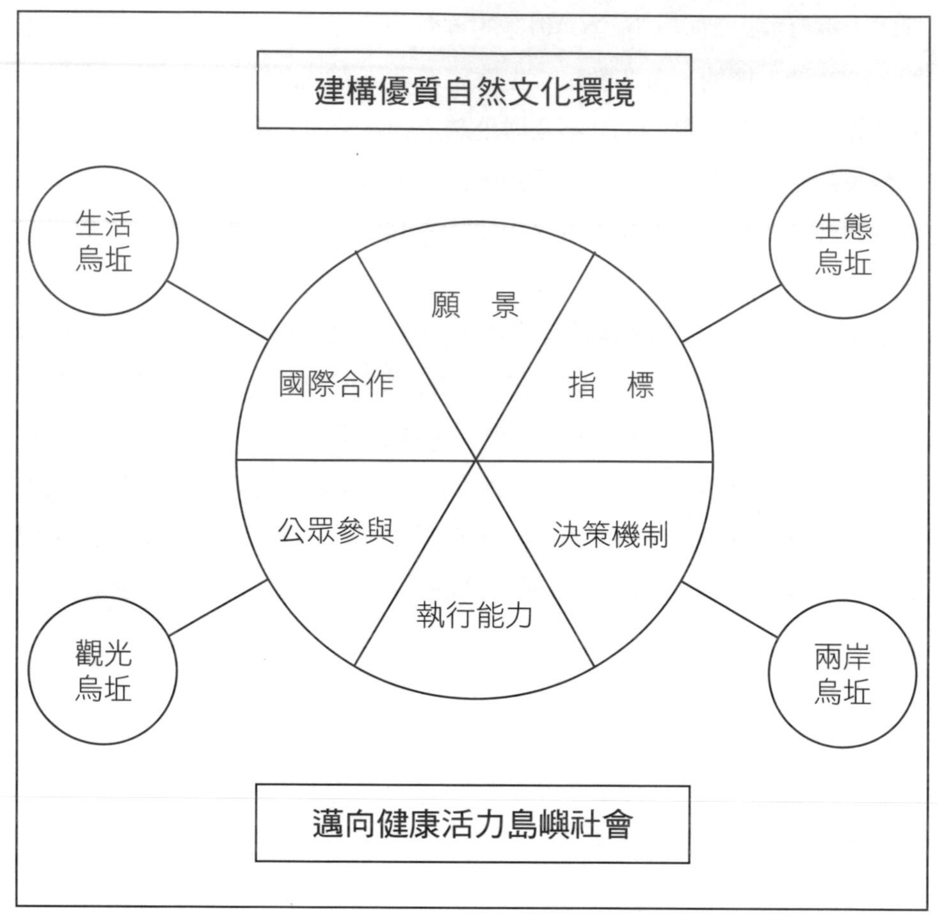

說明：烏坵的核心價值目標是永續發展，它的藍圖決定於訂立指標、許諾願景、擴大國際合作、增進公共參與、考核執行能力、監督決策機制，使烏坵在生活上是便利的、生態上是多樣化的、觀光上是優質的、兩岸合作上是順利的，一方面建構了優質自然的文化環境，另一方面也邁向健康活力的島嶼社會。

【參考書目】

Boyd, S.W. & Butler, R. W (1996) "Managing ecotourism : an opportunity spectrum approach." *Tourism management*, 17(8),557~566.

Honey, M (2001)，李麗雪等譯，《生態觀光・永續發展》。台北：地景。

Languar, R (1993)，黃發典譯，《觀光旅遊社會學》。台北：遠流。

Lester W. Milbrath (1994)，鄭曉時譯，《不再寂靜的春天》。台北：天下。

Poon, A (2002) "Tourism, Technology and Competitive Strategies ." England : CAB International, pp.172-202.

Ross, S & Wall , G (1999) "Ecotourism : towards congruence .between theory and practice ." *Tourism Management*, 20, 245-249.

Scheyvens, R(1999) "Ecotourism and the empowerment of local communities" *Tourism Management,* 21,123-132.

王傳中（1999），《地方可持續發展導論》。北京：商務印書館。

李素馨，〈觀光新紀元－永續發展的選擇〉，《戶外遊憩研究》，9（4）；1996。

柯金源、葉怡君（2006），《我們的島》。台北：玉山社。

洪慎憶、淩德麟，〈影響遊客對生態旅遊態度因子之探討－以陽明山國家公園為例〉，《戶外遊憩研究》（8）3；1995。

高丹華（2001），《發現烏坵嶼》。台北：草根。

倪進誠（2004），《台灣的離島》。台北：遠足文化。

郭岱宜（1999），《生態旅遊》。台北：揚智。

黃世明（2003），《金門永續發展客觀因素分析建議》。內政部營建署、金門國家公園管理處。

陳桓敦、鍾政偉（2007），〈桃園地區埤塘生態觀光之發展策略研究〉，苗栗：客家研究成果發表研討會。

張瓊婷（2001），〈生態觀光——E時代休閒新主張〉，《台灣經濟研究月刊》；24(6)72-78。

楊瑞大口述、楊明珠紀錄、高丹華整理（2005），《烏坵第一部口述歷史－楊瑞大與烏坵傳奇》；金門縣文化局。

蔡慧敏（1999），〈人類活動對島嶼生物多樣性之影響〉，《環境教育季刊》，頁51-65。

蕭新煌（1999），〈永續發展概念對海島台灣的啟示〉，《中大社會文化學報》，第8期，頁1-10。

《自立晚報》，「對不起！烏坵」專欄，2001.8.29。

《聯合報》，「民意論壇」，1998.2.26 。

第十一章

社區總體營造、文化產業與觀光發展——以苗栗南庄為例

■洪泉湖　元智大學社政系教授

摘 要

台灣自1990年代以來所起的社區總體營造，跟1980年代以前的社區發展或社區建設有很大的不同，社區總體營造是由下而上、社區公民自主參與的過程，其目的在透過公共參與培養公民能力，並善用社區資源，改造社區風貌、推出社區文化產業，而達到社區的永續發展。

本文即以社區總體營造的觀點出發，探討苗栗南庄文化產業的發展，以及它所帶來的觀光問題。由於南庄具有豐富的自然景觀與人文資源，所以在南庄愛鄉協進會等民間團體的推動，以及政府部門的支持下，發展出相當多元的文化產業，而成為全台知名的觀光景點。但社區居民也因這一發展，而造成了意見上的分歧，甚至形成南庄社區總體營造方向上的改變，而且為南庄未來的觀光發展，帶來不可知的變數，因此實有加以探討之必要。

最後，本文以SWOT模式，分析了南庄文化產業與觀光發展的利弊得失，並以此為根據提出若干改善之建議。

【關鍵詞】社區總體營造（community empowerment）、文化產業（cultural industries）、觀光（tourism）、永續發展（sustainable development）、文化認同（cultural identity）

壹、前　言

在1980年代以前，台灣只有社區建設或社區發展的概念，其主要作為不外是以政府的力量，協助社區整理環境、加強衛生設施、修築社區道路、增設路燈和排水溝，以及建立「守望相助」治安網，至多再開辦「媽媽教室」，教導烹飪、裁縫、插花和宣導節育政策等等，而目的則在建立整潔、安全的社區，培育忠順的國民。

到了1990年代以後，基於民主政治的發展，政治上的反對勢力藉著提倡「民主化」和「本土化」而得以日益壯大，社會上也興起一股蓬勃的民間力量，要求國家權威當局釋出權力，讓民間得以普遍參與公共事務，而且大倡社區主義，主張現代公民之養成，應從關心社區、參與社區事務開始，認為透社區的公共參與，才能鍛鍊公民積極參與、理性溝通、折衷妥協、尋求共識的公民能力，而且培養認同於鄉土、社區，而漸發展出關懷社會、熱愛國家的公民認同。另一方面，執政當局則窮於應付層出不窮的社會運動，政策的決策與執行似乎遭遇到空前的挑戰。處在這樣的環境之下，社區總體營造的觀念乃應運而生（Rimmerman, 1997; Habermas, 1989）。

社區總體營造不同於社區建設或社區發展，它不只是整頓社區環境，加強社區治安，更不是「教導」社區民眾學這學那，而是主張社區民眾「由下而上」地積極參與社區事務，主動結合社區居民、善用社區資源、並在民間專業團體的支援下，重新整理、發現、改造社區風貌，凸顯社區特色，推出社區文化產業，培育社區人力，使社區能永續發展（Carter, 1993; Roseland, 1998; Shcrlock, 2005）。

由於文化產業是社區總體營造中的一項重點工作，而文化產業的產銷，又最能夠帶動觀光之發展，三者可謂環環相扣的。因此，本文即以苗栗縣南庄鄉為例，探討三者的相互關係。

貳、社區總體營造與文化產業

在探討南庄的個案之前，首先必須對社區總體營造與文化產業的關係，以及社區總體營造與觀光的關係，做一理念上的討論。

一、社區總體營造的意義、目的與內涵

何謂「社區總體營造」（community empowerment）？台灣的社區總體營造，於1994年由行政院文建會正式提出，而當時此一理念深受日本之影響。日本學者宮崎清（1995）認為，社區總體營造是一種由下而上的整體性、系統性、規劃性工作，它強調社區的公共事務必須由社區居民參與、擁有、攜手經營，以導引出社區的特色，這些特色可能是社區的歷史、建築、信仰、民俗、土特產、歌謠、舞蹈、工藝、聚落風貌、生活方式……等等。目的則在營造一個適合人居、適合造訪的社區。國內學者陳其南（1997）則認為社區總體營造是以社區共同體的存在和意識作為前題和目標，藉著社區居民積極參與地方公共事務，凝聚社區共識，經由社區的自主能力，配合社區總體營造理念的推動，使各地方社區建立屬於自己的文化特色，也讓社區居民共同經營「產業文化化，文化產業化」等活動。如此因社區民眾的自主和參與，使生活空間獲得美化，地貌煥然一新，進而促使社區活動再現。因此，社區總體營造不只是在營造一個社區，實際上它已經是在營造一個新社會，營造一個新文化，營造一個新的「人」。簡單地說，社區總體營造的目的，不是只在於營造一些社區環境，更重要的是在建立社區共同體成員對社區事務的積極參與，並提昇社區居民的生活美學。

社區總體營造的內容為何？它的工作項目有哪些？文建會曾列出10個項目：1.社區環境景觀之營造；2.地方特有產業之開發與文化包裝；3.古蹟、建築、聚落與空間之保存；4.民俗廟會、祭典活動與生活文化的展

現；5.文史、人物、傳說、典故遺跡；6.現代文化藝術與學習學術活動；7.地區與國際交流活動；8.健康福祉與遊憩住宿品質設施；9.生活的商店街之營造；10.社區形象與識別體系之營造。（陳其南、陳瑞樺，1998）從以上文建會所列項目，可知文化產業與社區總體營造是息息相關的，文化產業包括了社區總體營的第2、3、4、5、6、9等項目。而觀光則是伴隨文化產業之發展而再度活絡的結果。

至於社區總體營造與過去的社區建設或社區發展有何不同？陳其南、陳瑞樺（1998）認為，社區總體營造的不同之處在於它的精神或原則，這包括：1.社區總體營造是整體性的、系統性的工作；2.它是公共化的，強調社區自主參與和擁有；3.它是人性的，為的是使社區更乾淨、舒爽、健康和感性；4.它強調美感品味與格調；5.它要求創意、想像力與個性；6.它提倡永續經營原則；7.它要營造新的人、新的社會與新的生活價值觀。而且，社區總體營造的參與者，主要是社區居民，其次是相關的團體、專業工作者（如文史工作者、藝術工作者、景觀規劃師）、熱心的企業、行政部門以及立法部門等，而不只是以往社區發展時代的政府—社區居民的單線關係。

曾旭正（2007）則從宮崎清所提出的五個面向來說明社區總體營造的內涵。他指出，社區總體營造的內涵，包括了造人、造文、造地、造產和造景五者。「造人」是指社區居民共同需求的解決、人際關係的經營，和生活福祉的創造；「造文」是指社區共同歷史文化的延續、藝文活動之經營，以及終身學習等；「造地」是社區所在地理特色之維護和發揚，以及在地特質的強調，包括生活習性、風俗等；「造產」是在地產品的創製和行銷，以及在地經濟活動的集體推展等；「造景」則是指社區獨特景觀之創造、生活環境之永續經營、居民自力投入社區景觀的營造等。

二、文化產業作為社區總體營造的主要內涵

無論是從陳其南或宮崎清的說法來看，都可以發現：社區總體營造

不只是在建設一個「社區」，而更是在營造一個具有文化與美感生活的「社會」；不只是在維護一個「適合人居」的環境，也是在創造一個「適合造訪」的景點，而文化產業的開發，就成了社區總體營造中相當重要的內涵。李乾銘（2004）曾把社區歸類下列七種：1.產業類型；2.文史類型；3.教育類型；4.生態類型；5.聚居類型；6.健康類型；和7.閒置再發展類型。其中產業類型、生態類型、健康類型、閒置再發展類型如能加上「文化」的要素，則能發展出「文化產業」；文史類型、教育類型、生態類型、聚居類型、健康類型和閒置再發展類型如能適度運用產業的生產與行銷方式加以經營，也能開創出「文化產業」。而這些社區的文化產業，如能具有在地性、獨特性、差異性、稀有性，則能具有觀光價值（Carter, 1993; Prentice & Anderson, 2003）。

再者，以地方文化產業來帶動社區的發展，是一項「有效」的策略。因為，每個社區都可能有它的特有產業、聚落空間、民俗廟會活動、人物事蹟、文化活動……等，如果能把這些文化資源加以適度地整理、強化、包裝、行銷，即有可能發展成為文化產業，而文化產業又可能為社區帶來經濟利益，提供地方就業機會，推動地方文化觀光，從而繁榮地方（Prentice, 1993）。其次，透過「產業文化化」或「文化產業化」的過程，也可使社區居民重新發現社區文化、重新重視地方產業，從而培育出對社區的認同感和向心力。再進一步說，任何文化的發展與永續，也必須植基於地方、社區，也只有由地方社區所創造、開發出來，純粹由民間成長出來的文化，才是具有生命力的文化，因此，文化產業也必然是要植基於地方和社區，才得以永續發展（Liu, 2002；蔣玉嬋，2004；于國華，2002；洪泉湖，2009a）。

但是，社區總體營造要如何選擇它想要開發的文化產業？李乾銘（2004）的意見很值得參考：1.該項產業必須是當地的傳統產業，亦即該項產業是當地民眾以往的經濟來源，或是普遍的民生用品；2.該項產業需在當地具有可辨識性，即當地居民對它有認同感，且它屬於當地各種產業中的強項（或特殊）產業；3.該項產業能為居民帶來經濟效益；4.該項產業能提供當地多數人的就業機會，以滿足基本生活需求。

參、南庄社區總體營造與文化產業發展

台灣社區總體營造的案例很多，以文化產業做為社區總體營造主要內涵的案例也不少，苗栗縣南庄鄉的社區總體營造可以算是一個相當成功的個案，如果從觀光的角度來看，則南庄更是知名的個案。南庄何以能夠如此？除了豐富的在地文化資源外，南庄民間團體與當地居民的努力亦功不可沒。

一、南庄的自然與人文資源

南庄鄉位於苗栗縣的東北角，是縣內的偏遠山區，地多高山與丘陵，海拔在120至2200公尺之間。溪流有二，一為蓬萊溪，一為東河溪，匯流後稱為南庄溪，其下游則稱為中港溪。

在自然資源方面，南庄有植物115科、230種，動物有鳥類37種，哺乳類14種，兩棲類6種，爬蟲類4種，以及蝴蝶32種。其中保育類更高達26種，包括：藍腹鷴、黃嘴角鴞、白耳畫眉、紅頭山雀、台灣獼猴、石虎、白鼻心、食蟹　、山羌……等（連啟文，2006）。而森林與森林步道更為本鄉之特色。在土特產品方面，則有桂竹筍、油桐花、糯米酒、小米麻糬、鱒魚、香菇等。

早期南庄的產業，以樟腦採集、林業砍伐和煤礦開採為主。樟腦採集始於清嘉慶初年，而盛於咸豐、同治和光緒年間（十九世紀中、末等），至日據時代為止，仍是台灣出口貿易的重要項目。林業的發展，也始於清初，截至民國六十年代以後，政府才減少伐木，開始注重國土的保安。至於煤礦，則於1930年代（日據時期）才開始開採，至1970年代進入最盛時期，而於1990年代初沒落（張峻嘉，2007）。

在人文資源方面，南庄共有9個村，其中東村和西村算是南庄的市中心，而蓬萊和東河等7個村則是真正的鄉下。全鄉人口大約有一萬四千人左右，其中客家人約有九千餘人，主要居住在東村和西村，而原住民族則分布於其他各村落，大約有二千四百人左右。主要是賽夏族（1187人）和泰雅族（485人）。此外，還有閩南人、外省人等，合計約有二千人。（徐清明、張瑞恭，2007）南庄在清朝和日據時代，曾因採樟、伐木和煤礦開採等事業興盛，而成為繁榮熱鬧的小山城，人口最多時曾高達兩萬五千人以上（1970年代），也因而留下了煤礦博物館，和南庄戲院、郵便局等古建築，以及豬籠粄等傳統點心。至於世居的賽夏族，其矮靈祭甚具特色，背後又有矮靈的傳說，因此每次舉辦祭典（每兩年一小祭，每十年一大祭）時，總是成為國內外觀光客的焦點所在。而泰雅族和賽夏族的編織、刺繡、歌舞等，也每每成為觀光客的最愛（洪泉湖，2009b）。

二、南庄社區總體營造的興起

由於樟腦、林業和煤礦自1970年代以後先後停止開採，南庄一度趨於沒落，但政府於1994年開始提倡「社區總體營」和「文化產業」後，南庄才又獲得了新的生命。南庄的「社區總體營造」和「文化產業發展」也在這個時候開始啟動。東村的南庄鄉愛鄉協進會（1994年成立）和西村的社區發展協會（1996年成立）可以說是最早的民間推動組織。1996年至1998年間，蓬萊村和東村先後入選為苗栗縣真正推動社區總體營造之社區。

在這段時間內，南庄草創了「長壽俱樂部」、「媽媽教室」、「社區花鼓隊」、「木笛樂團」等，可謂「社區總體營造」和「文化產業」的萌芽階段。1999年，南庄鄉愛鄉協進會創辦「南庄人」社區季刊，使社區民眾有了發表意見、溝通理念的園地，這份刊物的宗旨是「認識鄉史」、「環保青山」、「互愛互尊」、「改善風俗」、「休閒活動」和「書香社會」。可見此一時期南庄的社區活動是側重在「建立一個乾淨、純樸、友愛、休閒、書香」的社區，還沒有聚焦到文化產業的發展上。在一至六期的「南庄人」季刊中，所談的主題，也大多是「中港溪河川生態保育」、「賽夏神話在現代生活的意義」、「介紹南庄風情與人文」等內容。同時，蓬萊社區也開始編輯蓬萊村史、舉辦客家、賽夏歌謠舞蹈研習、保存社區文化資產、辦理社區營造執行成果展演活動等（林振豐，2001）。

不過，2000年則是南庄的關鍵年。在這一年中有幾件大事深深地影響了南庄後來社區總體營造和文化產業的發展。第一件是南庄婦女合唱團（1995年成立）以一個業餘的、自娛娛人為宗旨的合唱團，竟能受邀到電視台錄製節目，使社區居民受到莫大的鼓舞。第二件是苗栗文化節在南庄舉辦，但由於籌備時間太短，經驗又不足，雖然舉行了兩場音樂會，還有老照片展、美藝展、文物展、礦業史話展等，但顯得擁擠而凌亂。另外，同時舉辦的山水節，展銷觀光景點和農特產品，也同樣顯得凌亂不堪。倒是「獅山百年慶」活動由於安排用心、節目精彩（例如晚會的火樹銀花、閉幕的獅王爭霸賽等），故頗獲好評。由於這次承辦文化活動的失敗，使得南庄居民開始反省：為什麼承辦文化活動會失敗？將來文化應該如何發展？原住民的祭典儀式可以發展為觀光項目嗎？（南庄鄉愛鄉協進會，1999-2000；洪泉湖，2009b）

2001年，南庄更接受承辦行政院文建會「南庄桂花巷環境改造工作規劃案」，南庄社區居民在愛鄉協進會等團體的倡導、協調下，展開積極的行動，動員居民共同清理、整修社區老街，並將其中一條巷子命名為「桂花巷」，使它成為乾淨、舒適的生活空間，並可設立手工藝坊和土特產品販售點。同時，成立社區工作坊、青少年木笛班、主辦音樂會，加上原住民歌舞表演等，希望實現「音樂造鄉」的美夢（南庄鄉愛鄉協進會，1999-2000）。

三、南庄文化產業的發展

南庄的文化產業，大體上可謂是配合著社區總體營造的進行而開展的。但有部分則早於社區總體營造。例如「休閒農業」的發展，則於1980年代中期即已開始推動，首先是蓬萊的三大聚落成立農業專區，政府開始協助興建各項農業設施，並由農會和鄉公所分別成立產銷班、農事班、闢建產業道路，種植櫻花和楓樹美化環境，設立展售中心等，大大提升了農產品產值，也開始吸引觀光客前來進行消費。又如八卦力民宿村的成立也於1991年左右即告出現，除了提倡觀光客住宿、餐飲外，更成立「賽夏族舞蹈班」，培訓村民歌舞技能，提供遊客欣賞原住民族文化之機會，不但豐富了產業的文化內涵，也提供了村民就業的機會（張峻嘉，2007）。

經過二十餘年的發展，南庄的文化產業呈現了相當豐富的內涵，這些文化產業若依社區總體營造的項目來分，亦可分為下列七類（參閱洪泉湖，2009b）：

(一)與社區環境景觀之營造有關者

包括南庄戲院、郵便局和水汴頭洗衣坑等等。早期南庄林業、礦業鼎盛，因而曾發展為一座繁華的小山莊，莊內也因人口的聚集，而成立了一家戲院。南庄戲院位於西村中山路上，在經過整修後，目前仍可放映懷舊電影，如「白賊七」、「牛伯伯」、「舊情綿綿」、「黃昏故鄉」等，同時可在此用餐，成為名符其實的「電影文物飯菜館」。南庄郵便局（郵局）位於文化路上，最早建於1900年，但目前所見的和式風格則為1935年地震災後所重建者。其特色是把建築側面當成正門。目前則把它作為文化會館，經常性地展出一些南庄的老照片、手工藝品、紀念風景明信片等等。水汴頭洗衣坑位於文化路的南端，是南庄客家人利用灌溉水圳所搭建的公共洗衣場，昔日客家婦女都群聚在此，一起洗衣，還曾傳下「坑水清又清，從頭擺流到頭過，洗淨幾多臭汗臊、刷淨幾多濫膏泥」的詩句，道盡客家婦女洗衣的辛勤。此外，蓬萊村「蓬萊自然生態園區」，以及加里山步道、鹿場古道、小東河登山步道等十餘條步道，也是南庄特殊的環境景觀。

(二)地方特有產業之文化包裝

包括南庄當地的農特產品和庭園咖啡等。南庄的農特產品頗多，包括桂花釀、金棗釀、桂花醋、桂花梅、手工梅、桂竹筍、山藥、金花石蒜、一葉蘭、甜柿、鱒魚等等，經過精美的包裝，都成了觀光客所喜歡的伴手禮。南庄另一項令人驚艷的文化產業是庭園咖啡。其中最著名的是山芙蓉，由於主人翁美珍女士擅長調製咖啡，又擅長園藝，因此把整個庭園佈置成百花齊開、美侖美奐的人間仙境，嚮往的觀光客絡驛不絕，須排隊抽號才能入園。另一有名者則為山行玫瑰，以自然景觀取勝，開闊的視野，使人得以瞭望群山森林與雲霧美景。此外，許多民宿例如栗田庄、綠野仙蹤、世外桃源等也都有咖啡、甜點、飲料之供應，使得整個蓬萊村充滿著浪漫的氣息（山芙蓉咖啡：http://www.mhcf.com.tw/index.html；山行玫瑰：http://artroses.myweb.hinet.net）。

(三)與聚落空間保存有關者

南庄與聚落空間保存有關的文化產業，包括文化路、中正路老街、中山路、賽夏文物館、瓦祿產業文化館等。在文化路上，有水汴頭洗衫坑、基督教長老教會、永昌宮、老郵便局等、中正路除了有多家土特產品商店和客家美食餐廳外，也有農會、遊客中心、兩家診所和林業展示館；中山路則有南庄戲院和各種商店、餐廳。這些共同構成東村的聚落空間，也蘊育了相關的文化產業。至於東河村的向天湖賽夏文物館和瓦產業文化館，前者以展覽賽夏族文物為主，後者則除了做為展覽館，平時也展售各類手工藝品。

(四)與祭典有關者

向天湖住有二十餘戶賽夏族人，其矮靈祭是賽夏族人最重要的祭典之一。目前向天湖的矮靈祭已發展成為全台原住民族最知名的祭典活動。矮靈祭每兩年一小祭，每十年一大祭，祭典大致上可分迎靈、娛靈和送靈三個階段，其中迎靈和送靈是最莊嚴的儀式，不准外人參加，只有娛靈階段才開放觀光客參與，也藉此保持祭典和觀光之間的平衡。至於向天湖畔的賽夏文物館則是典藏、展示賽夏文物的文物館，除了主題展廳、多媒體簡報室外，還有一片姓氏牆，介紹賽夏族14個姓的由來，頗為特殊。此外，東村的永昌宮，奉祀三官大帝，是南庄客家人的信仰中心，每年元宵節時的祭典，也是觀光客喜歡參與的節慶活動。

(五)與文化活動有關者

近年來南庄最重要的文化活動，除了賽夏族的矮靈祭外，當屬客家桐花祭。桐花祭目前已成為台灣客家族群最重要的文化活動之一，每年於四、五月桐花盛開期間舉行，除了賞桐活動，通常還會舉辦桐花攝影比賽、桐花親子寫生比賽、桐花公仔創意設計比賽、客家歌謠演唱會、客家音樂演奏會、客家花布工藝展、客家美食品嚐會等藝文活動。南庄的桐花步道，以蓬萊溪賞魚步道最為有名，目前已規劃為蓬萊自然生態保育園區。

(六)休閒、遊憩與民宿產業

南庄的休閒、遊憩與民宿產業，最早興起於1980年代，但民宿村及舞蹈班的成立，則是1990年代以後的事。民宿產業最早且最有名的，當屬八卦力民宿村，八卦力位於蓬萊村的南端，自然環境幽美，視野頗佳，尤其春天時節櫻花、桐花先後盛開，美不勝收，夏天則是溪水淙淙、蟲鳴鳥叫，而秋天則是滿山紅葉，令人驚艷！因此村民於此興建民宿，週末假日並有原住民歌舞表演、手工藝品販售、原住民美食、工藝製作DIY等活動（南庄民宿旅遊網：http://nanzhuang.hotravel.com.tw）。除八卦力之外，南庄的民宿還有綠色山莊、栗田庄、蓉櫻、紅磚屋、容園谷和綠野仙蹤、松柏山莊、玉荷園等等數十家。

除了民宿，具有族群文化特色的美食餐廳也是文化產業的一環。以南庄來說，具有客家風味的桂花園和劉家豬粄是最具代表性的例子。桂花園餐廳位於南庄南江村南庄大橋東北側，是一家具有客家建築風格一條龍式的庭園景觀餐廳，園內遍植桂花，每當八月至次年三月桂花盛開時，清香撲鼻，進入園中，令人心曠神怡。該餐廳本著客家傳統精神，以客家「四炆」、「四炒」為基本菜色，搭配南庄鱒魚、溪魚、山野菜、桂花餐等佳餚，而建立了良好的口碑。晚近更成立「桂花園鄉村會館」，提供遊客桂花茶、桂花咖啡、牛樟芝茶、牛樟芝咖啡、大小會議室、養身渡假民宿、生態園區等，成為南庄優質的休閒渡假中心。

豬籠粄是客家人所做的一種菜包，因其外型酷似圈豬的竹籬，故稱為豬籠粄。外皮是米粄所製，內餡是肉絲或蘿蔔絲，原先只是客家人上山工作時隨身攜帶的裹腹零食，目前已演變出多種口味，外皮的顏色也愈來愈多元。南庄豬籠粄以劉家和楊家最出名。除了豬籠粄，目前南庄也推出菜頭粄、山藥粄、艾草粄、狗薑粽和紅豆麻糬等系列產品。

此外，南庄還有許多休閒農業園區，如南江示範休閒農業區、百香休閒農場、東江溫泉休閒花園、杉林松境休閒農場等。這些休閒農場不但有綠草如茵、雲霧繚繞的庭園，有清澈的溪流，有盛開的櫻花和桐花，有新鮮的鱒魚和桂竹筍等料理，更有手工藝DIY、螢火蟲季、桂竹筍之旅、油桐花季、鱒魚節、櫻花祭等活動，讓遊客在美食品嚐、心靈沈澱和文化體驗方面，都有豐盛的享受。

(七)與手工藝有關者

南庄比較具有代表性的手工藝工作坊有以下數家：

1.石壁染織工坊

位於東河村，為林淑莉女士所創，她本人是閩南人，學習美工設計，自從嫁給泰雅族的羅幸・瓦旦後，改攻泰雅染織，而成為傑出的工藝家。泰雅族燦爛美麗的編織，常能記錄著祖先的訓示、傳說的內容和生活的智慧。該工作坊除了自己的創作外，還設有文化解說服務、植物染色DIY、框織畫DIY，彩虹民宿、自然農場，以及文化產品展售等（石壁染織工坊：www.raisinay.com）。

2.瓦祿工作坊

也位於東河村，係由泰雅族朵細・馬幸（徐年枝）女士所創，早年她從事泰雅族傳統編織，但由於受到夫婿賽夏族文化影響，即開始專攻賽夏族編織，並融合兩族的文化特質，從事圖紋的創新，其編織服飾以高雅大方、精巧細膩聞名，作品包括頭飾、上衣、背心、長衣、腰裙、手提袋、背包、筆袋、杯墊、鉛筆盒等（瓦祿工作坊：http://waro.taiwan-craft.com.tw）。

3.蓬萊工作坊

位於蓬萊村蓬萊國小內，係由賽夏族的潘三妹女士所創設，主要是創作賽夏族的竹編和藤編作品，技法包括交編、絞編和螺旋編等，她的創作理念是以賽夏族傳統圖騰和傳說故事做為創作的發想依據，用符號、圖案把這些故事表現出來。由於作品細膩精巧，頗具觀賞與收藏價值。

以上這些手工藝工作坊，以及其他社區居民的手工藝品，都可能在假日時拿到八卦力民宿村（嘎嘎歐岸文化部落）展售。

(八)與生活商店街有關者

在南庄，與生活商店街有關者，可以桂花巷為代表。桂花巷是東村中正路和文化路之間的一段小巷，兩邊原是一些老舊的村舍，經過社區總體營造後，形成一條蜿蜒繁華的店鋪街，兩旁盡是一些創作工作坊、土特產小店，例如楊媽媽豬龍粄、桂花巷麵店、荷蓮心、冰鎮湯圓、蘇姐的店、南庄手工麵、鬍鬚梅園、桂花香、洗衣坑的店、漢紙藝術文化館、蔡媽媽飲食店等。目前已成為觀光客流連之處。

肆、南庄社區總體營造與觀光發展

南庄的社區總體營造，最初的目的是要打造一個「適合人們安居的環境」，所以一開始居民們所關心的是社區的環境問題，同時希望用音樂來美化社區。所以社區居民最早成立的是婦女合唱團、社區花鼓隊、木笛樂團等，以及創辦「南庄人」社區季刊，提倡認識鄉史、環保青山、書香社會等，這些可能都與文化產業沒有直接的關係，當然也與觀光沒有關聯。甚至在承辦「桂花巷環境改造工程」時，社區居民的主要目標，還是在「改善環境」。直到2002年，南庄居民才開始思考發展觀光休閒產業的問題。南庄有獅頭山、八卦力、向天湖、神仙谷、鹿場等風景區；有客家歌謠、美食；有原住民族祭典、歌舞和手工藝等等文化；也有香菇、桂竹筍、鱒魚、高冷蔬菜、一葉蘭、奇異果、甜柿、水蜜桃等農特產品，觀光資源應該相當豐富。但究應如何整合成套裝行程？如何善用體驗經濟，使觀光客能親手接觸這些觀光資源？如何透過文化觀光來發展地方經濟？使南庄再度成為繁榮的山城？正巧中央政府於該年把南庄全鄉納入「國家風景區」，於是投入大量經費修建道路、開發向天湖景區、規劃蓬萊生態旅遊區等。在這個誘因之下，居民也開始興建農場、民宿和庭園咖啡等。南庄在一夕之間，變成了全國知名的旅遊景點（南庄鄉愛鄉協進會，1999-2000）。

在南庄早期的社區總體營造中，南庄鄉愛鄉協進會的成員們所盼望的，是把南庄打造成「音樂之鄉」、「咖啡之鄉」和「生態之鄉」。由基督教長老教會陳以諾牧師（同時也是愛鄉協進會理事長）所成立的婦女合唱團、木笛班、青少年木笛樂團，旨在以音樂造鄉，希望透過音樂的陶冶與情感的抒發，培養社區居民的愛心和認同感。而咖啡之鄉應始於1999年「山芙蓉」庭園咖啡的創立，由於山芙蓉女主人翁美珍把自己住宅及周邊環境佈置成歐洲花園型式，又在庭園內廣植各色花卉，使得整個庭園宛如一片繽紛艷麗的花海，而遊客置身花海裏喝咖啡，豈有不醺然陶醉之理？因此一經推出，即名滿全台，成了大眾傳播媒體不斷採訪的焦點。此外，2001年創立的「山行玫瑰」則以視野遼闊、雲海飄渺為號召，也引起轟動。此後南庄庭園咖啡即陸續開張，而成了南庄旅遊的重要賣點。（吳昭怡，2002）至於生態之鄉，則除了愛鄉協進會促請政府整治南庄溪外，也於蓬萊村設立了「蓬萊自然生態園區」，使得鯝魚、石斑魚和一枝花等魚類再度出現於蓬萊溪中。同時，十五條步道的整理開放，更提供了村民和遊客直接接觸大自然的機會，因此廣為遊客所喜愛（文建會，2004）。

不過，南庄的桂花巷、庭園咖啡、鱒魚餐、休閒農園和民宿等文化產業的開創，固然為南庄帶來了商機、增加了工作機會，卻也帶來了交通阻塞、人聲吵雜和環境破壞等影響，甚至使得社區居民再度陷入價值觀的矛盾；到底是要維持一個「適合人居」的社區環境呢？還是要追求生意興隆「適合造訪」的觀光商圈？也因此，社區居民分成了兩派：以愛鄉協進會為首的一方，主張社區總體營造終究是要打造一個「適合人居」的社區環境，因此對南庄走向「唯利是圖」的觀光商圈，頗不以為然；而以觀光產業協會為首的另一方，則主張南庄既有觀光資源，又有交通之便，為什麼不發展觀光？只有發展觀光，才能使南庄再度繁榮。愛鄉協進會為了社區和諧，乃毅然退出社區總體營造的主導角色，但其內心之不滿，是可想而知的（柯惇貿，1999；林振豐，2002）。

伍、南庄文化產業作為觀光資源的SWOT分析

文化產業的發展，究竟能不能夠帶動觀光業的發展？除了要看文化產業的內涵是否豐富、是否具有獨特性之外，也要看文化產業的相關條件，例如國內外經濟景氣與否？地方周遭環境景觀如何、道路交通設施、經營者的理念與策略、有無競爭或替代者、能否做到不斷地創新，以及能否適度解決觀光客所可能帶來的破壞等，如果一個地方的文化產業能大致上具有這些條件，那它不僅可以永續發展，而且也能持續發揮磁吸作用，吸引觀光客不斷前來接觸、觀賞、體驗和購買。否則，這項文化產業可能在短暫地發光之後，即歸於沒落（Keegan, Moriarty & Duncan, 1995）。因此，吾人似可用SWOT來分析南庄文化產業做為觀光資源的未來前景：

一、南庄文化產業與觀光的內在優勢（Strength）

(一)已具有相當的知名度

南庄的鱒魚養殖業發展甚早，自1985年起即有養鱒場及餐廳，但規模不大，至1987年以後，養鱒場結合了十多家住宿、餐廳結盟經營，以及農場的露營、烤肉活動，逐漸打響了名號。更重要的是自2000年起，南庄所舉辦的「山水節」、「地方文化節」、「賽夏矮靈祭」和「獅山百年慶」等文化活動等一系列近兩個月的活動，受到媒體大量且持續地報導，再加上山芙蓉和山行玫瑰等庭園咖啡的陸續開設，使得南庄一舉成名，現已成為桃竹苗地區最知名的觀光勝地（張峻嘉，2005）。

(二)擁有精美的原住民族文化

南庄的原住民族包括泰雅和賽夏兩族，泰雅族的編織和刺繡（如石壁染織工坊、瓦祿工作坊），賽夏族的竹編、藤編（如蓬萊工作坊），手工精湛，具有高度的藝術價值，很值得觀賞、學習。而賽夏族的矮靈祭，是原住民族的特殊祭典之一，且每兩年一小祭，每十年才一大祭，對觀客而言，是難得一見，且可親身參與（娛靈階段）的祭典，自然獲得觀光客的重視。

(三)文化產業相當多樣化

南庄的文化產業，有南庄戲院、郵便局、中正路老街、桂花巷商店街、賽夏文物館、瓦祿產業文化館、向天湖矮靈祭、客家桐花祭、數十家民宿、桂花園等多家客家餐廳、那魯灣等多家原住民餐廳、客家豬籠粄、多家庭園咖啡、多家休閒農場、原住民族手工藝品、和各種農特產品等，可謂種類繁多，內容豐富，這些都是重要的觀光資源。

(四)擁有豐富的自然景觀

南庄附近，有知名的獅頭山和仙山風景區，南庄的四周多山，風景秀麗，每天午後經常雲霧飄渺，宛如仙境，又有古道、登山步十餘條，可供遊客健行、登山。尤其初春一、二月之時，櫻花盛開，沿路嫣紅片片；晚春四月之後，桐花爭艷，滿山雪白皚皚，均能使遊客為之驚豔！

(五)地理位置頗佳，交通便利

南庄位於苗栗縣東方偏北，與苗栗的主要鄉鎮市如頭份、竹南、造橋、苗栗（市）、公館、銅鑼等，都有一段距離，足以造成觀光市場的區隔；但因交通方便，透過124號縣道和3號省道，均可很快與其他鄉鎮市連繫，或連接中山高速公路。所以，觀光客不論從台北南下，或從台中、高雄北上，都可以順利抵達南庄。

二、南庄文化產業與觀光的內在劣勢（Weakness）

(一)老街凌亂，桂花巷擁擠

南庄老街中正路在社區總體營造之初，曾把整排街面的商店加以整理，顯現出日據時期（民國24年）所建之兩層樓木造日式建築。但目前卻因為觀光之故，大部分的店家前面，都擺了大大小小、新舊雜陳的攤位，不但遮蔽了原先店面的建築風情，也使得整條街面極為凌亂，失去了懷舊的功能。至於桂花巷，也是社造的重點工程，但由於觀光客的大量湧入，使得原本即已狹窄的巷道，更顯擁擠，難免會讓觀光客失去放鬆心情、慢慢品嚐土特產品與咖啡美食的悠閒感。

(二)民間團體理念不同，難以齊心協力

南庄鄉愛鄉協進會的理念，是把南庄打造成「適合人居」的社區；而南庄鄉觀光產業協會的目標，則是把南庄打造成觀光鼎盛的山城。這兩種意見都有它的道理，可是我們要問的是：這兩種理念難道沒有折衷或兼顧的可能？如果兩派意見之間互不相容，即使一方為了地方和諧而退讓，終究還是無法齊心協力，共同承擔南庄永續發展的重責大任。

(三)南庄的客家文化內涵，略嫌不足

南庄鄉的客家人雖佔全鄉人口的六成以上，且大多集中於東村和西村，但東、西村所發展出來的文化產業，客家特色不足，只有桂花園客家美食、劉家和楊家豬籠粄、一些醃醬類土特產品，以及老街的客家花布衫衣服店，可以明顯讓觀光客感受到客家風味，但這就觀光而言，顯然是不足的（施國隆，2002）。

(四)政治勢力的影響

台灣的社區總體營造和文化產業發展，往往都會受到政治勢力的干擾。例如政治人物每當選舉時，往往會濫開支票，選後又經常沒有兌現；

或者後任之縣市鄉鎮首長，往往為了自己特色或政績，而不願延續前任首長之政策。凡此種種，均足以造成社區總體營造參與者及文化產業負責人之無所適從。

三、南庄文化產業與觀光的外在威脅（Threat）

(一)觀光客所帶來的問題

文化產業的發展，當然希望造成觀光業的興盛，但觀光客固然帶來商機，卻也會帶來塞車、吵雜和擁擠，乃至干擾社區原本寧靜的生活。更重要的是，由於發展觀光所導致的市場取向、利潤取向，往往會使得許多社區居民（甚至是外來的商家）更趨「唯利是圖」，完全不顧社區總體營造的理念。這一來勢必引起社區居民間價值的衝突，甚至因短利近視的結果，而導致社區環境的破壞，文化產業的庸俗化、趨同化，最後連觀光業也走向沒落一途。

(二)手工藝產業無人傳承的問題

在文化產業的內涵中，手工藝無疑是很重要的一塊，無論是編織、刺繡、雕刻、陶塑、服飾等等，往往也是觀光客最喜歡購買的紀念品。但這些需要精巧手藝的產業，卻因學習費時、製作費工、產量有限、利潤不高，以致年輕一代大多不願學習，而導致傳承上的困難。另外，就業主的立場而言，由於經營不易，所能提供的工作機會有限，也因而造成年輕人不願從事手工藝製作，紛紛流往都會區，尋找其他的工作機會（周宗德，2007）。

(三)苗栗縣其他鄉鎮文化產業的競爭

苗栗縣原本是一個較為貧窮的農業縣份，可是近幾十年來憑著地方上豐富的自然和人文資源，分別發展出不同的文化產業，例如三義的木雕、公館的陶藝、大湖的草莓、銅鑼的客家美食、泰安的溫泉等等，都非常有特色，可謂各領風騷（周宗德，2007）。不過，這些文化產業對南庄而言，多多少少造成一種壓力，如果南庄的文化產業不能推陳出新，或永續發展，則觀光客即可能被這些鄉鎮瓜分而去。

四、南庄文化產業與觀光的外在機會（Opportunity）

(一)休閒與文化體驗時代的來臨

自從政府實施週休二日以後，人民有更多時間來從事休閒旅遊活動，因此台灣正式進入休閒時代。尤其近一、二十年來，多元文化主義（multi-culturalism）的風潮傳入台灣，使台灣的民眾更懂得要包容、尊重、欣賞與學習不同的文化（洪泉湖，2007；洪泉湖，2009a）。因此，無論客家文化、原住民族文化、眷村文化，乃至新移民文化，都成了觀光客想要接觸、瞭解的對象。南庄的客家文化和原住民族文化，自然成為觀光客體驗文化的對象。

(二)各級政府對觀光業的重視

近年來，世界各國都相當重視觀光旅遊業的發展，也都創造了相當高的產值，我國亦是如此。例如行政院所頒布的「觀光客倍增計劃」，就是希望透過文化產業等之開創，而大幅吸引觀光客來台，刺激消費，增加商機。就苗栗縣及南庄鄉而言，近年來也在這一理念下，屢屢獲得中央政府的補助，以發展文化產業和觀光業。

(三)苗栗縣整體國際活動的增加

近十多年來，苗栗縣每年舉辦「國際假面藝術節」、「三義木雕嘉年華」、「㷫龍國際觀光文化節」等等大型國際文化活動，皆吸引不少國內外觀光人潮，不但帶來可觀的經濟效益，也大大地提昇了苗栗在文化藝術與觀光方面的知名度，這對南庄而言，也具有共振的效應。

(四)可嘗試與周遭高科技園區結盟

政府在新竹設有科學園區，在苗栗又有竹南生技園區，未來亦將設立中部科學園區，都與南庄相距不遠，南庄可結合這些科學園區，發展農業生技產業，同時亦可爭取這些園區的員工來此休閒渡假，共享高科技產業與文化產業的相輔相成效果。

陸、結　語

基於前項之分析，可見南庄的文化產業與觀光發展，雖有其劣勢，但優勢更多；雖面臨外在環境的若干威脅，但也具有大環境的機會條件。因此，南庄若能持續其優勢，扭轉其劣勢，則其文化產業與觀光業之發展，仍然相當樂觀。

例如在老街方面，應嘗試透過社區居民會議之不斷溝通，或透過政府之獎勵補助，使各商家願意整頓門前的攤位，把商品都擺到原來的日式建築樓內，同時徵求具有客家特色的手工藝品店、服飾店、點心舖、花布包店……等進駐，才能彰顯客家文化的特色。至於愛鄉協進會與觀光產業協會之間，似也宜設法進行溝通，在「適合人民」與「適合造訪」的理念之間，尋找共識，才能通力合作，共同締造南庄的永續發展（蕭欣怡，2006；曾柏森，2008）。

其次，在文化產業的開發方面，應可加強文化體驗的進行，例如客家美食製作DIY，原住民族歌舞教唱教跳等。而南庄戲院實不宜兼當餐廳，而應發展成為一「南庄影像館」，可製播南庄林業發展史、煤礦的故事、南庄觀光簡介、咖啡之鄉、音樂之鄉、原住民族歌舞選集、……等影片，也適度地把客家精神、原住民故事、族群互動等內涵融入影片之中，加上台灣三十年代至七十年代的老電影，即可成為一座豐富而多元的影像館，提供觀光客很好的觀賞與學習機會。此外，解說員或導遊的訓練，也很重要，這些人對南庄的地理、人文、歷史發展、人物故事、土特產品、客家精神、原住民祭典與禁忌……等等。都必須有相當程度的瞭解，才能把各種文化產業背後的精神、意義、故事等，精確而深入地告訴觀光客（李元墩等，2006）。

此外，南庄的文化產業與觀光之發展，已與文化節慶連結，例如與元宵節、桐花祭等相結合，這一點相當值得肯定。但在異業結盟方面，則可以再予加強。例如手工藝產業、商店街，可與民宿業、餐飲業、休閒農場結盟，提供觀光客套裝行程，則應更能發揮相輔相成之效果（李元墩等，2006）。

最後，文化產業及觀光業如果要永續發展，則人才之培育甚為重要。因此，南庄可持續透過社區大學或其他管道，致力於人才之培訓，包括開設客家花布班、客家歌謠班、美食烹飪班、原住民歌舞班、原住民編織班、農特產品釀製班、民宿經營班等等，厚植文化產業與觀光業之生力軍，才能不斷地進行文化產業和觀光的傳承與創新（王本壯、周芳怡，2007；曾銘傑，1998）。

【參考書目】

一、中文書目

于國華（2002）。《「社區總體營造」理念的探討：全球化趨勢下的一種地方文化運動》。台北：國立台北藝術大學傳統藝術研究所碩士論文。

王本壯、周怡芳（2007）。〈培力青年參與社區總體營造之行動研究：以苗栗縣為例〉，載《聯大學報》，第4卷第2期，125-149頁。

行政院文化建設委員會編印（2004）。《2004年文化政策白皮書》。台北：行政院文建會。

李乾銘（2004）。《台灣地方產業融入社區營造的模式》。高雄：國立高雄師範大學地理學系研究所碩士論文。

李元墩等（2006）。〈永續觀光與社區總體營造之初探〉，載《運動健康與休閒學報》，第4輯，84-96頁。

林振豐（2001）。《社區總體營造在社區主義形成過程中的瓶項與願景—以苗栗縣社區為觀察焦點》。台中：私立東海大學公共事務碩士在職專班碩士論文。

吳昭怡（2002）。〈南庄～咖啡之鄉〉。載《天下雜誌》，2002年3月號，216-217頁。

周宗德（2007）。《苗栗縣文化創意產業與觀光節慶活動發展之探討》。新竹：中華大學經營管理研究所碩士論文。

施國隆（2002）。《社區營造文化政策永續發展可能性之探討》。台北：私立世新大學發展研究所碩士論文。

南庄鄉愛鄉協進會（1999-2000）。《南庄人》，第7期。

柯惇貿（1999）。《社區居民對社區總體營造的認知與態度》。台中：私立逢甲大學建築及都市計畫研究所碩士學位論文。

洪泉湖（2007）。〈台灣美濃文化產業的發展與客家文化傳承〉，載《多元文化與族群和諧國際學術研討會論文集》，173-192頁。

洪泉湖（2009a）。〈花東地區原住民族文化產業的發展〉，載《孫學研究》，第6期，145-171頁。

洪泉湖（2009b）。〈南庄文化產業發展與觀光〉，載曾一士總編，《族群發展與文化產業》。台北，國立國父紀念館，335-350頁。

徐清明、張瑞恭編（2007）。《重修苗栗縣志，卷五，住民志，下冊》。苗栗：縣政府。

宮崎清講（賴瓊琦譯）（1995）。〈展開嶄新風貌的社區總體營造〉，載《台灣手工業》，第55期，16-22頁。

陳其南、陳瑞樺（1998）。〈台灣社區營造運動之回顧〉，載《研考報導》，第41，21-37頁。

連啟文（2006）。《原住民部落生態旅遊發展趨勢與策略研擬～以苗栗縣南庄鄉為例》。台中：東海大學景觀學系碩士論文。

張峻嘉（2002）。〈苗栗南庄地區資源開發與經濟發展〉，載《環境與世界》，第6期，31-56頁。

張峻嘉（2005）。〈南庄地方的區域特性形構：竹苗淺山丘陵區新興地方產業發展的個案分析〉，載《中國地理學會會刊》，第36期，29-57頁。

張峻嘉（2007）。《南庄地方產業再發展與區域特性形構》。台北：國立台灣大學地理環境資源研究所博士論文。

曾旭正（2007）。《台灣的社區營造》。台北：遠足文化公司。

曾柏森（2008）。《台灣農村社區永續總體營造之研究》。台中：國立中興大學農村規劃研究所碩士學位論文。

曾銘傑（2008）。《從社區發展的歷程探究社區成人教育推動的內涵—以「大溪老街社區」為例》。台北：國立台灣師範大學社會教育研究所碩士論文。

蔣玉嬋（2004）。〈地方文化產業營造與社區發展〉，載《社區發展季刊》。第107期，241-252頁。

蕭欣怡（2006）。《宜蘭社區營造的回顧與前瞻—永續發展觀點》。南投：國立暨南國際大學公共行政與政策學系頭士論文。

二、英文書目

Carter, E. (1993). Ecotourism in the Third World: Problems for Sustainable Tourism Development, in *Tourism Management.* Vol 14(2), 85-90.

Habermas, J. (1989). *The structural Transformation of the Public Sphere*. Mass.: The MIT Press.

Keegan, W., S. Moriarty and T. Duncan (1995). *Marketing*. Englewood Cliffs, N. J.: Prentice-Hall.

Liu, C. Z. (2002). Study on Citizen Participation in the Process of Village Renewal— the Germany Experience, in *Journal of Agricultural Economics*, No. 71.

Prentice, R. (1993). *Tourism and Heritage Attractions*. New York: Routledge.

Prentice, R. & A. Anderson (2003). Festival as Creative Destination. in *Annals of Tourism Research*. 30(1): 7-30.

Rimmerman, C. A. (1997). *The New Citizenship: Unconventional Polictics, Activism and Service*. Boulder, CO: Westview Press.

Roseland, M. (1998). *Toward Sustainable Communities: Resource for Citizens and Their Governments*. Gabriola Island B. C., Canada: New Society Publishers.

Sherlock, D. (2005). Reconfiguring Adult and Community Learning. in *Adult Learning*. 17(2), 22.

三、網頁

山芙蓉咖啡：http://www.mhcf.com.tw/index.html

山行玫瑰：http://artroses.myweb.hinet.net

石壁染織工坊：http://www.raisinay.com

瓦祿工作坊：http://waro.taiwan-craft.com.tw

南庄民宿旅遊網：http://nanzhuang.hotravel.com.tw

蓬萊自然生態園區：http://penla.idv.tw/nature.html

第十二章

「風格城鄉．創意客庄」

——桃園縣龍潭鄉的文化創意產業

■鍾文博　新生醫護管理專科學校通識中心助理教授、
國立台灣師範大學國際與僑教學院
兼任助理教授

壹、前 言

「龍潭的開發已有三百多年的歷史，這裡有蒼翠的山巒、碧綠的田疇、古雅純樸的客家風情和文化特色。」

--桃園縣龍潭鄉長葉發海

面對全球化潮流下的知識經濟時代，促進經濟成長同時兼顧生活品質與品味的產業發展，已經成為全球主要國家積極推動的施政主軸，而其中「文化創意產業」是近年來的主要潮流之一。1998年世界銀行的《文化與持續發展：行動主題》報告中認為：文化為當地發展提供新的經濟機會，並能加強社會資本和社會凝聚力；在許多國家，文化經濟化的新形式和新概念不斷出現和推出，因此形成了「文化產業（culture industry）」。聯合國教科文組織（UNESCO）對「文化產業」的定義是：結合創作、生產等方式，把本質上無形的文化內容商品化，這些內容受到知識產權的保護，其形式可以是商品或是服務。據此，為了因應全球化的風潮與知識經濟時代的到來，行政院於2002年提出《挑戰2008：國家發展重點計畫》中特別將「文化創意產業發展計畫」納入，希望以具體政策達成「產業文化化、文化產業化」之目標，而「文化創意產業」指的即是那些「源自創意或文化累積，透過智慧財產之形成及運用，具有創造財富及就業機會潛力，並促進整體生活環境提升之產業類別」。[1]

1 根據行政院經濟部文化創意產業推動小組辦公室的規劃，台灣「文化創意產業」之範疇包含有「視覺藝術產業」、「音樂與表演藝術產業」、「文化展演設施產業」、「工藝產業」、「電影產業」、「廣播電視產業」、「出版產業」、「廣告產業」、「設計產業」、「設計品牌時尚產業」、「建築設計產業」、「創意生活產業」與「數位休閒娛樂產業」等十三大類。相關資料參見：經濟部文化創意產業推動小組(2008)，《2007台灣文化創意產業發展年報》，台北：經濟部工業局文化創意產業推動小組辦公室。

2005年台灣“天下雜誌”發行「微笑台灣319鄉」專刊，其中透過三萬名網友針對全國319鄉鎮票選，龍潭鄉一舉榮獲：「最有特色的鄉鎮第一名」、「最有品味的鄉鎮第二名」、「微笑之鄉第三名」以及「最令人有幸福感的鄉鎮第三名」。近年來龍潭鄉更是以「微笑龍潭、幸福之鄉、特色之都以及品味小鎮」等目標自我期許邁進。[2]事實上，作為北台灣客家文化的重鎮，在文化產業方面，龍潭鄉曾經承辦過四次全國性的客家民俗文化大展，在客家文化的保存與傳承上奠定了豐厚的基礎；在文化建設方面，包括編撰龍潭鄉誌、續辦世界客家文化大展、興建客家文化會館與客家文化生活體驗園區、維護鄉內古蹟文化及辦理古蹟導覽巡禮等，相關文化成果可說相當豐碩。而在觀光產業方面，龍潭鄉交通便捷且地理環境優越，山巒起伏同時視野遼闊，茶園綿密且空氣清新令人心曠神怡，人文薈萃下更有分佈各處的名勝古蹟相伴隨，觀光遊憩資源可謂十分豐富。近年來觀光產業與客家節慶活動產業更是蓬勃發展且推展迅速，特別是結合一系列重要節慶傳統等客家民俗活動，總體營造屬於龍潭鄉自身的城鄉特色與魅力。[3]

簡言之，龍潭鄉的地方文化資源相當豐富且具地方特色，適合以文化創意產業為發展重點。據此，本論文嘗試以文化創意產業的概念與角度，

---

2 參見龍潭鄉公所網站資料：＜http://www.longtan.gov.tw/affair_1_1.aspx＞。

3 龍潭鄉經內政部指定為『擴大國內需求方案創造城鄉新風貌』政策重點示範鄉鎮，除展現觀光、文化、科技的新龍潭，分列短程、中程、長程實施計畫，整合地方特色，建構龍潭成為一個傳統兼具現代化面貌的新都會。其中在文化推廣方面，包括：一、加強古蹟維護、本鄉三級古蹟聖蹟亭已完成修繕，並由台積電集團認養。二、客家民俗文物館確定落腳本鄉，現由桃園縣政府文化局積極規劃辦理。三、為保護古文物，並結合城鄉新風貌，辦理三坑老街整體保存規劃，並進行坑仔客家傳統公共環境與公共設施改善工程。四、重視本鄉古厝、老樹保護保存，並加強文化資產教育紮根，招募本鄉文化導覽志工，傳承文化教育。五、持續辦理鄉土文化教學導覽活動，除培訓導覽師資外並帶領全鄉學子實際參與。六、舉辦歸鄉文化季、鄉志編撰、老照片徵集，圖書館成立鄉土文獻區。相關資料參見龍潭鄉公所網站：http://www.longtan.gov.tw/about_1_33.aspx。

分析探討龍潭鄉的地方產業發展與相關人文特色，特別是具有龍潭在地客家特色的文化創意產業，最後本論文亦嘗試提出龍潭鄉文化創意產業的發展方向。

貳、龍潭鄉的歷史與地方產業

誠如前言所提，龍潭鄉近年來於全國各城鄉的多項評比中，在「最有特色、最有品味、最友善，以及最令人有幸福感」等多個指標中皆名列前矛。事實上，在龍潭的城鄉展望中，營造『獨特而有風格的城鄉風貌』、『優雅而有品味的生活環境』、『效率而方便的都市設施』，以及『重整地方歷史文化記憶空間及生活秩序』等，一直是官方規劃中的未來藍圖與挑戰。因此城鄉發展的具體建設方針與計畫之一即是：透過重大民俗活動與節慶傳統等客家民俗活動，結合城鄉節慶與都市設計制度，帶動國土空間環境之改造，總體營造城鄉特色與魅力。[4]換言之，風格城鄉成形，龍潭鄉在既有的歷史人文與自然條件上已逐漸成長蛻變，而這正是龍潭鄉文化創意產業供需崛起的最好時機。

一、龍潭鄉的歷史沿革

龍潭鄉位於台灣北部桃園台地南端的邊陲地區，境內丘陵地形發達，地裡上具有陂塘、河川等先天有利條件，丘陵地區因可耕地少且水源不足，因此大部分為茶園，平地地區則因有水利之便而池塘密佈，大部分為稻田，亦為人口的主要聚集地區（見**圖12.1**：龍潭鄉地理位置圖、**表12.1**：龍潭鄉基本資料表）。龍潭的開發前後約兩百多年，居住的族群主要以客家人為主，清乾隆十三年（西元1748年），霄裡社（即八德鄉）通

4 參見龍潭鄉公所網站資料：＜http://www.longtan.gov.tw/affair_1_2.aspx＞。

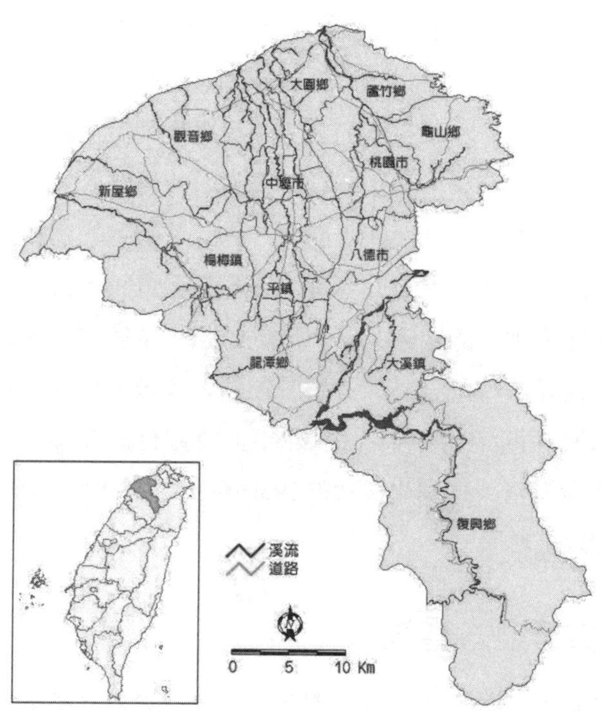

圖12.1 龍潭鄉地理位置圖

資料來源：龍潭鄉公所網站＜http://www.longtan.gov.tw/affair_1_3.aspx＞。

表12.1 龍潭鄉基本資料表

位置	龍潭位於台灣北部山坡地區，桃園台地最南端
面積	75.2372平方公里
位置	位於北緯24度53分、東經121度14分
村別數	共計30村、900鄰
戶數	34191戶
人口數	男57378人，女54,766人，共計112,144人

資料來源：龍潭鄉公所網站＜http://www.longtan.gov.tw/affair_1_3.aspx＞。

事招漢佃截老街溪的溪流，設置陂塘—菱潭陂（今龍潭大池），後當地改稱「靈潭陂」，復又改稱「龍潭陂」。隨後不少移民接踵而來開墾，許多佃戶紛紛設置陂塘儲水，奠定龍潭在農業拓墾的基礎[5]。

另一方面，根據相關的文獻及田野調查顯示，龍潭的開始大量墾拓應可追溯至咸豐年間林本源家族到大溪開墾之後，再逐漸向龍潭地區一帶發展。早期原為粵閩雜居，之後因地瘠民貧而使得閩人大多數外遷，一部分少數則被同化為客家人，而使得龍潭成為刻苦耐勞的粵籍客家人聚居之地。事實上，龍潭鄉可以說是北台灣的客家開發重鎮，目前約有五分之三為客家人，而龍潭地區的客家人又實以嘉應州（位於廣東、福建及江西）的客家移民為最多，特別是廣東省梅縣的佔大多數。另外，在行政組織的沿革上，日據時期西元1919年（民國8年）建置有龍潭鄉公所，歸台灣省新竹州大溪郡所管轄，直到光復後的1950年（民國39年）方有台灣省桃園縣龍潭鄉的行政區域設立。

二、龍潭鄉的地方產業

龍潭鄉的在地產業可概分為三類，包括文化產業，觀光產業與小部分的科技產業。在文化產業部分，誠如前言所提到，作為北台灣客家文化的重鎮，相關的文化建設成果可說相當豐富。特別值得一提的是，由於特殊地理環境的錘鍊與艱苦歷史經驗的洗禮，龍潭鄉在客家傳統文化的精神中孕育發展出一種獨特的客家文化特質與客家文化風采，例如深刻描繪濃厚鄉土情懷，並開啟大河小說創作的知名客籍文學作家鍾肇政，以及表露當時代的民族關懷，藉由一系列樂曲抒發愛國情操並保存台灣文化的音樂家鄧雨賢，一前一後兩位文化人可說是龍潭的最佳代言，而這也正是龍潭希望積極推動並傳承的客家文化。

日據時期台灣社會在經濟上依賴茶、蔗糖與樟腦的生產，而龍潭鄉地形因丘陵多平原少且土質適合栽種茶樹，因此興盛的製茶業，特別是當地遠近馳名的「龍泉茶」，造就了龍潭遍布的優美茶園風光與純樸茶鄉風

5 參見龍潭鄉公所網站資料：＜http://www.longtan.gov.tw/affair_4_1.aspx＞。

貌，為當地茶農帶來可觀的經濟收益[6]。近年來當地更精心研發多樣的茶葉相關商品，推廣飲茶品茗的保健功效，同時舉辦各種茶產品展售活動等，讓民眾親自體驗採茶、製茶、泡茶、品茶等過程，體驗茶鄉與茶香的鄉土風味，嘗試以更多元化的方式經營觀光茶園成為休閒觀光產業，例如三和水土保持茶園戶外教室與大北坑觀光茶園等。同時因應時代環境的變遷與地方產業的轉型發展，相關的文化產業商品也應運而生。以往茶、米、魚一直是龍潭人自豪的三大地方特產，如今在產業轉型的風潮下，在地百年特產的「龍泉茶」、濃郁客家人文風情的「椪風茶」、具本土味的「龍泉米」、遊人大快朵頤的「石門活魚」[7]、不沾牙的泥紅花生軟糖以及苦茶油等，甚至是具客家傳統美味的客家菜，都已成為具龍潭特色的重要文化產業商品。而在觀光休閒與遊憩方面，龍潭鄉可謂人文薈萃且交通便捷，石門水庫的湖光山色、龍潭休閒觀光大池的生態工法、銅鑼圈觀光茶園的茶鄉魅力、三坑百年老街客家聚落與聖蹟亭的懷古幽情，皆展現了龍潭豐富的觀光休憩資源[8]。另外隨著綠色休閒的生活型態，龍潭鄉在石門水庫附近的自然步道與自行車道，也是未來休閒產業發展的重心。

而至於科技產業部分，配合政府早年提出的「根留台灣」政策，則有宏碁集團渴望園區、中華映管、友達光電與龍潭科技工業園區的開發，加上境內原有的中山科學研究院等，這些高科技與高附加價值產業相當程度

6 事實上茶業對於龍潭的開發具有重大意義，在茶業興盛之前，龍潭的人口並不多，大部分居民都種番薯維生，直到一八六O年代台灣開港通商之後龍潭的茶業才逐漸發展起來，不僅吸引了新的移墾人力，也奠定了龍潭地區進一步開發的基礎。另一方面，林本源家族在清季的經濟角色扮演上，與茶業有十分密切的關係，這或許也與龍潭茶業的發展有所關係。相關資料請參見：薛化元，〈龍潭開發始末〉，龍潭鄉公所主編，《台灣區客家民俗文化專輯》（桃園：龍潭鄉公所，1983年），頁18-20。

7 相關資訊可參考「桃園石門活魚觀光節」網站資料：＜http://jumpingfish.tycg.gov.tw＞。

8 相關資料請參考：桃園縣政府文化局(2005)，《桃園縣文化資產資料手冊》。

地為龍潭鄉地方產業的未來發展預留空間。

叁、龍潭鄉文化創意產業的發展方向

「文化創意產業」相對於「文化產業」，除了擴大產業範圍外，更加注重以政策的引導來帶動文化產業的轉型與加值，讓文化部門與產業部門能夠更緊密銜接。對龍潭鄉而言，在地原有產業的轉型勢必需要新的產業經營模式，同時不斷開創具特色及創意的文化商品與文化服務。簡言之，行銷龍潭的過程中，文化是最大的加值。根據現階段文化創意產業的範疇與內涵，筆者觀察認為近年來龍潭鄉在地的文化創意產業可以朝向三個方向發展：一、整合發展「節慶活動產業」（Industry of Festivals and Events）；二、規劃利用「文化展演設施產業」（Industry of Cultural Facility for Exhibiting And Performing）；三、開發建立「創意生活產業」（Industry of Creative Life），試說明如下：

一、整合發展「節慶活動產業」

結合在地節慶或當地重要大事與活動的產業，涵蓋文化、休閒、遊憩、運動、特產以及宗教民俗慶典等範圍，皆可統稱為「節慶活動產業」（Industry of Festivals and Events）。[9]相關文化活動的舉辦，目的並非單限活動本身或僅考量其經濟效益，而更可能是側重其文化推展的社會教育功能，深化藝術文化的美學觀念與美學涵養、凝聚社區居民在地認同與多元自主意識等附加價值。其中最重要的是結合民間與社區資源共同推動活動產業，帶動在地民眾參與活動的意願與風氣，輔導民間社團辦理各種藝

9 相關說明可參考：經濟部文化創意產業推動小組(2008)，《2007台灣文化創意產業發展年報》，台北：經濟部工業局文化創意產業推動小組辦公室，頁207-209。

文活動，以帶動民間社區活動產業的多元面向活絡發展，為活動產業開創豐富多元的風貌，例如近年來各縣市政府或民間社團所辦理的各種節慶活動。舉辦大型節慶活動能為在地社區創造願景與共同目標，以這個大型「舞台」吸引更多的遊客，進而創造觀光延續與加值的效果，同時兼顧保存當地的傳統文化或特色，甚至挽救可能流失的傳統技藝。

近年來龍潭當地推動一系列節慶活動產業的過程中，吾人已見識到龍潭的深厚潛力，然而未來更應進一步結合人文與自然資源，深度發展龍潭的地方區域特色，以節慶活動產業來促進參與民眾的美學涵養與體驗，形塑文化龍潭的在地特色。龍潭鄉的年度節慶活動可說十分豐富(見表12.2)，另外承辦多屆的「台灣區客家民俗文化大展」[10]中，包含有扯鈴、舞龍舞獅、民俗陣頭表演等民俗體育表演活動，以及簑衣、斗笠、皮雕、捏麵人、玻璃藝術、中國結等民俗技藝表演活動。年度地方文化節慶活動中，每年八至九月結合義民節民俗信仰所舉辦的「桃園客家文化節」，可說是桃竹苗客家縣市中規模最大且最精采的客家文化節。另外，每年四-五月所舉辦的桃園縣「客家桐花祭」亦主要是由龍潭來擔綱挑大樑。「2007客家桐花祭」桃園縣以「古道．大陂．桐花村」為主題，將龍潭、大溪的古道以及龍潭三坑、高平、高原、三和與三林等村作為主要推廣地點，並結合社區總體營造精神，展現豐富的文化及生活的內涵。「2008客家桐花祭」桃園縣再度以「古道新貌．桐花雪」為主題，在龍潭擴大推出一系列桐花祭相關活動，吸引上萬觀光人潮，提升地方觀光產業。客家桐花祭已逐漸成為龍潭鄉年度規模最大的節慶活動。

10 龍潭鄉分別於1983年、1993年、1995年與2001年舉辦第一、二、三、四屆「台灣區客家民俗文化大展」，內容包含客家文化中食、衣、住、行的靜態展與客家文化藝術的動態表演，整合鄉內所有歷史人文、民俗藝術與宗教信仰等客家文化資源，展現山歌戲曲表演、民間藝術陣頭表演、古風器物與民俗趕集等活動，讓參觀民眾能深度欣賞體驗客家文化，同時將活動內容與成果集結成書，保留並傳承客家文化，此亦成為龍潭客家文化的一大特色。

表12.2 龍潭鄉2008年年度節慶活動表

時間	活動名稱	活動內容	地點
四月至五月	客家桐花祭	健行導覽賞桐花、桐花樹下野餐會、桐花樂悠揚	三坑、高平、高原、三和及三林等村
五月	客家系列活動	客家熱門音樂樂團歌唱比賽及美食秀活動	方曙商工
五月至六月	春季包種茶、碰風茶比賽	辦理鄉內、縣內優良茶競賽，推廣椪風茶	各製茶場
六月	縣長盃端午節龍舟競賽	藉龍舟運動帶動民俗年節氣氛	龍潭大池
六月	端午節觀光大池花火之夜	慶祝端午佳節，展現龍潭之美	龍潭大池
六月	百草文化節	百草展示及料理	龍潭石門國中
六月	藥膳養生活動	藥膳料理、各種趣味活動	龍元宮、龍潭活動中心
七月至八月	假日廣場音樂藝術季	陶冶鄉民音樂藝術氣質	龍潭大池
八月至九月	2007桃園石門活魚觀光節	行銷龍潭觀光之美	石門水庫等地
九月	桃園客家文化節	結合義民節民俗節慶，以文化創意產業研習、花布剪綵開幕、主題館展示、創意神豬嘉年華、客家創意歌謠發表、中元普渡大觀、鐵馬行農村樂及踩街活動等。	龍潭運動公園、老人會館、三坑村等地

資料來源：作者根據龍潭鄉公所網站資料＜http://www.longtan.gov.tw/affair_2.aspx＞及其他相關資料整理製成。

二、規劃利用「文化展演設施產業」

文化展演設施能提供民眾參與各種展示、表演藝術、文化資產維護與保存、文化傳播等藝文活動的空間，具有陶冶心性、涵養氣質、提供休閑娛樂等藝術教育與社會教育的功能，同時提供經濟上與精神上的效益，讓一般民眾亦有消費此殊價財（Merit Goods）的機會，除可滿足人心理對求知、求美及自我實現的需求，更可提升整個社會的人文素質以及對藝術與美學的鑑賞能力，促進整體社會的和諧與人類文明的前進。[11]文化展演設施被列入《挑戰2008：國家發展重點計畫》中文化創意產業推展項目之一，期待藉由結合藝術創作和商業機制，創造本土文化特色之產品，增強人民的文化認同與提高產業的附加價值。此外，文化展演設施在當地經濟發展中亦具有積極的功能，增進觀光並帶動當地周邊產品、餐飲等產業，增強社會凝聚力與創造力，在當地形成一個凝聚文化與創意人才的環境，並促進環境整體自發性的經濟效益。

桃園客家文化館即座落於龍潭中正路三林段，有鑒於目前台灣各地的客家文化園區較缺乏對客家文學與音樂作一系統性的收藏與保存，因此該館定位為「全球華人客家影音中心」，嘗試以客家文學與客家音樂作為發展主軸，使成為「唯一完善保存客家文學與音樂的綠洲」，進而打造成為全球華人地區客家影像、音樂的重鎮。場館內部主要包括鍾肇政文學館、鄧雨賢音樂館、客家文學館、客家音樂館、影像資料館，以及相關的特展室與演藝廳等。[12]客家文學館展出戰前出生的資深客籍文學家包括：鍾肇政、游金華、鍾理和、龍瑛宗、林海音、賴和、吳濁流、李喬、杜潘芳格與呂赫若等十位客家文學家的許多豐富作品與相關介紹，並以多媒體的互動方式呈現；客家音樂館則展出著名的客籍音樂家包括：鄧雨賢、賴碧霞、陳慶松、涂敏恆、吳盛智、徐木珍、鄭榮興、陳永淘、林生祥與謝宇威等十位客家音樂家的音樂作品與相關介紹，也以多媒體的互動方式來表現；影像資料館則是蒐集影像資料如鍾肇政、鄧雨賢等為主題的客家文學或音樂的影片及紀錄片，供來訪民眾現場借閱；而特展室與演藝廳則是提供作為桃園客家文化節等節慶活動所使用。

據瞭解，97年度館舍營運規劃之目標以建構「在地客家特色」為主

11 經濟部文化創意產業推動小組(2006)，《2005台灣文化創意產業發展年報》，台北：經濟部工業局文化創意產業推動小組辦公室，頁81。

12 相關說明請參見桃園縣客家文化館網站：＜http://www2.tyccc.gov.tw/hakka/＞。

題，98年度以建構「亞洲客家特色」為目標，99年度則以建構「全球客家特色」為規劃依據[13]。桃園客家文化館不僅是桃園縣客家文化推廣與展示的重要場所，更重要的是提供所有來訪民眾親身體驗「參與式博物館」的新模式，透過文字與詩歌察覺文化裡更為深刻的精神內涵，並感受文化裡的豐富生命。深刻感受客家文化的特質與魅力，同時發覺在地區域特色、促進文化觀光與族群文化交流。此外，特別值得一提的是，龍潭官方為了積極打造城鄉風格，也充分地規劃利用當地現有的文化場館。為了積極營造「品格城鄉•微笑龍潭」（Character City, Smiling Longtan）的城鄉風格計畫，在龍潭鄉婦幼館設有「假日免費電影院」，終年規劃播放各種具教育意涵的影片與活動，期許彰顯「人人好品格，把愛傳出去」，打造官方發展「品格城鄉」的具體目標。

三、開發建立「創意生活產業」

根據經濟部文化創意產業推動小組在2003年對文化創意產業之範疇所做的說明，創意生活產業是指：「凡從事以創意整合生活產業之核心知識，提供具有深度體驗及高質美感之產業」。也就是一種具創新思維的產業經營模式，將創意與文化累積，運用創新、突破的經營方式，進而發展出台灣特有的創意生活產業。或者說，創意生活產業以核心知識、高質美感與深度體驗作為產品與服務的訴求，創造屬於當地的獨特風格品質，以創意和創新的方式擄獲消費者的青睞。簡言之，就是用文化創意的方式提供在地的食、衣、住、行、育、樂等產品與服務，且符合高質美感與深度體驗的標準。而其中所面臨的發展瓶頸主要是美感客製化與心靈佔有率（mind share）兩項問題。前者的挑戰在於如何將美感商品化或產業化，讓抽象的美感主張能找到消費市場與消費客群，同時創新轉變為具體的魅力

13 參見桃園縣客家文化館網站資料：＜http://www2.tyccc.gov.tw/hakka/intro2.html＞。

商品或體驗性商品；而後者的困難則在於如何生產那些能夠引發消費者共鳴或迴響的具生活理念或生活風格的商品[14]。

當前一種叫作「樂活」（Lifestyles of Health and Sustainability，簡稱LOHAS）的清新生活模式蔚為流行，成了二十一世紀的新生活趨勢。LOHAS也是當今消費市場最熱門的觀念，主張健康和生態永續的生活風格。根據2007年遠見雜誌的旅遊調查[15]，有七成民眾認為旅行對他們的重要性在於「充分休息、紓解壓力」，大幅領先三成的「增廣見聞、認識世界」，顯示早期國人旅遊較以玩樂性質為主，但現今，強調深度旅遊、體驗當地生活與文化並放慢旅行步調更甚於拉車趕點。換言之，國人的休閒旅遊觀念正逐漸改變，消費者愈來愈清楚自己要的是什麼旅遊內涵，風格旅遊的時代可說逐漸來臨，同時也正是由於這股風潮，創意生活產業的供需正逐漸崛起。[16]特別值得一提的是天下雜誌近年來所多次舉辦的「微笑台灣319鄉」活動[17]，更是掀起了一股體驗台灣風土民情與本土文化的情感風潮，而龍潭鄉正是此次微笑鄉鎮評比活動中多項指標名列前矛的風格鄉鎮。

龍潭是台灣客家原鄉之一，蘊含豐厚的客家文化與獨特的城鄉風格，透過前文所述「桃園縣客家文化館」的積極對外開放，成為一參與體驗式

14 經濟部文化創意產業推動小組(2007)，《2006台灣文化創意產業發展年報》，台北：經濟部工業局文化創意產業推動小組辦公室，頁213。

15 2007台灣旅遊大調查(2007/7)，《遠見雜誌》，第253期，頁114-118。

16 嚴長壽先生對於休閒旅遊與文化觀光亦提出類似的概念，他認為更多現代人渴望的是在每日辛苦經營、追求物質之後，從另一個地方找到精神面的養分，這種需求背後蘊藏的正是文化觀光。此外，他認為台灣要推動文化觀光，就要找到讓人感動的元素。這項元素必須是台灣所獨具，而且是無法被取代的。參見：嚴長壽(2008)，《我所看見的未來》，台北：天下遠見，頁50-52。

17 「微笑台灣319鄉」活動獲得政府單位與企業的贊助，發行計100萬冊微笑護照，遊客持該護照留下所走過各鄉鎮的笑臉章戳。根據主辦單位天下雜誌統計，「微笑台灣319鄉」活動號召超過200萬人參與體驗。

的博物館，結合客家文化館周邊的客家聚落與歷史古蹟地景，打造桃園縣「客家文化生活體驗園區」。來一趟「客家文化生活體驗園區」，不僅可以走入客家文學音樂的寶庫「客家文化館」，感受山水風景的「清水坑」，體驗客家風情的「大坪聚落」，欣賞近百年古蹟的磚造「紅橋」，同時可以走入令人發出思古幽情的「三坑老街」，當然還能享受「生態公園」裡的大自然生態之美。換言之，這趟體驗旅程與文化觀光以客家文化館為重要入口，將客家文化館內的展演空間、地方創意產業與三坑、太平、清水坑等客家文化觀光資源相互串連，讓到訪民眾親身體驗並深刻感受客家文化特色。此外，這種園區的規劃更可以讓創意生活產業店家產生群聚（cluster）與集客的效果，發揮集體的力量創造地方的特色，創造綜效吸引更多的觀光客與消費者。當然前文所提以多元化的方式經營觀光茶園成為休閒觀光產業，讓民眾深度體驗採茶、製茶、泡茶、品茶等過程，真實感受茶鄉與茶香的鄉土風味美感，這自然也是一種創意主題生活產業。簡言之，龍潭要推動文化旅遊與文化觀光，就要能提供獨一無二讓人感動的文化元素，同時要懂得如何包裝與詮釋在地的文化特色。

肆、研究結果與討論

一、聚焦並培植具有龍潭客家特色的文化創意產業

聚焦重點產業可以將文化創意發展的資源集中而形成規模、創造綜效，避免發展重點分散，以有效提升龍潭文化創意產業的發展成果並提高國內能見度。如前所述，整合發展「節慶活動產業」、規劃利用「文化展演設施產業」以及開發建立「創意生活產業」等三個面向應該是龍潭可以具體發展的方向。龍潭的節慶活動產業近年來可謂蓬勃發展且成果豐碩，除靠政府與民間的密切合作外，在地客家文化的豐厚內涵可說居功厥偉；文化展演設施產業的規劃發展拜桃園客家文化館啟用之賜，逐步結合藝文

展覽和商業機制，同時增強人民的文化認同並提高產業的附加價值，在這方面也已具備一定的條件與基礎；而創意生活產業的開發與經營則值得吾人深加期待，「客家文化生活體驗園區」的構聯成形以及興起中的飲食文化體驗、自然生態體驗等，都是龍潭發展創意生活產業的極佳條件。

然而其中最為重要的是客家文化的元素與特質如何被呈現出來，以及風格城鄉中的在地風格特色如何被凸顯出來。龍潭的節慶活動非常多元，社區與地方也處處充滿活力，但是一定要掌握自己的在地特色與優勢，設計內涵豐富的節慶活動主題和文化旅遊商品。龍潭要推動文化觀光，就要找到讓人感動的元素，同時懂得包裝與詮釋。這種文化觀光不容易被複製取代，可說既獲得實質的利益也贏得遊人的尊重。簡言之，聚焦並培植具有在地龍潭客家特色的文化創意產業，不僅可以幫助帶動龍潭的地方繁榮與發展，更可以在消費市場中清晰辨識龍潭的客家文化與創意。

二、規劃創意城鄉，開發地方特色產品與服務

龍潭在營造風格城鄉的同時，也應追求發展創意城鄉，除了產業聚焦外，創意城鄉的規劃也十分重要。龍潭鄉在推動社區營造計畫的同時，將在地特色與客家文化融入社區發展的過程中，打造「微笑龍潭、幸福之鄉、特色之都以及品味小鎮」的風格城鄉獨特性，幫助當地與區域產業經濟的發展，這種創意城鄉的規劃可以類似新加坡「文藝復興城市2.0」計畫中的「創意市鎮」[18]，將文化、藝術、商業、設計或科技等概念融入社區的規劃與營造中，而成為其他城鄉的發展模範。

此外，積極開發具地方特色的產品亦屬重要。「一區一產品（OTOP：One Town One Product）」計畫最早源於日本，其後泰國政府採納此構想推動屬於泰國的「一村一產品（One Tambon One Product）」計

18 參考新加坡創意工業發展計畫書，轉引自：經濟部文化創意產業推動小組(2008)，《2007台灣文化創意產業發展年報》，台北：經濟部工業局文化創意產業推動小組辦公室，頁188-190。

畫，以及後來修正的Community Products（多個以上村鎮出產之產品）與Local Products（僅在某一村鎮出產之產品）。最後此計畫目標轉向著重地方社區而非只有產品本身，即促進民眾利用本身的智慧創作產品，且社區能夠自行選擇商品生產或服務，以增加商品的多樣化，並營建社區本身的商品或商標。官方將支持並加強民眾的生產及管理知識，增加國內外銷售通路[19]。龍潭當地除了號稱百年地方特產的「龍泉茶」、濃濃客家風情的「椪風茶」、家鄉味的「龍泉米」、大快朵頤的「石門活魚」、不沾牙的「泥紅花生軟糖」和正宗客家菜外，還有什麼東西是具有龍潭地方特色的文化產業商品呢？龍潭的美食與文化等包裝素材相當豐富，只要善加利用，必能為龍潭的文化觀光增添魅力。龍潭需要的正是新的文化創意，能創造並開發鑲嵌在地風格的產品與服務，同時協助強化業者累積開發創意產業周邊商品的能力。

三、成立資源整合平台並善用客家文化資源

龍潭的文化創意產業目前分別由桃園縣政府文化處、觀光行銷處、農業發展處和龍潭鄉公所民政課執掌，較缺乏一個專責的單位來負責居間統合協調，一方面作為政府與民間企業或社團人士的溝通管道，另一方面扮演協助與推動文化產業化的角色，作為整合文化創意產業的平台，同時有效地整合相關的政策資源，提高整合的效益。在筆者過去進行的深度訪談中，可說經常地突險了此一問題的重要性。因此，龍潭的文化創意產業如能建立起匯流與整合的溝通管道，相信能使產業與政府、產業與消費者間，彼此的交流與對話更加順暢。

其次，作為北台灣客家文化的原鄉與重鎮，客家文化特色正是龍潭發展文化創意產業的最大養分。誠如客家族群在歷次大遷徙的過程中，不斷

19 參考自泰國政府官方網站http://www.thaigov.go.th/eng/index.aspx、泰國OPOT計畫網站http://www.thai-otop-city.com、泰國創意設計中心網站http://www.tcdc.or.th。

地面對新的環境與危機的挑戰，為求生存不但需要善用中原文化的傳統智識，又需要適時地吸收周遭族群的優良文化。這種與時俱進且包容涵養的風格，正是客家族群既能維繫傳統，又能面對生存與競爭的文化特色。據此，龍潭的文化創意產業若能適當地結合在地客家族群的歷史人文或生活文化經驗，相信對於產業特色與內涵的形塑打造必能有所助益。此外值得一提的是，如能適當地結合開拓海外客家文化市場，吸引外資來促進本土文化產業與國際接軌，相信也能壯大本土的文化創意產業市場。

四、提升在地民眾對於文化創意產業的參與熱情

文化創意產業要能生根茁壯，其中很重要的一點是得到在地居民的認同，特別是年輕的一代。當越來越多年輕族群有機會接觸或特別是參與體驗文化創意產業時，未來文化創意產業的消費市場才有可能逐漸變大。因此，提升在地民眾對於文化創意的熱情就顯得十分重要。學校中的藝術教育固然是文化創意最重要的機會與基礎，但提升在地民眾對於文化創意的參與熱情則仍需要政府與民間互相合作、共同促成，特別是隱性價值的創造與實現。長期以來，龍潭的社區營造工作就是要喚起當地居民對於社區公共事務的關注，特別是風格城鄉的打造，其目的即是要連結並形塑在地民眾的認同。據此，龍潭的地方特色產業規劃可以考慮進行全盤性、長期性的考量，擴大延伸節慶效應與藝文活動附加價值，為當地帶來更豐碩的文化產業效益，如此方能擴大當地居民對於文化創意產業的投入熱忱。

伍、結　論

全球化風潮下的知識經濟時代，或許惟有「文化創意產業」才能促進經濟成長，同時又能兼顧生活品質與品味，而龍潭鄉所擁有的豐富文化資源與地方文化特色經瞭解與分析確實適合推動相關的文化創意產業發展。

利用在地特色來整合發展「節慶活動產業」、運用客家會館來規劃發展「文化展演設施產業」以及透過文化觀光與樂活慢遊來推廣提昇「創意生活產業」等三個面向，應可作為現階段龍潭推動文化創意產業之具體發展方向。而聚焦並培植具有龍潭客家特色的文化創意產業、規劃創意城鄉並開發地方特色產品與服務、成立資源整合平台並善用客家文化資源，以及提升在地民眾對於文化創意產業的參與熱情等四項建議，可提供作為龍潭鄉文化創意產業發展的參考。客家文化可以是龍潭鄉發展文化創意產業的肥沃土壤，但龍潭的「微笑、幸福、特色以及品味」等文化特質才是真正孕育文化創意產業發展的最大養分且讓人感動的元素。事實上，龍潭鄉長期以來在成功推動風格城鄉與社區總體營造的同時，最令人深刻感受到的就是這個風格鄉鎮它的「用心」，相信這也將是龍潭鄉成功推動文化創意產業發展的最大資產與成功條件，「創造感動，贏得尊敬」正是推動文化創意產業的活水源頭。

【參考文獻】

〈2007台灣旅遊大調查（2007/7）〉，《遠見雜誌》，第253期，頁114-118.

桃園石門活魚觀光節網站資料：〈http://jumpingfish.tycg.gov.tw〉。

桃園縣客家文化館網站資料：〈http://www2.tyccc.gov.tw/hakka/〉。

桃園縣政府文化局（2005），《桃園縣文化資產資料手冊》。

泰國OPOT計畫網站資料：〈http://www.thai-otop-city.com〉。

泰國政府官方網站資料：〈http://www.thaigov.go.th/eng/index.aspx〉。

泰國創意設計中心網站資料：〈http://www.tcdc.or.th〉。

經濟部文化創意產業推動小組（2006），《2005台灣文化創意產業發展年報》，台北：經濟部工業局文化創意產業推動小組辦公室。

經濟部文化創意產業推動小組（2007），《2006台灣文化創意產業發展年報》，台北：經濟部工業局文化創意產業推動小組辦公室。

經濟部文化創意產業推動小組（2008），《2007台灣文化創意產業發展年報》，台北：經濟部工業局文化創意產業推動小組辦公室。

龍潭鄉公所主編（1983），《台灣區客家民俗文化專輯》，桃園：龍潭鄉公所。

龍潭鄉公所網站資料：〈http://www.longtan.gov.tw/about_1_33.aspx〉。

龍潭鄉公所網站資料：〈http://www.longtan.gov.tw/affair_1_1.aspx〉。

龍潭鄉公所網站資料：〈http://www.longtan.gov.tw/affair_1_2.aspx〉。

龍潭鄉公所網站資料：〈http://www.longtan.gov.tw/affair_2.aspx〉。

龍潭鄉公所網站資料：〈http://www.longtan.gov.tw/affair_4_1.aspx〉。

嚴長壽（2008），《我所看見的未來》，台北：天下遠見。

族群與多元文化學會論文集之十一

多元文化、文化產業與觀光

主　　編／洪泉湖、劉煥雲
作　　者／周維萱等
出 版 者／揚智文化事業股份有限公司
發 行 人／葉忠賢
總 編 輯／閻富萍
地　　址／台北縣深坑鄉北深路三段 260 號 8 樓
電　　話／(02)8662-6826
傳　　真／(02)2664-7633
網　　址／http://www.ycrc.com.tw
E-mail ／service@ycrc.com.tw
印　　刷／鼎易印刷事業股份有限公司
ISBN ／978-957-818-926-3
初版一刷／2009 年 9 月
初版二刷／2010 年 2 月
定　　價／新台幣 350 元

國家圖書館出版品預行編目資料

多元文化、文化產業與觀光＝Multi-culture, cultural industries and tourism／周維萱等著；洪泉湖，劉煥雲主編. -- 初版. -- 臺北縣深坑鄉：揚智文化, 2009.09

面；　公分

ISBN　978-957-818-926-3（平裝）

1.多元文化 2.文化產業 3.文化觀光 4.文集

541.207　　98017050